Collection CIRCA dirigée par C.-D. Échaudemaison

Tony Alberto
Pascal Combemale

Comprendre l'entreprise

Théorie, gestion, relations sociales

3e édition

NATHAN

Dans la même collection

Boncœur J., Thouément H., *Histoire des idées économiques, de Platon à Marx* (2e édition).
Boncœur J., Thouément H., *Histoire des idées économiques, de Walras aux contemporains* (2e édition).
Bosc S., *Stratification et classes sociales : la société française en mutation* (4e édition).
Cendron J.-P., *Le Monde de la protection sociale : intégration, solidarité, macroéconomie.*
Chavance B., *Marx et le capitalisme : la dialectique d'un système.*
Combemale P., Parienty A., *La Productivité : analyse de la rentabilité, de l'efficacité et de la productivité.*
Combemale P., Quilès J.-J., *L'Économie par le circuit : comprendre la macroéconomie.*
Crozet Y., *Inflation ou déflation ? Du dilemme aux arbitrages intergénérationnels* (3e édition).
Coutrot T., Husson M., *Les Destins du Tiers Monde : analyse, bilan et perspectives.*
Depecker J.-P., Milano S., *Économie et société allemandes : l'après-réunification.*
Diatkine D., Gayman J.-M., *Histoire des faits économiques* (tome 1) : *croissance et crises en France de 1840 à 1890* (3e édition).
Diatkine D., Gayman J.-M., *Histoire des faits économiques* (tome 2) : *croissance et crises en France de 1895 à 1974.*
Faugère J.-P., Voisin C., *Le Système financier et monétaire international : crises et mutations* (4e édition).
Faugère J.-P., Voisin C., *Le Système financier français: crises et mutation* (3e édition).
Hincker F., *La Révolution française et l'économie: décollage ou catastrophe ?*
Khavand F.A., *Le Nouvel Ordre commercial mondial : du GATT à l'OMC.*
Lallement M., *Histoire des idées sociologiques, des origines à Weber* (2e édition).
Lallement M., *Histoire des idées sociologiques, de Parsons aux contemporains* (2e édition).
Longuet S., *Hayek et l'école autrichienne.*
Marcel B., Taïeb J., *Les grandes crises : 1873-1929-1973* (6e édition).
Marcel B., Taïeb J., *Le Chômage aujourd'hui : analyses et perspectives* (2e édition).
Milano S., *La Pauvreté dans les pays riches : du constat à l'analyse.*
Orio L., Quilès J.-J., *L'Économie keynésienne : un projet radical.*
Quilès J.-J., *Schumpeter et l'évolution économique : circuits, entrepreneurs, capitalisme.*
Stambouli M., *L'Économie du travail. Des théories aux politiques.*
Tournier É., *Économie et société françaises depuis 1973.*

21, rue du Montparnasse, 75006 Paris
Internet : http://www.nathan-u.com
ISBN : 2-09191178-X

Sommaire

5 La dynamique de l'entreprise

6 Maîtriser l'environnement

PARTIE 3
ORGANISATION ET GESTION

7 L'organisation de l'entreprise

8 La gestion commerciale

9 La gestion de la production

10 Les approvisionnements et la logistique

INTRODUCTION GÉNÉRALE

L'entreprise est aujourd'hui présente sur tous les rayons des librairies et le lecteur se dit probablement : « Un livre de plus ! » Peut-on prétendre ajouter quoi que ce soit aux milliers d'ouvrages et d'articles déjà publiés ?

Cet ouvrage a pour objectif de permettre au non-spécialiste de mieux comprendre l'entreprise en allant à l'essentiel, sans chercher à « raconter des histoires », ce qui est moins facile qu'on pourrait l'imaginer *a priori*, notamment parce que les discours dominants sur le sujet sont marqués, peu ou prou, par un biais idéologique. Ce fait résulte de la fonction sociale de l'entreprise : elle n'est pas seulement un lieu où sont produites les richesses ; elle est également celui où se distribuent les revenus, les pouvoirs et les honneurs, un lieu où se fixent et se jouent, en partie, les statuts sociaux. En escamotant cet aspect, on priverait le lecteur des repères dont il a besoin pour s'y retrouver devant une masse impressionnante d'informations.

L'étudiant en économie et en gestion qui doit, en quelques années, découvrir de nombreuses disciplines (économie, statistique, recherche opérationnelle, comptabilité, marketing, informatique, droit, etc.) n'a que trop rarement l'occasion de prendre le recul nécessaire pour réfléchir sur les théories, les outils et les méthodes qu'il devra utiliser. Devenu technicien ou manager, il est ensuite soumis au rythme des événements, des consignes et des procédures, à la pression de sa hiérarchie. Il lui faut s'adapter, apprendre rapidement des savoir-faire et… produire. Pressé par le quotidien il n'aura, là encore, qu'exceptionnellement le temps de s'interroger sur la finalité de son travail, ou sur son utilité sociale. Au cœur d'une organisation qui produit non seulement des biens et des services, mais aussi du symbolisme et de l'imaginaire, il a parfois du mal à en percevoir le sens, comme en témoigne le désarroi des salariés licenciés après vingt ans de maison : la dure réalité du chômage leur fait brutalement prendre conscience du caractère contingent et local de leurs compétences ; l'entreprise particulière qu'ils croyaient connaître et qu'ils avaient tendance à confondre imprudemment avec l'entreprise en général a fait d'eux des rouages spécialisés impropres à fonctionner dans une structure, une culture différentes.

Cet ouvrage ne propose pas la $n^{ième}$ recette infaillible pour réussir (ce qui est toujours une façon de prendre le lecteur pour un simple d'esprit). Il a plutôt pour ambition d'expliquer comment les individus qui travaillent dans des entreprises tentent de remplir, plus ou moins bien, les fonctions de gestion et de direction ; quels sont leurs objectifs, leurs contraintes, leurs motivations, leurs modes de raisonnement, leurs comportements. Les notions et les concepts fondamentaux ne sont pas étudiés pour eux-mêmes, mais avec le souci de mettre en relief les choix micro ou macrosociaux qu'ils présupposent ou impliquent.

Le lecteur a déjà un point de vue, une opinion, des idées personnelles sur ce que nous allons lui présenter. C'est la raison pour laquelle les trois premiers chapitres traitent des théories : en insistant sur le contexte historique de leur apparition, sur les problèmes auxquels elles tentent de répondre, sur l'optique adoptée, nous espérons lui permettre d'affiner son jugement.

Le quatrième chapitre, beaucoup plus descriptif, adopte la démarche du naturaliste qui répertorie et classe, car on oublie souvent que les entreprises sont très diverses. Les spécificités de chaque type d'activité seront donc exposées ainsi que les particularités induites par la dimension (le poids économique de la grande entreprise ne doit pas occulter l'importance numérique et sociologique des PME).

Selon l'image consacrée, les entreprises naissent, grandissent et meurent. La croissance, qu'elle soit désirée ou non, pose toujours problème et se traduit, au niveau macroéconomique, par un mouvement de concentration qui conduit logiquement à l'internationalisation (cinquième chapitre).

Les entreprises évoluent dans un univers constitué de marchés, mais aussi d'institutions, de sociétés avec leurs cultures, leurs lois et leurs coutumes. Le chapitre six analyse tout ce qui constitue l'environnement des entreprises et les moyens qu'elles mettent en œuvre pour essayer de le maîtriser : comment s'élabore une stratégie ? Existe-t-il une démarche pour trouver la stratégie gagnante ?

Avec le chapitre sept nous passons de l'extérieur à l'intérieur. Il y est donc question de l'organisation, de la manière dont sont divisées et coordonnées les différentes tâches, des problèmes de structure, de pouvoir et de culture. En période de crise et de guerre économique, l'interrogation sur les facteurs de la performance est l'objet d'un débat permanent.

Les chapitres huit à douze étudient les principales fonctions : vendre, produire, acheter, conduire les hommes, financer… Une mise en perspective historique souligne le renversement des priorités et des logiques, l'évolution des problématiques et des méthodes que provoquent les transformations économiques et sociales.

Le dernier chapitre revient sur le rôle central que joue l'entreprise dans la société actuelle : est-elle un acteur social doté d'une réelle autonomie ou un instrument entre les mains d'individus ou de groupes sociaux ? A-t-elle un pouvoir de changement ou est-elle condamnée à s'adapter à une réalité qui la dépasse ? Dans quelle mesure les choix effectués aujourd'hui dans ses bureaux et ses ateliers préparent-ils la société de demain ?

PARTIE 1

THÉORIES DE L'ENTREPRISE

« En toute rigueur, il n'y a évidemment pas de théorie économique actuelle de l'entreprise. Nul Journal Officiel *ne nous en donne un exposé complet et accepté par tous les spécialistes. Il y a seulement un ensemble de livres, d'articles, d'études concrètes qui traitent du sujet en se copiant, en se contredisant, en s'ignorant... De cet ensemble, je ne connais qu'une faible partie »* écrivait en 1974 Jacques Lesourne.

Ce constat est toujours d'actualité. Le lecteur qui souhaiterait trouver des points de repères dans cette littérature, et consulterait les chapitres consacrés aux écoles de pensée dans les manuels et traités, serait probablement désorienté, car une fois exposées les contributions de Max Weber, Frederic W. Taylor, et Henri Fayol, que tout le monde s'accorde à qualifier d'auteurs classiques, ou d'Elton Mayo, à qui on attribue la paternité de l'école des relations humaines, les avis divergent sur le classement des auteurs et même sur les appellations des divers courants de pensée.

Les recherches et publications relatives à l'entreprise sont marquées non seulement par leur époque, mais aussi par l'origine, la formation, l'activité et les centres d'intérêt de leurs auteurs : économistes, ingénieurs, hommes d'affaires, psychologues, sociologues, anthropologues, psychanalystes, mathématiciens, informaticiens, spécialistes des communications... ont essayé de rendre compte du fonctionnement des entreprises.

Par conséquent, la classification retenue ici est opérationnelle et ne vise qu'à clarifier l'exposé.

1 Les économistes et l'entreprise

SOMMAIRE

1 | De l'entreprise ignorée à la théorie managériale

1.1 L'entreprise ignorée

Bien qu'ils aient été fortement impressionnés par l'aptitude de la fabrique à démultiplier la puissance du travail humain et qu'ils aient, pour certains d'entre eux, fondé ou dirigé des entreprises, les économistes classiques (Smith, Ricardo, Stuart Mill, etc.), à l'exception de Say, sont restés discrets sur son fonctionnement. Les marginalistes prendront encore plus de distance, évitant de parler de l'entreprise, n'acceptant de prendre en considération que l'entrepreneur, lui-même réduit à l'abstraction d'un *homo œconomicus* ayant cette particularité exposée laconiquement par Alfred Marshall, en 1900 : « Il fournit le capital et dirige l'entreprise. »

Est-ce le résultat d'un individualisme méthodologique qui conduit à ignorer les « êtres collectifs » ? Ou un aveu d'impuissance : la gestion serait un art ?

Dans la plupart des modèles *l'entrepreneur (le producteur) est seul, parfaitement rationnel et n'a qu'un objectif : maximiser son profit*. Il apparaît comme une infime particule soumise à la loi du marché. Cette vision, éventuellement adaptée à un capitalisme de petites unités est difficile à soutenir alors que prospèrent les groupes financiers et les multinationales…

Posons quelques jalons. En 1933, E.H. Chamberlin fait intervenir l'analyse de la publicité et des frais de vente dans sa théorie des marchés de concurrence monopolistique. En 1937, R.H. Coase pose la question, en apparence triviale, mais cependant fondamentale - pourquoi l'entreprise, agent collectif, existe-t-elle ? – alors que la théorie démontre l'optimalité d'un univers marchand composé d'agents individuels ? Cette question, reprise 40 ans plus tard par O.E. Williamson, sera à l'origine de la théorie des coûts de transaction.

En 1939, deux économistes, R. L. Hall et C. J. Hich, enquêtent auprès de 38 entreprises anglaises et découvrent (!) qu'elles ne déterminent pas leurs prix de vente selon la théorie marginaliste mais en fonction d'un coût total (*full cost*) auquel elles ajoutent une marge bénéficiaire qui tient compte de l'intensité de la concurrence.

En dépit de ces tentatives, la science économique hésitera encore longtemps à franchir la porte de l'entreprise.

1.2 La théorie managériale

Un certain nombre d'enquêtes[1] ont infirmé l'hypothèse de l'entrepreneur individuel parfaitement rationnel et cherchant à maximiser son profit.

Avec l'augmentation de la dimension des entreprises, le contrôle qu'exercent au départ les propriétaires est progressivement monopolisé par les managers, les dirigeants salariés. Il faut, cependant, relativiser ce mouvement qui ne concerne qu'une fraction des plus grandes entreprises. Devant cette constatation, de nombreux auteurs (W. Baumol, E. Penrose, R. Marris…) ont reformulé la théorie de l'entreprise en soulignant la modification de l'objectif poursuivi : face aux actionnaires qui souhaitent maximiser leur profit, les managers cherchent à maximiser leur propre fonction d'utilité.

Différents modèles ont été proposés pour rendre compte de ce conflit d'objectifs :

• *Maximisation des ventes sous contrainte d'un profit minimum.* Les managers cherchent à accroître le chiffre d'affaires sur lequel est indexé leur salaire (et qui leur confère aussi puissance et prestige) mais en assurant, aux actionnaires, un certain niveau de profit afin d'assurer la pérennité de l'entreprise et… de leur propre situation.

• *Maximisation du taux de croissance*, par le réinvestissement des bénéfices réalisés, ce qui réduit d'autant les dividendes versés. Dès lors, les actionnaires peuvent être tentés de vendre leurs titres, provoquant ainsi une baisse du cours

1. Aux États-Unis, A. Berle et G. Means, 1932 ; R. Larner, 1963 ; J.M. Chevalier, 1966 ; et sur les entreprises françaises F. Morin, 1971 ; M. Bauer et B. Bertin-Mourot, 1987.

de l'action et exposant l'entreprise à une OPA[2]. Les managers doivent donc surveiller la valeur boursière de l'action, ce qui pose des limites à la croissance.

Avec la théorie managériale, la conception de la firme s'engage sur la voie du réalisme.

2 | Coûts de transaction et théorie d'agence

Les contributions récentes à la théorie des groupes poursuivent le même objectif, tout en restant dans le cadre conceptuel de la théorie standard étendue.

coût de la recherche du bien ou du facteur sur un marché

2.1 La théorie des coûts de transaction

Les théories classique et néo-classique sont fondées sur l'hypothèse que les mécanismes de marché (ajustement des offres et des demandes en fonction des prix) suffisent à coordonner les activités économiques individuelles. En toute logique l'entreprise, groupement d'individus, n'a pas de place dans ce cadre d'analyse. Pourtant elle existe !

R. H. Coase (1937) proposa d'expliquer l'émergence de l'entreprise par l'existence de coûts de transaction (s'informer, négocier, rédiger des contrats, contrôler leur exécution, etc.). Quand ces derniers se révèlent prohibitifs, ne serait-ce qu'en temps et énergie dépensés, il devient avantageux de remplacer les relations marchandes par la coopération, et de substituer à la coordination inconsciente effectuée par le marché une coordination par une volonté planificatrice, la hiérarchie, dans le cadre de l'entreprise.

O. E. Williamson (1975) a repris et approfondi cette thèse en soulignant que les coûts de transaction sont liés au degré de complexité et d'incertitude de l'environnement ainsi qu'à certains facteurs humains, en particulier « la rationalité limitée » des décisions (voir, ci-dessous, la théorie de la décision), les comportements individualistes et opportunistes.

L'entreprise efficiente sera celle qui minimisera ses coûts de transaction, lesquels croissent avec le degré de spécificité des actifs[3].

La théorie des coûts de transaction s'est progressivement imposée dans les sciences de gestion. Elle témoigne du rapprochement entre micro-économie et

---

2. Offre Publique d'Achat : opération par laquelle une personne offre de racheter une fraction du capital d'une société afin d'en prendre le contrôle.

3. Actif dont la valeur marchande est réduite en raison de caractéristiques particulières : certaines installations indéplaçables, par exemple, non pas de valeur marchande en cas de cessation d'activité.

sociologie des organisations et offre un cadre d'analyse pour les différents modes d'allocation des ressources : entreprises, marchés ; mais surtout pour les formes hybrides d'organisation et de coopération (sous-traitance, franchise, concession, entreprise-réseau...)

Elle propose aussi des explications pour les stratégies d'intégration verticale, le management de projets ou l'internationalisation des entreprises.

REPÈRE • 1

Qu'est ce qu'un « coût de transaction » ?

Prenons l'exemple d'un vendeur de voitures. Celui-ci peut, à la limite, exercer son activité en solitaire, de la manière suivante : il achète des voitures aux fabricants, puis les services d'un dépositaire pour entreposer ses voitures en attendant de les revendre ; il confie les différents déplacements des véhicules (de l'usine à l'entrepôt, livraison chez le client, etc.) à un transporteur. Ces différentes opérations nécessitent-elles des tâches administratives ? Qu'à cela ne tienne, il s'adresse à une entreprise de services pour enregistrer et classer son courrier, prendre les communications pendant son absence, rédiger ses lettres, les expédier, etc. Et bien entendu il confie sa comptabilité à un expert-comptable.

La théorie standard garantit à notre commerçant qu'il réalisera toutes ces transactions aux meilleurs coûts... pour peu :

– qu'il prenne la peine de trouver un partenaire pour chacune d'elle, après avoir comparé les prix et les services offerts ;

– qu'il prenne le temps de négocier avec chacun d'eux ;

– qu'il veille à ce qu'ils remplissent correctement leurs obligations, etc.

Ce que néglige la théorie standard, c'est que ces *transactions* ont un coût (en temps ou en argent, ce qui revient au même).

Pour réduire ces coûts, notre vendeur aura peut-être intérêt à louer un local pour entreposer son stock de véhicules, à recruter un magasinier, un secrétaire et un comptable ; voire même à passer un contrat d'exclusivité avec un fabricant.

R. H. Coase soulignait que « grâce à la firme, il devient beaucoup moins nécessaire de spécifier des prix pour chacune des transactions réalisées, car il suffit d'un contrat à long terme pour remplacer une série de contrats à court terme. L'entrepreneur est un "coordinateur", il remplace le mécanisme des prix en intégrant ses activités et réduit ainsi ses coûts d'information... ».

Au lieu de négocier chaque prestation avec des secrétaires indépendantes (contrat à court terme, ce qui nécessite à chaque fois de s'informer sur les prix et la qualité du service, de discuter des délais, etc.), l'entrepreneur embauchera une secrétaire (contrat à long terme, le salaire et les conditions de travail sont négociés en une seule fois, pour une période indéterminée).

2.2 La théorie de l'agence

La théorie de l'agence propose une vision contractuelle de la firme, structurée par des relations d'agence définies comme des situations où un agent, « appelé principal ou mandant, délègue tout ou partie de son pouvoir de décision à un autre agent dénommé mandataire » (B. de Montmorillon). C'est le cas :

– quand un actionnaire confie la gestion de l'entreprise à un manager ;
– quand un employeur confie un travail à un salarié ;
– quand un épargnant confie la gestion de son portefeuille à une banque…

Elle souligne les problèmes *d'asymétrie de l'information* et de *comportements opportunistes* inévitables en cas de conflit d'intérêts, ce qui entraîne, pour les surmonter, des coûts d'agence : frais de surveillance, manque à gagner lié à l'existence même de la délégation.

La théorie de l'agence tente de définir les formes d'organisation et les types de contrats susceptibles de minimiser ces coûts. Ainsi l'introduction en bourse d'une société anonyme permet d'accroître le pouvoir de contrôle des actionnaires sur les dirigeants. Des systèmes d'intéressement au résultat (rémunération indexée, attribution d'actions gratuites, stock-options, etc.) poursuivent le même objectif.

3 | La *Corporate Governance*

Qui dirige l'entreprise ? La théorie managériale met en évidence la captation du pouvoir au profit des dirigeants. Éclairé par les apports de la théorie de l'agence, le thème de la *Corporate Governance*, initié au début des années 1990, tend à rétablir l'actionnaire dans ses droits. Cette réaction est une réponse aux dangers d'une finance de marché dérégulée à l'excès, notamment la multiplication des OPA hostiles et des scandales financiers. Elle signe aussi le retour en force de l'actionnaire qu'expriment la croissance des transactions boursières et la montée des fonds d'investissement (en particulier les fonds de pension américains).

La *Corporate Governance* – traduit par « gouvernement d'entreprise » – est l'ensemble des mécanismes par lesquels les marchés financiers contrôlent les dirigeants des grandes sociétés et les rendent responsables de leurs actions.

Ce débat, parfois très technique, ne porte, pour l'essentiel, que sur les organes de décision (assemblées générales, conseil d'administration, P-DG…). Il a l'avantage de clarifier les notions de *propriété* (droit sur les richesses de l'entreprise et les revenus qu'elle génère), de *contrôle* (droit de vote aux assemblées générales) et de *pouvoir* (capacité d'influencer les décisions).

Il met également en évidence la diversité des systèmes de relations entre actionnaires, dirigeants et salariés, qui peuvent être classés en trois catégories :

– Les systèmes de relations où le poids des actionnaires doit être proportionnel à la part du capital qu'ils détiennent. Ils sont alors en mesure d'exercer leur pression en permanence. Ce modèle, où les dirigeants sont jugés sur leur aptitude à maximiser la valeur pour l'actionnaire, privilégie la performance financière à court terme de la firme.

– Les systèmes de relations où un petit nombre d'actionnaires verrouillent le contrôle. Il s'agit le plus souvent d'une « élite » constituée en réseaux, issue des mêmes grandes écoles ou universités, ou appartenant à une caste politico-financière et/ou industrielle, qui se protège par toutes sortes de moyens : limitation des droits de vote, montages juridiques, techniques d'auto-contrôle. Ce modèle où les actionnaires ordinaires n'ont aucun réel pouvoir est à l'opposé du précédent.

– Les systèmes de pouvoir partagé. Les dirigeants et les apporteurs de capitaux sont contraints à coopérer avec d'autres partenaires, salariés ou puissance publique, notamment.

Les grandes firmes américaines relèvent souvent du premier modèle, les grandes entreprises françaises du second, tandis que la co-gestion instituée dans les sociétés anonymes allemandes est un bon exemple du troisième. Cependant on assiste, selon certains, à une convergence des modes de gouvernance au profit du modèle anglo-saxon, comme en témoigne l'actuel succès du concept de « création de valeur actionnariale[4] ».

REPÈRE • 2

Une entreprise n'est pas une cité démocratique

L'expression « gouvernement de l'entreprise » évoque l'idée qu'une grande entreprise peut être gouvernée comme un état démocratique moderne, où chaque citoyen élit les principaux organes de décision.

Dans la cité chacun dispose « d'une voix » lors d'une élection. Dans l'entreprise, il n'en est rien.

Les salariés sont dépourvus du droit de choisir les dirigeants ou de voter pour ou contre une orientation stratégique de l'entreprise. S'ils peuvent élire leurs représentants (délégués du personnel ou membres du Comité d'entreprise, par exemple), ces derniers n'ont, dans la plupart des pays, aucun pouvoir de décision.

Quant aux actionnaires (les propriétaires, associés, de l'entreprise) ils sont loin d'être à égalité.

➤➤➤

4. Voir chapitre 12

>>>

Dans la société par actions, un associé ne dispose pas d'une, mais de plusieurs voix, proportionnellement au nombre d'actions dont il est propriétaire. Et encore, ne s'agit-il que d'un principe. Ainsi les statuts peuvent exiger un nombre minimum d'actions (au maximum dix, en France) pour ouvrir le droit de participer aux assemblées générales ordinaires.

La société peut émettre des actions dépourvues de droit de vote ; ou, au contraire, des actions à droit de vote double.

Il est également possible de limiter, par une clause des statuts, le nombre de voix de chaque actionnaire.

Ainsi, quelques individus, peuvent, en n'apportant qu'une faible partie des ressources financières nécessaires au fonctionnement d'une entreprise (et donc en prenant des risques très limités) être à la tête d'une organisation et d'une communauté humaine. Avec le jeu des participations en cascade[5], ils peuvent même diriger un véritable empire industriel et financier.

4 | L'approche évolutionniste de la firme

Avec l'approche évolutionniste de l'entreprise l'intérêt est recentré sur les phénomènes d'apprentissage et d'accumulation des compétences.

On cherche à expliquer, d'une part, comment des individus animés de mobiles individualistes divergents, collaborent au sein des organisations et, d'autre part, comment les marchés et plus généralement l'environnement, filtrent les comportements des entreprises pour ne retenir que certains d'entre eux, ce qui explique l'existence de trajectoires et de modèles productifs différents, mais aussi l'échec de certains mimétismes managériaux.

L'univers des firmes est étudié en mobilisant les principes de base de toute théorie de l'évolution :

– des *forces mutagènes*, génératrices de diversités. Dans la sphère entrepreneuriale, ce sont les capacités innovatrices qui jouent ce rôle ;

– et des *mécanismes de sélection*, les marchés principalement.

L'entreprise est conçue alors comme un lieu d'élaboration, de sélection, de transmission et de mise en œuvre de savoir-faire, *les routines*, dont certaines, souvent tacites, ne sont pas transférables (d'une entreprise à l'autre) et constituent des actifs spécifiques pouvant conférer un avantage compétitif. Mais l'enfermement dans des routines inefficaces peut conduire à l'échec. Cet apprentissage cumulatif est plus organisationnel qu'individuel. C'est moins la performance intrinsèque des individus qui importe que la pertinence des compétences collectives.

5. Voir chapitre 4.

2 La théorie des organisations

Alors que pour les économistes classiques et néoclassiques l'ordre économique est le résultat de processus inconscients qui rendent impuissantes et dérisoires les volontés individuelles, pour les théoriciens de l'organisation c'est la volonté personnelle des dirigeants qui ordonne cet espace économique et social fini qu'est l'entreprise. Démultipliée par la puissance des facteurs de production qu'elle utilise (hommes, machines...) et l'efficacité d'une organisation adéquate, cette volonté est alors en mesure de peser sur le fonctionnement de la société tout entière. Alors que les premiers étudient la « main invisible », les lois du marché, les seconds soulignent la puissance de « la main visible des managers »[1].

Pendant longtemps ces deux approches ont cohabité en s'ignorant ; depuis quelques années, elles ont tendance à se rapprocher : les économistes essaient d'expliquer les décalages entre la théorie micro-économique et le fonctionnement réel des marchés par des incursions dans l'organisation de l'entreprise ; les organisateurs explorent l'environnement, prenant conscience qu'il peut affecter de façon déterminante son fonctionnement et ses résultats.

1 | L'école classique des organisations

Cette expression (à ne pas confondre avec *l'économie classique*) désigne les auteurs qui, au début du XXe siècle, ont posé les bases de la science de l'organi-

1. Traduction française de l'ouvrage d'A. Chandler, *The Visible Hand : The Managerial Revolution in American Business*, 1977.

sation. Il s'agissait alors de répondre aux besoins d'organisations créées par le développement de la société industrielle.

Si la connaissance du métier et des règles élémentaires d'organisation que tout individu apprend à l'occasion de son éducation au sein de la cellule familiale et de son épanouissement dans la vie civile peuvent suffire pour la conduite d'une petite exploitation agricole ou d'un atelier artisanal de quelques personnes, la gestion d'une grande entreprise industrielle ou d'une administration (la gestion des facteurs de production prenant le pas sur la notion de métier) requiert un sens supérieur de l'organisation.

Au cours des âges, des institutions employant un personnel nombreux, comme l'église ou l'armée, avaient forgé leur propre conception de l'organisation, mais elles se référaient à des règles issues de la tradition ou des croyances religieuses et ne correspondaient pas au contexte économique et social créé par le développement de l'industrie, ni à l'évolution intellectuelle qui l'accompagnait.

1.1 Le contexte économique, social et intellectuel

Dans le domaine économique et social, on constate :

– la succession des innovations et leur généralisation (deuxième révolution industrielle) qui induit une mécanisation croissante du travail ;

– l'augmentation de la taille des entreprises et donc des capitaux, des matériels et des effectifs à gérer ;

– l'urbanisation de la société, qui s'accompagne : d'une demande de produits standardisés (dans un contexte de pénurie, la clientèle est peu exigeante et se satisfait de produits peu différenciés) ; de l'exode rural, qui pousse vers les usines une main-d'œuvre peu qualifiée et souvent misérable, prête à subir les pires conditions de travail, pour peu qu'en échange on lui offre l'espoir d'améliorer son niveau de vie ; d'un climat de compétition qui pousse les entreprises à rechercher des avantages sur leurs concurrentes, une organisation efficace étant l'un de ces avantages.

Le contexte intellectuel est marqué par :

– l'essor des sciences, en particulier de celles dites exactes (physique, chimie, mathématiques) qui développent la croyance dans la supériorité des modèles rationalistes sur les modes de pensée basés sur la tradition et la coutume ;

– l'idéalisation du progrès technique auquel on ne prête que des vertus.

Dans l'entreprise, cela se traduit par la place prépondérante accordée à la fonction de production et donc aux ingénieurs, qui se voient investis de nouvelles missions.

REPÈRE • 3

La philosophie des organisateurs « classiques »

Les hypothèse implicites des classiques :

• *Postulat mécaniste* : l'entreprise est assimilée à un *mécanisme* dont l'efficacité peut être appréciée en terme de *productivité* ; les individus ne sont que des rouages, des pièces du mécanisme.

• *Postulat rationaliste* : l'organisation peut être maîtrisée par l'esprit de l'organisateur car elle est composée :

– d'éléments matériels régis par des lois (physiques, mécaniques, etc.)

– d'éléments humains auxquels les classiques prêtent un comportement obéissant à des lois psychologiques simples :

  – l'individu est naturellement paresseux ;
  – il n'est motivé que par le salaire ;
  – il est enclin à frauder ;
  – il recherche la sécurité, a peu d'ambitions et désire éviter les responsabilités.

Les principes d'organisation

• *L'organisation hiérarchique* :

L'entreprise est un ensemble qui doit être hiérarchisé : l'échelon supérieur détient l'autorité, il peut la déléguer aux échelons intermédiaires. Les échelons inférieurs sont dépourvus d'autorité (exécutants).

• *L'unité de commandement* :

Un subordonné ne doit dépendre que d'un seul chef. Mais ce principe est loin de faire l'unanimité parmi les auteurs et d'autres propositions ont été avancées : hiérarchie fonctionnelle (Taylor), structure *staff and line* (Rimailho, cf. chap. 7).

• *Le principe d'exception :*

Les tâches routinières doivent être remplies par les subordonnés ; seules les tâches ou les problèmes exceptionnels doivent être soumis aux autorités supérieures.

• *Le principe de spécialisation* :

Une séparation très nette doit être instituée entre conception et exécution (spécialisation verticale).

Le travail doit être décomposé en opérations simples afin de diminuer les temps d'apprentissage et les temps d'exécution (spécialisation horizontale).

– La mesure de la performance est la productivité.

– La rémunération doit être fonction des résultats (salaire aux pièces, primes au rendement…).

Une approche empirique et normative

Ces principes sont le fruit de réflexions dégagées de pratiques professionnelles et d'expériences de direction ; ils sont présentés comme des règles à suivre pour bien gérer l'entreprise et exposés sous la forme impérative de « recommandations », de « principes » et autres « commandements ». Exemple : les 14 principes de Fayol, les 10 d'Hurwick, les 7 de Gulick, etc.

1.2 Une première réponse : le taylorisme et l'OST

F.W. Taylor (1856-1915), le promoteur de l'Organisation Scientifique du Travail (OST), a résumé lui-même les trois principes du taylorisme :

1) « La direction se charge de réunir tous les éléments de la connaissance traditionnelle qui, dans le passé, était en la possession des ouvriers, de classer ces informations, d'en faire la synthèse et de tirer de ces connaissances des règles, des lois et des formules. »

2) « Tout travail intellectuel doit être enlevé à l'atelier pour être concentré dans les bureaux de planification et d'organisation. »

3) « Le travail de chaque ouvrier est prévu dans son entier par la direction. Les instructions spécifient non seulement ce qui doit être fait, mais aussi comment il faut le faire (*the one best way*).»

Il convient de préciser que le taylorisme, envisagé comme un ensemble de recettes pour rationaliser l'exploitation de la main-d'œuvre, fut souvent une application très réductrice des principes généraux que Taylor avait énoncés, principes qui incluaient des recommandations sur le plan politique et social. Il avait clairement en vue le contrat social que l'on attribue à tort à Ford ; la classe ouvrière abdique toute maîtrise sur le processus de travail et se soumet à l'ordre productif en contrepartie de son accession à la société de consommation, ce qui présuppose que lui soit redistribuée une partie des gains de productivité sous la forme d'une augmentation sensible et régulière du pouvoir d'achat des salaires ; lors de l'introduction du taylorisme, notamment en France, le patronat ne s'est pas empressé d'appliquer cette partie-là du contrat...

La réorganisation taylorienne du processus de production est donc fondée sur une double division du travail : verticale, entre les tâches de conception/commandement et les tâches d'exécution (l'ouvrier « n'est pas payé pour penser ») ; horizontale, par la décomposition du processus de travail en tâches parcellaires (ce que Georges Friedmann appelait le « travail en miettes ») ; cette double division accroît le fossé entre la surqualification des uns (les ingénieurs) et la déqualification des autres (les OS).

Conscient du caractère « abrutissant » du travail ainsi imposé à l'ouvrier, Taylor proposa un système de rémunération au rendement, l'argent devenant explicitement la seule motivation d'un travail vidé de son intérêt intrinsèque.

F.W. TAYLOR La conception taylorienne TEXTE 1

Mais maintenant il nous faut dire que l'une des premières caractéristiques d'un homme qui est capable de faire le métier de manutentionnaire de gueuses de fonte est qu'il est si peu intelligent et si flegmatique qu'on peut le comparer, en ce qui concerne son aptitude mentale, plutôt à un bœuf qu'à toute autre chose. L'homme qui a un esprit vif et intelligent est, pour cette raison même, inapte à exercer ce métier en raison de la terrible monotonie d'une tâche de ce genre. En conséquence, l'homme qui est le plus qualifié pour manutentionner des gueuses de fonte est incapable de comprendre la science réelle du mode d'exécution de ce genre de travail. Il est si peu intelligent que, par exemple, il ne comprend pas le mot « pourcentage » et, en conséquence il doit être entraîné par un homme plus intelligent que lui même pour qu'il acquière l'habitude de travailler en concordance avec les lois de cette science avant de pouvoir accomplir son travail avec succès.

F.W. Taylor, *La Direction scientifique des entreprises.*

Il importe ici de rappeler que le taylorisme s'est développé aux États-Unis au début du siècle parce qu'il répondait, entre autres, à deux exigences : la lutte contre l'ouvrier de métier syndiqué ; l'intégration d'une main-d'œuvre immigrée déqualifiée.

Tout approfondissement de la division du travail implique en contrepartie une complexification des problèmes de coordination. Pour les résoudre, Taylor préconisa la standardisation des processus et le système de la hiérarchie fonctionnelle, lequel n'eut pas de succès dans sa forme originale (voir chapitre 7).

Le taylorisme n'a pas inventé la séparation de la conception et de l'exécution, ni la parcellisation du travail, ni le machinisme, ni l'expropriation du savoir ouvrier ; toutes ces tendances préexistaient (il suffit de lire *Le Capital*, de K.Marx pour le constater), mais l'OST les approfondit et les systématise (de ce point de vue, c'est une rationalisation).

Les idées de Taylor ont notamment été reprises par Ford qui apporte une dimension supplémentaire du fait de l'utilisation systématique du convoyeur : c'est le « travail à la chaîne », immortalisé par Chaplin dans *Les Temps modernes*. En ce qui concerne l'organisation du travail, le fordisme se caractérise par la redéfinition des rapports entre l'ouvrier et le système des machines : la cadence de travail est imposée par la vitesse du convoyeur (donc de l'extérieur, comme une contrainte apparemment objective) et une partie du savoir ouvrier est incorporée dans des machines spécialisées (à la limite, le travailleur n'est plus qu'un appendice de la machine).

Les principes tayloriens et fordiens influencent encore aujourd'hui l'organisation de la production dès lors que prédomine la recherche de gains de productivité et que sont remplies certaines conditions :

– production de séries longues ;

– produits et/ou processus standardisables ;

– permanence des processus rendue possible par un environnement stable et prévisible.

REPÈRE • 4

La productivité

L'entreprise produit des biens ou des services en consommant d'autres biens (matières premières, équipements, etc.) et services (le travail notamment). Pour mesurer l'efficience (mise en rapport d'un résultat avec les moyens employés pour l'obtenir) du processus de production, il semble logique de comparer ce qui sort de l'entreprise (l'output ou extrant) à ce qui entre (les inputs ou intrants). La productivité est donc le rapport entre le volume de la production et le volume des intrants consommés. On mesure ainsi une productivité apparente du travail

$$\frac{\text{Volume de la production}^{1}}{\text{Effectifs employés}}$$

ou

$$\frac{\text{Volume de la production}}{\text{Nombre d'heures de travail}}$$

$$\frac{\text{Volume de la production}}{\text{Volume du capital}}$$

l'adjectif « apparente » est là pour rappeler que l'efficience du travail dépend du capital utilisé (est-ce une brouette ou un camion ?) et réciproquement (l'usage d'une machine requiert une certaine qualification de la part du travailleur). En fait, l'idéal serait de mesurer une productivité globale des facteurs (mais les difficultés méthodologiques sont importantes).

Une productivité élevée signifie que l'entreprise combine efficacement les facteurs de production qu'elle utilise Toutes choses égales par ailleurs, les gains de productivité correspondent à des économies d'intrants, donc à une baisse du coût unitaire de production. À ce titre, la productivité apparaît comme un facteur de compétitivité prix.

Il ne faut pas confondre la productivité, qui mesure la performance du seul côté de l'offre (par exemple 20 voitures par ouvrier), et la rentabilité, qui présuppose que cette offre soit, en plus, adaptée à la demande : un produit fabriqué en des temps records, mais qui ne se vend pas, ne rapporte rien. Le taux de rentabilité est le rapport entre un revenu (profit, bénéfice, résultat) et le capital engagé pour l'obtenir : si, à un investissement de 100 000 €, correspond un bénéfice de 10 000 €, le taux de rentabilité est de 10 %. Une faible productivité peut parfois être associée à une bonne rentabilité (si elle est compensée par des salaires très faibles). Pour l'entreprise la rentabilité est un critère omniprésent ; la productivité, apparaît plutôt comme un moyen (à quoi il faut ajouter qu'il est souvent difficile de la mesurer, notamment lorsque le volume de la production est difficilement identifiable, ce qui est le cas dans le secteur des services : banques, assurances, formation, etc.)

1 On remplace souvent le volume de la production par le volume de la valeur ajoutée (voir *infra*, p. 214).

Remarquons, au passage, que même en l'absence de gains de productivité, la spécialisation taylorienne permet de renforcer le contrôle social car elle transmet à la direction le savoir-faire de l'ouvrier, savoir faire qui constitue sa source d'autonomie et de marchandage dans ses relations avec la hiérarchie.

Avec la mécanisation, puis l'informatisation du travail administratif, le taylorisme a encore de beaux jours devant lui…

REPÈRE • 5

Actualité du taylorisme

« …vider les poubelles et les laver, faire les lits, la poussière, les boiseries derrière les voilages, l'abat-jour, la suspension, le radiateur, la penderie intérieure et extérieure, la gravure, les miroirs ; vérifier le bon fonctionnement de l'éclairage… Il y en a deux pages pleines (cinquante-quatre tâches) : comment faire une chambre d'hôtel à fond, sans oublier les chromes de la salle de bain, le siphon du lavabo et les poignées de portes en douze minutes chrono [...] Il n'y a pas que dans les hôtels qu'il faut faire vite et bien : huit minutes pour nettoyer un autobus, qui dit mieux ? »

Le Monde, 4 décembre 1991

Une usine tellement moderne…

Ergonome au département conditions de travail de Renault, Michel Sailly explique : « L'un des objectifs-clés de performance industrielle est de réduire le temps de fabrication d'un véhicule à quinze heures, pour se rapprocher des meilleurs constructeurs mondiaux. Cet objectif n'est pas nouveau, mais des méthodes plus rigoureuses sont mises en place pour l'atteindre. Nous avons pu l'observer sur les enregistrements vidéo des chaînes de montage de constructeurs japonais : cette logique conduit à supprimer les déplacements et à rapprocher au plus près tous les éléments (pièces, outils…). Les gestuelles sont plus précises et les micro-pauses sont quasiment inexistantes (…). La nouvelle méthode qui s'applique chez Renault permet d'identifier plus facilement les gestes qui n'apportent pas de valeur ajoutée au produit[1]. »

Concentrer le maximum de gestes « utiles », l'enjeu est donc clairement énoncé. Le temps est divisé en fractions, une minute représentant 100/100. Un opérateur du bâtiment qui abrite les chaînes de montage (et qui, comme tous ses camarades, à l'exception des délégués syndicaux, n'acceptera de s'exprimer que sous couvert d'anonymat) nous explique : « Ils ont calculé que pour attraper une pièce on met un peu plus de 10/100, que pour la fixer on met 20/100. Ils calculent sans arrêt. » Dans ce remake « high-tech » du film « Les Temps modernes », le travailleur est cloué à son poste. « Il n'est plus question pour un ouvrier d'aller chercher une pièce », commente Michel Berthet, directeur de l'Agence nationale pour l'amélioration des conditions de travail (Anact)

Le Monde Diplomatique, janvier 2000.

1. Propos tenus lors du séminaire « Troubles musculo-squelettiques et conditions de travail », organisé par l'Anact en 1998.

1.3 Une autre réponse : Henri Fayol et la direction des entreprises

Henri Fayol (1841-1925), qui dirigea pendant trente ans une société minière (la Compagnie de Commentrie-Fourchambault-Decazeville), constatait avec regret que les dirigeants d'entreprise de son époque ne recevaient qu'une formation technique, comme si la seule pratique des affaires pouvait leur donner les capacités d'administrer.

En s'appuyant sur ses observations personnelles et des idées très répandues à son époque, il rédigea l'*Administration industrielle et générale* (1916), un ouvrage dans lequel il répertorie les activités générales de toute entreprise et propose de les classer en six fonctions : *technique, commerciale, comptable, financière, sécurité, administrative.*

Fayol décrivait le domaine de la fonction administrative au moyen de cinq infinitifs : *Prévoir, Organiser, Commander, Coordonner, Contrôler.* Avec cette classification fonctionnelle et un certain nombre de principes, il a inspiré pendant des décennies les chefs d'entreprises français et anglo-saxons (les Nord-Américains considèrent H. Fayol comme un pionnier du management au même titre que Taylor).

1.4 La réponse de Max Weber : le modèle bureaucratique

Chez Max Weber (1864-1920), l'organisation bureaucratique correspond à un type de domination légale rationnelle, par opposition à la domination charismatique, fondée sur la croyance aux qualités extraordinaires du chef, et à la domination traditionnelle, fondée sur l'obéissance aux us et coutumes ; ces deux formes, prépondérantes dans l'Allemagne du XIXe siècle apparaissent comme des survivances du passé féodal de nature à entraver le développement d'une industrie naissante. La légitimité de l'organisation bureaucratique repose sur la croyance en la légalité des règlements et du droit, pour le détenteur de pouvoir, de donner des ordres : les subordonnés n'obéissent pas en vertu d'une allégeance personnelle ou du respect de l'autorité traditionnelle, mais à des règlements impersonnels qui assignent des limites objectives à la compétence du supérieur hiérarchique. Cette forme d'organisation, rationnelle, impersonnelle, fondée sur la rigueur, la précision, la compétence, la prévisibilité, est supérieure aux autres sur le plan de l'efficacité.

Ce modèle, que l'on peut résumer au triptyque « professionnalisation des individus – hiérarchisation des fonctions – impersonnalité des règles », est fortement contesté aujourd'hui, mais il a inspiré la conception des grandes administrations d'État et la rédaction des statuts des fonctionnaires. On peut raisonnablement penser qu'il continuera à les inspirer tant que l'indépendance vis-à-vis du pouvoir politique et l'égalité de traitement due aux citoyens/usagers, indispensable au fonctionnement des services publics, seront reconnues comme des principes du droit républicain.

L'école classique, et en particulier le taylorisme, a provoqué une onde de choc organisatrice qui a progressivement atteint toutes les entreprises grandes et moyennes [2]. Cependant, son succès va générer un mouvement de contestation dont les origines sont multiples :

– dans l'entreprise, la déshumanisation du travail provoque des réactions négatives : freinage, absentéisme, « *turn over* », conflits sociaux (grèves contre « les cadences infernales », « rejet du salaire à la pièce » ou du système de boni, dans les années 1960-1970).

– dans la société, le taylorisme devient le symbole de l'exploitation capitaliste et de l'aliénation ouvrière ; il est contesté par le mouvement syndical et les partis se réclamant du socialisme ou du communisme.

Par ailleurs, les progrès des sciences humaines, en particulier de la psychologie et de la sociologie, donnent naissance à de nouvelles approches qui mettent l'accent sur la dimension humaine de l'organisation.

2 | L'approche psychosociologique

2.1 L'école des relations humaines

C'est un mouvement qui se développa dans les années 1930 autour d'Elton Mayo (1880-1949) et de son assistant F. G. Roethlisberger.

Parties d'expériences ayant pour objectif de tester les variables environnementales susceptibles d'améliorer la productivité du personnel d'exécution (Repère 6), les recherches aboutirent à la *mise en évidence des relations informelles et des comportements de groupe*.

La conclusion fondamentale de cette école est qu'il existe à la fois une opposition et une interaction entre :

– **l'organisation formelle** (l'organisation « officielle » du travail, les relations hiérarchiques, l'organigramme) qui obéit à une *logique de coûts et de l'efficience ;*

2. Y compris dans les pays d'économie planifiée, où le stakhanovisme –1935 – apparaît comme un taylorisme dégénéré, avec la propagande en plus et la rémunération en moins, les gratifications symboliques étant censées remplacer les gratifications matérielles.

REPÈRE • 6

Les expériences menées dans les ateliers de Hawthorne

En 1927, la Western Electric commanda une série de recherches relatives aux effets de l'éclairage sur l'efficacité au travail. Une équipe de chercheurs dirigée par E. Mayo procéda de la manière suivante : un groupe de personnes fut soumis à différentes expériences visant à mesurer l'impact d'une amélioration de l'éclairage sur le rendement. Un autre groupe fut soumis aux mêmes mesures, mais sans amélioration de l'éclairage.

Les résultats furent déroutants : le rendement augmenta dans le premier groupe… mais aussi dans le second !

L'équipe de chercheurs procéda à une autre série d'expériences sur un groupe de 5 ouvrières volontaires : dans un premier temps on améliora leurs conditions de travail (diminution de l'horaire, augmentation des pauses, etc.). On constata une amélioration du rendement.

Dans une deuxième phase, on supprima les améliorations précédentes : le rendement continua à augmenter sans que les ouvrières éprouvent une fatigue supplémentaire !

C'est à l'occasion d'entretiens avec ces dernières que les chercheurs comprirent les résultats obtenus : les ouvrières attribuaient l'augmentation de leur rendement aux relations amicales qui régnaient dans l'atelier expérimental (tant entre elles qu'avec l'observateur).

Ainsi, comme il est fréquent en matière de recherche scientifique, on n'a pas trouvé ce que l'on cherchait, mais autre chose :
– l'individu ne réagit pas à son environnement tel qu'il est, mais *tel qu'il le perçoit ;*
– les méthodes d'expérimentation, empruntées aux sciences de la nature, doivent être adaptées, voire modifiées, en raison du caractère perturbateur de l'expérience elle-même.

– **l'organisation informelle** (les relations spontanées et non « officielles »), au sein des groupes (où prévalent des normes qui influencent le comportement de leurs membres), qui obéit à une *logique des sentiments* (les tensions affectent les rendements).

Dès lors, les études s'attachèrent à élucider :

– la résistance au changement, en particulier les réactions négatives suscitées par l'organisation taylorienne ;

– la relation entre les facteurs humains (relations affectives, climat de confiance, respect mutuel, etc.) et la productivité (le salaire n'est plus le seul et unique stimulant) ;

– les styles de commandement (on conseille, par exemple, au contremaître de ne pas se contenter de commander ; on lui demande d'être à l'écoute du groupe et de chercher à l'animer).

L'école des relations humaines ne conteste pas les fondements de l'organisation taylorienne, notamment la division verticale du travail : la direction est réputée avoir un raisonnement « logique » alors que les ouvriers seraient dominés par leurs sentiments, les routines, les traditions. Alors que Taylor pensait pouvoir agir directement sur l'individu par des stimulants matériels, elle s'efforce plutôt de compléter sa conception réductrice en intégrant le facteur humain pour maximiser les objectifs de la direction (nombre de « sociologues » de cette école sont en fait des consultants qui vendent leurs services aux entreprises). À la limite les « relations humaines » peuvent être perçues comme un ensemble de techniques de manipulation (que les ouvriers italiens appelaient, lors des grèves de 1969, de « la pommade »).

2.2 Les théories des besoins et des motivations

Partant de l'analyse des besoins de A. H. Maslow (1908-1970) (Repère 7), Douglas MacGregor (1906-1964) se livrera à une vive critique des méthodes de direction induites par la conception classique de l'organisation (qu'il appelle la théorie X). Il proposera une autre philosophie (la théorie Y) qui reprend les postulats de la première, mais en les inversant (voir p. 26). Alors que l'école des relations humaines étudiait les échelons inférieurs de l'organisation, les travaux de MacGregor débouchent sur un programme de formation des cadres dirigeants et constituent la référence des politiques de gestion participative et des stratégies de motivation proposées par de nombreux consultants (voir, ci-dessous, le point 4 et aussi le chapitre 7).

Cette critique du taylorisme sera complétée par des propositions concernant l'amélioration des conditions de travail ouvrant la voie à un mouvement d'élargissement et d'enrichissement des tâches auquel est associé le nom de Frederick Herzberg (né en 1923).

Ce professeur de psychologie réalisa, dans les années 1950-1970, de nombreuses recherches en milieu industriel avec l'idée de permettre aux hommes d'accomplir leur nature en s'épanouissant par le travail (le fonds religieux de la « théorie » étant explicite). Selon lui, les facteurs conduisant à des attitudes positives envers le travail diffèrent de ceux conduisant à des attitudes négatives : « Le contraire de satisfaction dans le travail, ce n'est pas insatisfaction dans le travail mais plutôt : *pas de satisfaction* dans le travail ; de même le contraire d'insatisfaction dans le travail ce n'est pas satisfaction mais plutôt : *pas d'insatisfaction.* » Il ne suffit donc pas de créer un environnement favorable (des plantes vertes et de l'air conditionné) pour stimuler les individus (ce n'est pas parce que l'on est moins insatisfait que l'on travaille plus), il faut rendre le travail intéressant (qu'il ait un sens pour l'exécutant).

REPÈRE • 7

La hiérarchie des besoins

A.H. Maslow proposa une classification pyramidale des besoins.

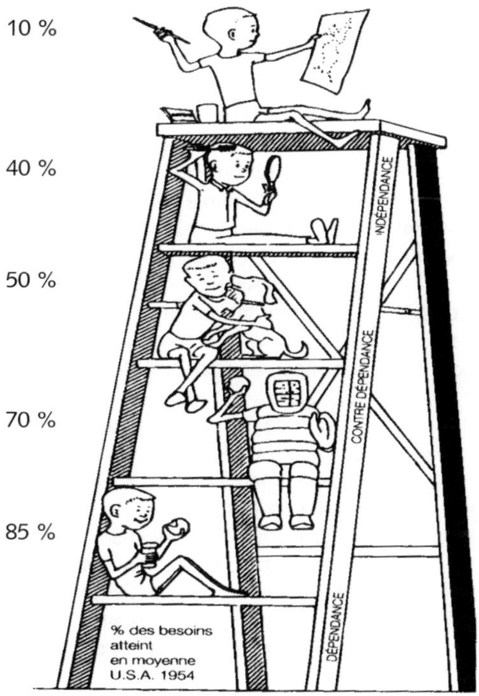

Auto-accomplissement :
besoin de créer,
de contribuer,
de grandir.

Ergocentrique :
besoin de se comprendre soi-même et de se respecter.

Social :
besoin de se sentir, accepté, compris et aimé des autres.

Sécurité-protection :
besoin de se sentir à l'abri des catastrophes et des menaces.

Physiologique :
besoin de manger, de boire, de se vêtir et de se loger.

Pierre Simon, *Le Ressourcement humain*, 1981.

Un besoin d'ordre supérieur ne peut être satisfait que dans la mesure où les précédents le sont également.
Ainsi toute tentative de satisfaire les besoins d'estime et de réalisation de soi qui négligerait les besoins de sécurité (menace de licenciement), voire les besoins physiologiques (rémunération dérisoire) serait vouée à l'échec.

REPÈRE • 8

La théorie y *versus* théorie x

Théorie x	Théorie Y
– L'individu moyen éprouve une aversion innée pour le travail, qu'il fera tout pour éviter. – À cause de cette aversion caractéristique à l'égard du travail, les individus doivent être contraints, contrôlés, dirigés, menacés de sanctions, si l'on veut qu'ils fournissent les efforts nécessaires à la réalisation des objectifs organisationnels. – L'individu moyen préfère être dirigé, désire éviter les responsabilités, a relativement peu d'ambition, recherche la sécurité avant tout.	– La dépense d'effort physique et mental est aussi naturelle que le jeu et le repos. L'individu moyen n'éprouve pas d'aversion innée pour le travail. – Le contrôle externe et la menace de sanction ne sont pas les seuls moyens pour obtenir un effort dirigé vers les objectifs. L'homme peut se diriger et se contrôler lui-même lorsqu'il travaille pour des objectifs envers lesquels il se sent responsable. – La responsabilité envers certains objectifs existe en fonction des récompenses associées à leur réalisation. – L'individu moyen apprend, dans des conditions voulues, non seulement à accepter mais à rechercher des responsabilités. – Les ressources relativement élevées d'imagination, d'ingéniosité et de créativité pour résoudre des problèmes organisationnels sont largement et non pas étroitement distribuées dans la population. – Dans les conditions de la vie industrielle moderne, le potentiel intellectuel de l'individu moyen n'est que partiellement employé.
Politique de motivation – Principe de la « carotte et du bâton » – Stimulations monétaires	*Politique de motivation* – Instauration d'un climat favorable – Importance du groupe – Gestion participative

On remarquera que toutes ces analyses ont un point commun : soit elles ignorent les conflits d'intérêt, les antagonismes (l'entreprise étant représentée comme une grande famille), soit elles pensent pouvoir les éliminer (par la hausse du niveau de vie ou la manipulation).

REPÈRE • 9

Frederick Herzberg, un pionnier de l'enrichissement des tâches

Herzberg répertoria les facteurs de satisfaction et d'insatisfaction et proposa de les traiter séparément.

Facteurs d'insatisfaction	Facteurs de satisfaction
Politique de l'entreprise Encadrement Conditions de travail Relations interpersonnelles Statut Sécurité de l'emploi Salaire Vie personnelle	Accomplissement Considération obtenue Tâche elle-même Responsabilité Promotions Possibilité de développement
Quand ces éléments ne sont pas satisfaits cela entraîne une situation de mécontentement	Quand ces éléments sont satisfaits cela se traduit par une situation de contentement

3 | Le courant mathématique

Bien que divers, ce courant se caractérise par :
– le recours à la formalisation mathématique pour résoudre des problèmes d'ordre quantitatif ;
– la recherche d'un optimum parétien : « un état dans lequel on ne peut améliorer la situation d'un individu sans détériorer celle d'un autre », (V. Pareto).

Citons : la recherche opérationnelle, la théorie de la décision en univers déterministe ou probabilisable, les mathématiques financières, les techniques comptables, la théorie des jeux…

Ce courant, né pendant la Seconde Guerre mondiale pour répondre aux besoins des armées en matière de logistique, s'appuyait sur le dévelopspement de certaines théories mathématiques, considérées jusque-là comme des curiosités pour spécialistes (théorie des graphes, algèbre de Boole, treillis, théorie des processus stochastiques, etc.). L'invention de l'ordinateur allait permettre d'appliquer des algorithmes nécessitant l'exécution de milliers d'opérations : gestion des stocks, problèmes d'ordonnancement, problèmes de transport, gestion de files d'attente, simulation en recherche et développement, en politique financière, en gestion de la production, etc.

Ces disciplines sont aujourd'hui regroupées sous l'expression « techniques quantitatives de gestion » et sont au programme de toutes les grandes écoles de commerce et de toute formation supérieure à la gestion.

Les succès qu'elles rencontraient ont entraîné chez leurs partisans la conviction que tôt ou tard il serait possible de formaliser tous les problèmes de gestion et de les automatiser (comme un avion peut être guidé par le pilote automatique). La réalité devait contraindre à plus de modestie : tout comme un aéronef, l'entreprise peut confier un certain nombre de décisions automatisables à un ordinateur, mais elle requiert l'intervention humaine pour les manœuvres délicates et les situations imprévisibles.

4 | L'école néo-classique des organisations

Ce courant (à ne pas confondre avec l'économie néo-classique) résulte de la réflexion et de l'expérience de chefs d'entreprise, de cadres dirigeants et de consultants (Boston Consulting Group, MacKinsey, Cegos, etc.) ; il se caractérise par *son empirisme et son pragmatisme.*

Il poursuit l'œuvre des classiques, mais en intégrant les acquis des courants postérieurs : bien que s'opposant à l'impérialisme du courant mathématique, il lui emprunte largement les outils qui ont fait la preuve de leur efficacité ; il fait siennes, également, bien des conclusions du courant psychosociologique mais en les inscrivant dans *une approche normative et à fort contenu idéologique*.

La croyance au « *one best way* » est maintenue, même si elle est tempérée par la prise en compte de la complexité du réel, comme en témoigne l'énoncé de principes de management à vocation universelle.

Le parti pris idéologique transparaît :

– dans la réaffirmation de l'objectif de maximisation du profit et du rôle de ce dernier comme instrument de mesure de la performance. Les objectifs divergents des membres de l'organisation ne sont pas ignorés, mais ils doivent être subordonnés au précédent ;

– dans une critique élogieuse de l'entreprise qui met en avant sa fonction de créateur de richesses et occulte ses responsabilités dans le partage de ces mêmes richesses ; qui souligne ses succès en matière d'innovation et de productivité mais évoque rarement, ou avec la plus grande indulgence, les perturbations et les coûts sociaux qui en résultent.

Sur la base des prescriptions de l'approche psychosociologique qui visent à favoriser l'intégration du personnel, à développer sa motivation et son adhésion aux objectifs de l'entreprise, l'accent est mis sur :

– *la décentralisation*, présentée comme une réponse à la complexité de l'environnement ;

– *la compétitivité*, les individus étant placés en situation de concurrence pour qu'ils donnent le meilleur d'eux-mêmes.

Cette conception correspond à une philosophie individualiste et à un darwinisme social (théorie selon laquelle une société fondée sur la concurrence et la compétition permet la sélection des meilleurs – chacun luttant pour sa survie – et l'élimination des individus les moins performants) typiquement américain. Cependant, face aux succès rencontrés par les entreprises japonaises dans les années 1980, l'attention s'est reportée, à l'époque, vers ce pays et l'accent a été mis, sur *l'intégration*. Par un travail idéologique, il s'agit d'obtenir des membres de l'organisation qu'ils renoncent à leurs objectifs individuels, ou de groupe, au profit des objectifs supérieurs de l'entreprise. Les discours sur les valeurs, la qualité et les cultures fortes participent à ce projet.

L'école néo-classique rencontre un très bon accueil chez les cadres et dirigeants d'entreprise. Au-delà du caractère normatif, concret et opératoire de ses recommandations, ce résultat est également dû :

– à l'adéquation de son discours avec l'idéologie patronale ;

– à la simplicité des analyses et des propositions : la DPO, « l'Excellence » (Repère 10) la « *lean production* » les cercles de qualité, le projet d'entreprise, le reengineering (chapitre 7), la création de valeur (chapitre 11).

Mais ce succès a également généré toute une littérature qui, de la simplicité, glisse allégrement vers le simplisme en vantant les mérites d'« idées », de « principes », de « méthodes » miracles ».

L'évolution récente de la théorie néo-classique (et en particulier sa médiatisation) est à la fois cause et conséquence de la réhabilitation de l'entreprise, phénomène concomitant d'une modification du partage de la valeur ajoutée au profit de cette dernière.

REPÈRE • 10

La direction par objectifs

Cette méthode de direction décentralisée proposée par P.Drucker consiste à fixer aux subordonnés, non plus des tâches à exécuter, mais des *objectifs à atteindre*. Ainsi à la structure hiérarchique est associée une pyramide d'objectifs.

O. Gélinier a proposé, à la fin des années 1960, de faire participer les individus à la définition de leurs objectifs qui sont alors fixés à la suite de négociations.

L'accent étant mis sur la participation, cette méthode est appelée Direction Participative Par Objectifs (DPPO).

➤➤➤

➤➤➤

La DPO et sa variante française, la DPPO, ont rencontré, et rencontrent encore, un écho favorable auprès des dirigeants. Cependant le climat de compétition entretenu entre les responsables et le système de sanctions/récompenses, résultats de la DPO, aboutissent trop souvent à la mise sous tension de l'organisation, génératrice de stress.

La DPO est une application de la théorie Y de MacGregor ; on tente, en décentralisant, en laissant de l'autonomie aux individus, de leur permettre de réaliser leur besoin d'estime et d'épanouissement afin d'accroître leur satisfaction, condition supposée d'un travail efficace.

L'excellence : théorie, mode ou désarroi intellectuel ?

En 1983, T. Peters et R. Waterman, deux consultants de McKinsey & Co, publient *Le Prix de l'excellence. Les secrets des meilleures entreprises*. En 1985, en collaboration avec N. Austin, T. Peters commettait *La Passion de l'excellence*, ouvrage dans lequel il développait et illustrait avec des exemples pratiques les principes énoncés dans le précédent.

Ces deux livres vendus à des millions d'exemplaires et présentés comme la nouvelle bible des managers fustigent le rationalisme, la planification, et appellent à se défier des règles. Réaffirmant le primat de l'action, ils citent en exemples 62 entreprises « excellentes ».

À la fin de l'année 1985, une enquête réalisée sur la situation des entreprises de « l'excellence » constatait que :

- 15 d'entre elles étaient en faillite ou connaissaient de graves difficultés ;
- 6 avaient été rachetées ;
- 15 étaient en situation flottante ;
- 6 rencontraient des problèmes non négligeables.

Un tiers seulement étaient en situation normale.

Ces auteurs, en brûlant ce qu'ils adoraient encore la veille, en subissant la fascination d'entreprises au succès éphémère, et en présentant quelques réflexions générales, dictées par le sens commun, comme l'ébauche d'une nouvelle théorie (« une révolution est en marche » annonçait T. Peters) sont un exemple des errements que peuvent entraîner un excès de pragmatisme et le culte de « l'entreprise qui gagne ».

Leur ouvrage connu, cependant, un succès retentissant, témoignant du désarroi intellectuel dans lequel les perturbations économiques du dernier quart de siècle ont plongé de nombreux cadres et dirigeants d'entreprise.

3 La théorie des systèmes

1 | Éléments de systémique

Cette théorie dépasse largement le cadre de l'entreprise puisqu'elle a la prétention de s'appliquer à tout système, comme l'écrivait L. von Bertalanffy, l'un de ses fondateurs : « De tout ce qui précède se dégage une vision stupéfiante, la perspective d'une conception unitaire du monde jusque-là insoupçonnée. Que l'on ait affaire aux objets inanimés, aux organismes, aux processus mentaux ou aux groupes sociaux, partout des principes généraux semblables émergent » (cité par J.- L. Lemoigne dans *La Théorie du système général*, 1977).

Contrairement à la démarche analytique qui décompose les objets et n'hésite pas à les extraire de leur environnement pour mieux les étudier, la systémique privilégie l'approche globale : *on examine l'objet immergé dans son environnement* en mettant l'accent sur les relations qu'il entretient avec ce dernier et sur les interactions qui relient les éléments qui le composent. Parmi ces interactions, elle insiste sur les rétroactions (*feedback*) qui peuvent être le vecteur d'effet pervers ou, au contraire, servir à réguler le système (repère 11). Plus généralement elle met en évidence les processus de destruction et de régénération, de contrôle et de pilotage des systèmes.

1.1 Qu'est-ce qu'un système ?

• C'est un *ensemble d'éléments en interrelations*. Ce sont ces dernières, surtout, qui le caractérisent. Exemple : dans une entreprise ce seront les hommes, les machines, les bâtiments, les capitaux et toutes leurs interrelations..

• Il a une *frontière* qui le délimite de son environnement. Exemple : la peau du corps humain. Dans le cas d'une entreprise, cette frontière n'est pas objective et dépend du point de vue adopté : doit-on intégrer ou non les filiales ? Les sous-traitants ? Etc.

• Il s'insère dans un *environnement* sur lequel il est plus ou moins ouvert. Exemple : une table est un système relativement fermé car elle a très peu d'échanges avec son environnement. Une entreprise, au contraire, est très ouverte sur le sien (les marchés, les institutions et, plus généralement, la société). Plus le système est ouvert, plus les états de l'environnement sont susceptibles de l'affecter.

Remarque : un système peut être décomposé en sous-systèmes. Exemple : un service de production est un sous-système de l'entreprise. Ces sous-systèmes sont également décomposables (jusqu'à l'infiniment petit ?) ce qui rend le système impossible à connaître totalement : à un certain moment les sous-sous-systèmes doivent être considérés comme des boîtes noires (on renonce à comprendre ce qui se passe à l'intérieur, par contre on prête attention aux flux qui y pénètrent et qui en sortent).

1.2 La finalité du système

Sous cet aspect fonctionnel, un système apparaît comme transformant des flux : des matières, de l'énergie, des informations, de la monnaie. Une entreprise industrielle transforme des matières, une banque des capitaux, une entreprise de presse de l'information. Parmi ces *flux*, certains ont pour fonction de réguler le système. C'est le cas, dans l'entreprise, des *décisions* et des *contrôles*. Mais en fonctionnant, le système interagit avec son environnement et se transforme : il s'organise et se différencie.

1.3 Évolution du système

Tout objet n'existe que dans le temps. Un système (même un système abstrait) n'échappe pas à la règle. Il se transforme, se développe ou dépérit. Il importe de connaître ou de deviner ses objectifs, ses buts, sa finalité (un des objectifs des systèmes biologiques et sociaux et d'assurer leur propre reproduction).

1.4 Entropie et neg-entropie d'un système

La loi d'augmentation de l'entropie (2e loi de la thermodynamique) exprime la tendance de tout système à se désorganiser, à se détériorer, à se dissoudre. Pour résister à cette évolution fatale, il a besoin d'entropie négative (neg-entropic) en quantité au moins égale. Le tableau suivant en donne quelques exemples dans le cadre de la gestion :

EXEMPLE • 1

L'entropie

Phénomène d'entropie	Entropie négative
Une machine tombe en panne	La réparer (plus généralement entretenir le matériel en état de fonctionner)
Insatisfaction des clients	Modification des produits et/ou mise en place d'un service après-vente
Un employé démissionne	Recruter et former un nouvel employé
Erreurs comptables	Procédure de contrôle

Plus généralement, cette lutte contre la loi d'augmentation de l'entropie permet de comprendre qu'aucune organisation n'est définitivement satisfaisante, que toute situation acquise est menacée. Les gestionnaires sont donc priés de ne pas s'endormir sur leurs lauriers, de recenser les sources d'entropie et d'envisager les actions préventives et/ou correctrices (neg-entropiques).

1.5 La variété d'un système

La théorie des systèmes souligne l'importance de la notion de variété ou nombre d'états différents que peut prendre un système. Cette variété dépend de la complexité du système et de la complexité de son environnement. Plus la variété augmente (plus le système et/ou son environnement est complexe), plus il devient difficile d'anticiper et de le piloter. Selon *la loi de la variété requise*, énoncée par R. Ashby, un système de pilotage (un homme, un organe de direction, etc.) doit avoir une variété supérieure au système qu'il prétend contrôler ; le contrôleur (homme ou machine) doit être en mesure de générer toutes les réponses de contrôle nécessitées par chaque état du système contrôlé. Cela explique les dangers et les difficultés que nous pouvons avoir à diriger des organismes trop complexes ouverts sur des environnements turbulents. J. Melèse a nommé *barrière de variété* le degré de complexité au-delà duquel il est illusoire de vouloir comprendre ou contrôler un système. Les accidents de centrales nucléaires ou d'engins spatiaux illustrent ce risque d'une gestion au voisinage de la barrière de variété. Dans les deux cas il s'agit de systèmes particulièrement complexes. En théorie tout est prévu pour les réguler, détecter les pannes, etc. Or des accidents se produisent ! Souvent, ils sont dus à des défaillances humaines : oubli d'un chiffon, vanne mal fermée, écrou desserré... Bien que les techniciens soient sélectionnés avec sévérité et conscients des risques, ils sont parfois pris en défaut par la complexité du système. Ainsi, lors de l'accident de la centrale nucléaire de Three-Miles-Island (1979), les responsables ont vu rapidement les indicateurs d'alerte clignoter. Au bout de quelques minutes, des dizaines de voyants étaient allumés, rendant impossible tout diagnostic « à chaud ».

Franchir cette barrière peut conduire à l'*inversion du contrôle*. C'est ce qui se passe quand une personne est soumise aux caprices de la machine qu'elle est sensée piloter, ou quand un responsable est « dépassé par les événements » et voit son action « dictée par les circonstances ». Il est cependant possible de diminuer la variété d'un système en réduisant sa complexité interne et/ou des échanges avec l'environnement, ou en maîtrisant ce dernier.

REPÈRE • 11

Comment diminuer la variété d'un système ?

1) En réduisant sa complexité, ce qui peut être obtenu :

– *en le décomposant en sous-systèmes*. Un système de 20 éléments en interaction génère 190 interconnexions. En le décomposant en quatre sous-systèmes de 5 éléments on abaisse le nombre d'interconnexions à 46. C'est ce que fait empiriquement toute entreprise en se structurant par services et en se hiérarchisant ;

– *en découplant les sous-systèmes qui le composent*. Ce qui peut être réalisé ; au moyen de stocks, de files d'attente ou en dotant les sous-systèmes de ressources excédentaires afin d'accroître leur flexibilité ;

– *en standardisant les produits et/ou les processus*, ce qui réduit les besoins d'informations et de communications.

2) En réduisant la complexité externe.

L'adaptation de la structure interne à celle de l'environnement permet de minimiser les échanges avec ce dernier. C'est ce que fait une entreprise qui adopte une structure divisionnelle. Un autre moyen consiste à contrôler l'environnement afin de l'ordonner et de le simplifier, l'idéal étant de conquérir une position de monopole.

Bien entendu chaque procédé a un coût (coût de coordination, coût du stockage, des ressources excédentaires, etc.) qui orientera les choix de l'entreprise. Toutefois, si la variété d'un système rend son contrôle délicat, elle présente aussi l'avantage de lui permettre de s'adapter aux évolutions de son environnement.

La théorie des systèmes propose des solutions concrètes dans la conception des systèmes d'information, des automatismes et dans l'élaboration des modèles de simulation. Elle a également le mérite de fournir une explication théorique à des méthodes qui relevaient jusque-là de l'empirisme. Toutefois, on a pu déplorer que, dans les autres domaines de la gestion, ses réponses soient encore trop générales. Ce reproche semble peu pertinent car son apport principal réside surtout dans le changement de perspective : si la direction d'une entreprise réclame parfois de privilégier l'action à la réflexion, comprendre son organisation, son fonctionnement et sa politique nécessite un effort préalable de modélisation. La théorie des systèmes invite à s'élever, à adopter une vision macroscopique. C'est une école de rigueur et d'humilité. Cependant, si elle devait dériver vers le formalisme et négliger la dimension dialectique et historique de la réalité, elle perdrait une grande partie de son intérêt.

2 | L'école socio-technique

À partir de tentatives de réorganisation d'entreprises, des chercheurs du Tavistock Institute, F. E. Emery et E. L. Trist, en sont venus à concevoir l'organisation comme un système d'interactions entre deux sous-systèmes : social et technique. Contre la conception classique qui voulait qu'à une technologie ne corresponde qu'une seule forme d'organisation du travail, ils affirment qu'il existe un large choix organisationnel. Lors de la mécanisation d'une mine de charbon, Trist et Bamforth (un ouvrier mineur) démontrèrent que l'introduction d'équipes disposant d'une relative autonomie éliminait la plupart des dysfonctionnements qu'avait provoqués l'organisation taylorienne (le passage d'une organisation rigide et parcellaire à une organisation souple et collective satisfaisant à la fois les contraintes techniques et les aspirations des travailleurs). Reprenant les solutions d'Herzberg sur l'élargissement et l'enrichissement des tâches, ils les intégrèrent dans une proposition plus large de groupes autonomes.

Une analyse socio-technique attache un intérêt particulier aux écarts constatés entre fonctionnement théorique et réel d'un système de production (productivité, absentéisme, turn over, qualité, climat social…).

Aujourd'hui, alors que l'informatique et les technologies de la communication induisent des changements profonds dans les processus de production, cette conception nous rappelle que la gestion des formes d'organisation du travail et, au-delà, du type de relations sociales qui doivent les accompagner, reste ouverte. Ces technologies peuvent aussi bien déboucher sur des choix néo-tayloriens : un taylorisme assisté par ordinateur permettant de pousser plus loin la rationalisation du travail et le contrôle sur les exécutants ; ou, au contraire, le développement de procédures décentralisées misant sur la qualification, l'enrichissement des tâches et la démocratisation des décisions.

Les limites de l'analyse socio-technique résident dans le traitement du système technique, conçu comme une donnée objective que l'on ne remet pas en question. Bien que le facteur humain et l'existence de groupes sociaux soient pris en considération, on se trouve toujours dans une logique taylorienne d'adaptation à des contraintes extérieures (qu'il s'agisse des objectifs de la direction ou du système des machines) Il est permis de penser, au contraire, que les choix techniques sont orientés par des choix sociaux et qu'en conséquence un système technique porte déjà en lui l'empreinte d'une certaine conception de l'organisation du travail. Autrement dit, une véritable démocratie dans l'entreprise présupposerait que la délibération collective porte en même temps sur les choix techniques et sur les choix organisationnels (on a le droit de rêver...).

3 | La théorie de la décision

Gérer, réussir en affaires, n'est-ce pas, finalement, faire les bons choix ? Choisir le produit qui aura du succès ; choisir le bon fournisseur, le bon collaborateur, etc. Mais comment prendre la bonne décision ? Et cela peut-il s'apprendre ?

Longtemps l'aptitude à bien décider fut considérée comme un don de la nature. Puis les économistes néo-classiques ont proposé une théorie du producteur. Trop abstraite pour être opérationnelle, elle a néanmoins renforcé le sentiment que pour approcher la bonne solution il suffisait d'être *rationnel*, les mauvaises décisions étant le résultat de comportements illogiques.

Le courant mathématique a exploré cette voie et proposé, pour un grand nombre de problèmes, des algorithmes permettant de trouver LA solution optimale (Repère 13). Hélas (ou heureusement), l'expérience révèle que des processus automatisés peuvent conduire à des solutions absurdes (l'ordinateur qui réclame un impayé de quelques centimes) ou dangereuses (le missile anti-missile qui intercepte sa cible à quelques mètres d'installations amies, doublant ainsi la puissance destructrice).

On doit à H.A. Simon *la théorie de la rationalité limitée*, selon laquelle, face à un problème, le décideur ne recherche pas forcément la solution optimale et s'arrête souvent à la première solution qu'il juge *satisfaisante*. À cela plusieurs raisons :

– le manque d'informations (soit dans l'absolu, parce que le futur est incertain, soit parce que la recherche d'informations supplémentaires est trop coûteuse ou prendrait trop de temps) ;

– la limite de ses facultés intellectuelles (mémoire, connaissances, expérience, etc.) ;

– l'influence de son environnement professionnel ou privé.

H. A. Simon oppose à la *rationalité substantielle*, qui suppose que la décision soit prise instantanément à partir d'une information parfaite et d'un tableau synoptique de la réalité, la notion de *rationalité procédurale* : le décideur, par une succession de choix en temps réels, cherche à se rapprocher, par essais et erreurs rectifiées, de la moins mauvaise solution possible (selon ses propres critères).

Poursuivant dans cette voie, R. M. Cyert et J. G. March ont proposé une théorie comportementale de l'organisation[3], conçue comme une coalition d'individus ayant des objectifs différents.

L'observation montre que les organisations fractionnent les problèmes, ce qui fait naître des *rationalités locales* : chaque unité, chaque service raisonne en fonction des objectifs qui lui sont assignés ; il en résulte des conflits d'objectifs qui sont surmontés, tant bien que mal, à tour de rôle. La décision peut également être biaisée par la volonté d'éluder l'incertitude en privilégiant le court terme, ce qui, poussé à l'extrême, conduit au pilotage à vue. De plus, les décisions sont très souvent prises en référence à des problèmes similaires déjà traités (les mentalités, les relations de pouvoir influencent également les choix).

Sur ces bases, la recherche s'est orientée vers l'élucidation des processus mentaux intervenant dans la décision, lesquels dépendent, en partie de la nature des problèmes.

Ainsi on distingue :

– *les décisions programmables* qui peuvent être prises en utilisant des algorithmes et permettent l'utilisation de l'ordinateur ;

– *les décisions non programmables* qui sont plus ou moins structurées.

Une décision est bien structurée quand elle est déduite d'une procédure précise et fait appel à des raisonnements identifiables ; par exemple, la décision d'accorder un crédit. Au contraire, quand les critères à prendre en compte sont trop nombreux, quand l'énoncé du problème est imprécis, la décision est dite peu structurée et l'on aura recours à des heuristiques, voire, tout simplement, à l'intuition.

Pour les décisions non programmables mais structurées, le décideur pourra s'aider de *systèmes interactifs d'aide à la décision* (SIAD) qui lui permettront de sélectionner l'information, d'effectuer des simulations, de tester des hypothèses. Mais la décision finale lui reviendra. La recherche en intelligence artificielle tente de simuler la démarche intellectuelle d'un expert humain au moyen de *systèmes-experts* dont les résultats sont parfois spectaculaires. Mais le coût de transmission du savoir de l'expert « dans la machine » est encore très élevé et, surtout, les performances du système sont limitées par son absence d'intuition.

3. *A behavioral theorie of the firm*, 1963.

REPÈRE • 12

Algorithmes et heuristiques

Un *algorithme* est une méthode de résolution d'un problème qui comprend un nombre fini d'étapes et qui permet d'aboutir à la solution, si elle existe. Or il est des problèmes pour lesquels on n'a pas encore trouvé d'algorithme (recrutement d'un collaborateur, par exemple) ou pour lesquels l'utilisation de l'algorithme est impossible en raison des temps de calcul prohibitifs. Ainsi, on connaît bien un algorithme permettant de gagner aux échecs, mais sa mise en œuvre nécessite d'explorer, pour une partie, environ 40^{200} positions, soit des milliers d'années de calcul pour un ordinateur.

Les *heuristiques* : il s'agit de processus mentaux (raisonnement par analogie, par l'absurde, par récurrence, mais aussi « trucs et recettes ») qui permettent de résoudre des problèmes. Ils proposent une solution acceptable, sans garantir qu'elle est la meilleure.

4 | L'école de l'analyse stratégique

C'est une approche sociologique de l'organisation appréhendée comme un *système d'action concret*. L'adjectif « concret » signifie que chaque organisation constitue un être unique qui ne peut être réduit à un modèle général et dont l'intelligibilité passe par la prise en compte de *zones d'incertitude* dont la maîtrise confère du pouvoir et de l'autonomie aux *acteurs*, pouvoir qu'ils cherchent à conquérir ou à défendre. À partir d'observations empiriques, M. Crozier et E. Friedberg (*L'Acteur et le système*, 1977) constatent :

« 1. L'acteur n'a que rarement des objectifs clairs et encore moins des projets cohérents : ceux-ci sont multiples, plus ou moins ambigus, plus ou moins explicites, plus ou moins contradictoires…

2. Pourtant son comportement est *actif* : S'il est toujours contraint et limité, il n'est jamais directement déterminé ; même la passivité est toujours, d'une certaine manière, le résultat d'un choix.

3. Et c'est un comportement qui a toujours un sens…

4. C'est, enfin, un comportement qui a toujours deux aspects : un aspect offensif : la saisie d'opportunités en vue d'améliorer sa situation ; et un aspect défensif : le maintien et l'élargissement de sa marge de liberté, donc de sa capacité à agir…

5. Il n'y a donc plus, à la limite, de comportement irrationnel. »

Et plus loin, ils poursuivent : « La vision de l'organisation à laquelle on aboutit en suivant ce raisonnement est beaucoup plus complexe, plus "incohérente" et conflictuelle aussi, que celle à laquelle nous conduit notre propre compréhension "spontanée" du phénomène. On le voit bien, le fonctionnement d'une organisation ne peut plus correspondre dans cette perspective à la vue taylorienne d'un ensemble mécanique de rouages agencés et mus par une rationalité unique. Il ne peut pas davantage se comprendre comme l'expression de mécanismes impersonnels ou d'impératifs fonctionnels qui assureraient "spontanément" la satisfaction des "besoins" d'intégration et d'adaptation d'un système dont la structure nous serait donnée au départ. L'organisation n'est ici, en fin de compte, rien d'autre qu'un univers de conflits, et son fonctionnement le résultat des affrontements entre les rationalités contingentes, multiples et divergentes d'acteurs relativement libres, utilisant les sources de pouvoir à leur disposition. Les conflits d'intérêt, les incohérences, les "pesanteurs structurelles" qui en résultent, ne sont pas les manifestations d'on ne sait quelles "dysfonctions organisationnelles". Ils sont la rançon qu'une organisation doit payer pour exister, et la condition même de sa capacité à mobiliser les contributions de ses membres et à obtenir ce "bon vouloir" sans lequel elle ne peut fonctionner convenablement. »

Conclusion de la 1re partie

Ce rapide survol des idées développées sur l'entreprise invite à la prudence et à la critique. Il n'existe pas à l'heure actuelle de théorie de l'entreprise qui recueille un large consensus, mais plutôt un ensemble de conceptions ou de doctrines qui n'éclairent qu'une partie de la réalité, qui mettent l'accent sur les enjeux ou tentent de les occulter.

L'entreprise n'est pas un objet que l'on puisse aisément étudier en toute objectivité, impartialement, car elle est une communauté d'hommes qui coopèrent pour produire des richesses tout en s'opposant pour le partage de ces richesses, et l'exercice du pouvoir ; pour la défense de leurs libertés et de leurs valeurs. Dans cette confrontation, les idéologies et les discours manipulateurs viennent trop souvent se mêler aux publications scientifiques.

Partie 2

L'ENTREPRISE ET SON ENVIRONNEMENT

Dans cette partie seront abordés les différents types d'entreprise, sous l'angle de l'activité, et de la dimension, de leur structuration en groupes ou en réseaux, ainsi que les différentes formes juridiques qu'elles adoptent, avec, autant que possible l'importance numérique et le poids économique de chaque catégorie.

Dans un deuxième temps, il sera question de la création et de la disparition des entreprises mais aussi de leur croissance qui peut les conduire à une dimension internationale.

Enfin, il sera traité de l'influence de l'environnement économique, institutionnel et social sur le comportement des firmes et de l'élaboration d'une démarche stratégique.

4 La diversité des entreprises

1 | La classification d'après l'activité

Les entreprises sont diverses : boulangerie, cinéma, raffinage du pétrole, culture de fleurs en serres, automobiles, etc. L'étude de cette diversité s'effectue à des niveaux différents.

1.1 Secteurs et branches

Le terme de secteur a plusieurs significations. En plus du primaire, du secondaire ou du tertiaire, on évoque le secteur privé ou public selon que les entreprises sont la propriété de personnes privées ou non. Il est également employé pour désigner des entreprises ayant *la même activité principale*. Renault fait, à ce titre, partie du secteur automobile, bien que ses activités concernent d'autres domaines (robotique, par exemple).

La branche comptabilise la production concernant un même bien ou un même service. Une entreprise dont l'activité est diversifiée relève donc de plusieurs branches. Un fabricant de parfums produisant ses propres flacons fera partie du secteur de la chimie, mais sa production sera ventilée entre la branche chimie de base et l'industrie du verre.

La branche est un concept plus pertinent car les activités qu'elle regroupe nécessitent les mêmes types de techniques, les mêmes matières premières et sont affectées par les mêmes cycles conjoncturels. Les entreprises qu'elle concerne doivent affronter, en général, les mêmes sortes de problèmes. C'est dans ce cadre qu'il est possible de procéder à des comparaisons pour apprécier l'efficacité des structures adoptées, les méthodes et les décisions de gestion, les choix stratégiques.

L'INSEE et la Centrale de bilans de la Banque de France publient des batteries de ratios moyens par branche d'activité, ce qui permet aux entreprises de se situer par rapport à leurs concurrents.

1.2 Les entreprises agricoles

Ces entreprises présentent la particularité d'avoir une activité soumise aux aléas climatiques (gel, grêle, ouragan, sécheresse…), ce qui, malgré les progrès technologiques réalisés, fragilise les revenus des agriculteurs.

La modernisation de l'agriculture (engrais, serres, élevage industriel, mécanisation) s'est traduite par une forte augmentation de la productivité et des rendements (en 1950 un paysan français nourrissait, en moyenne, 8 personnes ; aujourd'hui il en nourrit plus de 30) ; elle nécessite des capitaux importants sur des exploitations dont la taille s'accroît. De ce fait, elle condamne les agriculteurs à une course à l'investissement pour d'hypothétiques résultats financiers.

Dépendant, en amont ; de l'industrie pour leurs investissements et des banques pour leur financement, les agriculteurs sont également en position de faiblesse face aux industries agro-alimentaires qui constituent, en aval, leur débouché essentiel.

Pour le monde agricole, il en résulte une baisse des effectifs, du nombre des exploitations et un vieillissement de la population. En France, après un demi-siècle d'exode rural, le mouvement se ralentit : les agriculteurs représentaient, en 1998, 2,7 % de la population active et leur valeur ajoutée, 2,1 % du PIB ; soit le même niveau qu'aux États-Unis.

1.3 Les entreprises industrielles

La transformation des matières premières nécessite des investissements importants en bâtiments, machines, stocks (même pour une affaire de dimension modeste). Pendant longtemps l'industrie réalisait la plus grande part des investissements productifs. Ce n'est plus le cas actuellement, signe de la tertiairisation de l'économie.

L'importance des capitaux mis en jeu et la concentration des effectifs (si l'industrie évoque la grande entreprise, il faut cependant signaler que 9 entreprises industrielles sur 10 emploient moins de 20 salariés), l'aspect concret, physique de la production, expliquent que l'industrie a été et demeure encore le lieu privilégié de l'innovation et de la diffusion du progrès technique, en particulier des méthodes de rationalisation du travail, source d'importants gains de productivité.

Cependant, le paysage industriel est très varié. Du monopole public de l'EDF à l'atelier d'ébénisterie, en passant par les fabricants de pinces monseigneur ou de pin's. Plusieurs classifications sont possibles :

– *selon les matières traitées et/ou le domaine d'activité* : les industries agro-alimentaires (IAA) ; les industries manufacturières ; le bâtiment et le génie civil et agricole (BGCA) ; l'énergie (cependant, les statistiques sur la production industrielle excluent l'énergie et présentent séparément le BGCA).

– *selon l'usage du produit :* biens intermédiaires, biens d'équipement professionnels, bien de consommation (que l'on subdivise en bien durables – essentiellement l'équipement ménager et l'automobile – et autres biens de consommation). La mesure de l'activité résultant d'un tel découpage pose des problèmes à cause des biens à usage mixte : un véhicule peut être un bien d'équipement professionnel ou un bien de consommation selon la qualité de l'acheteur.

– *Selon le degré d'exposition à la concurrence internationale* : on distingue les secteurs exposés et les secteurs abrités.

Depuis un quart de siècle, l'évolution de l'industrie est placée sous le signe de la crise. Plus de 2 500 000 emplois ont été perdus. Les secteurs les plus touchés sont : le charbon (où la crise n'a fait qu'achever une évolution antérieure), la sidérurgie et la métallurgie qui doivent supporter le ralentissement global de l'activité, la concurrence des pays à main-d'œuvre bon marché et la concurrence des matériaux de substitution ; les industries traditionnelles (textile, habillement, cuir…) victimes de la concurrence des pays à bas salaires mais aussi et surtout de celles des pays développés.

1.4 Les entreprises commerciales

Acheter pour revendre, telle est, en apparence, la fonction essentielle des entreprises commerciales. Cependant, bien que n'effectuant pas de transformation de matières, elles n'en produisent pas moins de la valeur ajoutée en assurant la distribution des produits (ce qui nécessite la réalisation de certaines fonctions fondamentales : conditionnement, allotissement, transport, stockage, exposition), en offrant, de plus en plus, des services annexes (service après-vente, crédit…).

On dénombre, en France (1999), près de 662 000 entreprises commerciales, employant 3 millions de personnes et réalisant 10 % du PIB. La tendance est à l'augmentation du nombre des entreprises dans les secteurs non alimentaires et à la concentration dans l'alimentation.

Le commerce indépendant

Ces entreprises ne sont affiliées à aucun réseau. Le nombre des grossistes indépendants a fortement régressé. Celui des détaillants en alimentation générale aussi. Par contre, pour les articles non alimentaires, cette forme de commerce résiste mieux.

Bien que classés avec les indépendants, les concessionnaires sont liés par un contrat d'exclusivité à leur(s) fournisseurs. Dans l'automobile par exemple, le contrat de concession lie le distributeur au fabricant qui lui concède l'usage de son enseigne et l'exclusivité de la vente sur un secteur géographique. Par ailleurs, le concessionnaire peut se voir imposer certaines règles de gestion (stock minimum, politique commerciale...).

Le commerce associé

Ce sont des entreprises indépendantes qui s'organisent en groupements ou adhèrent à un réseau :

– *les chaînes volontaires :* ce sont des associations de grossistes ayant pour but la direction d'une centrale d'achat ou l'établissement de contrats de fidélité avec des détaillants. On les rencontre dans le textile, l'alimentation, l'équipement ménager ou la droguerie ;

– *les groupements d'achat* : ce sont des commerçants propriétaires de leur fonds qui s'associent pour entreprendre des actions qui dépassent les moyens de chacun d'eux – gestion d'une centrale d'achat, organisation de campagnes de publicité et/ou de promotion, études de marchés, etc. – ou se prêter mutuellement assistance (aide juridique, caution mutuelle pour obtenir des emprunts, assistance technique...). Principaux groupements : Leclerc, Intermarché (alimentation), Kris (opticiens), Mobilier de France...

REPÈRE • 13

Le système leclerc

Chaque centre Leclerc est indépendant juridiquement. Son fondateur est sélectionné après une période probatoire de deux ou trois ans. Il loue l'enseigne Leclerc pour un prix symbolique, et peut compter sur la solidarité des autres membres. Il s'engage, en retour, à respecter la charte commune et à participer à la vie du réseau (réflexion sur la stratégie et la communication, aide aux nouveaux membres, etc.). Tous les deux mois, une assemblée générale réunit à cet effet les patrons des centres Leclerc. Les centres (plus de 500 dont 13 à l'étranger) sont regroupés en régions économiques et administratives (16 en France) qui disposent chacune d'un système logistique d'approvisionnement organisé sous statut coopératif.

– *les réseaux de franchisés* : un fabricant, le franchiseur, concède son nom ou tout autre droit de propriété industrielle ou intellectuelle. Il fournit une assistance (promotion, aide à l'installation, formation, etc.) à un commerçant « indépendant » qui, en retour, lui verse un pourcentage de son chiffre d'affaires, et parfois s'engage à lui acheter une quantité minimale de marchandises. Juridiquement indépendant, le franchisé est, en fait, économiquement lié au franchiseur. Exemples d'enseignes en franchise : Phildar, Benetton, Century 21, Pronuptia, (le contrat de franchise n'est pas spécifique au commerce. Il existe des franchises de services, exemple : MacDonalds, Speedy, Courte Paille, Hertz, Avis, Novotel, Manpower ; et des franchises de production : Coca Cola, Yoplait).

Le commerce intégré

Une même entreprise réalise la fonction de grossiste et de détaillant ce qui implique, généralement, la gestion en amont d'une centrale d'achat et en aval d'un réseau de points de vente.

– *Les grands magasins* : le premier grand magasin, Le Bon Marché, fut créé par A. Boucicaut en 1852. Vastes entreprises de distribution installées dans les centres-villes, ils rassemblent les marchandises les plus diverses, pratiquent, grâce à une politique d'achat en gros, des prix attractifs et invitent le client à venir circuler librement entre les comptoirs. Leur brillante prospérité a fait craindre la disparition du petit commerce (ce qu'Émile Zola raconte avec talent dans *Au Bonheur des Dames*). Actuellement ce type de commerce est à son tour menacé. Exemple : Printemps, Samaritaine, Galeries Lafayette, le Bazar de l'Hôtel-de-Ville…

– *Les magasins populaires* : d'origine américaine (« grands magasins à 5 cents », 1878) ils proposent actuellement, pour moitié des produits alimentaires en libre service, et des produits d'usage courant regroupés par rayons. Exemple : Prisunic, Monoprix…

– *Les maxidiscomptes* : version moderne des précédents, leur l'assortiment est limité aux produits de base (en majorité des marques de distributeurs, voire des produits sans marques). Ils pratiquent une politique de prix agressive. Exemple : Aldi, Lidl, Le Mutant…

– *Les magasins à succursales* : une maison-mère exploite un réseau de succursales dirigées par des gérants salariés. Exemples : dans l'alimentation, Casino ; dans le prêt-à-porter, Prénatal ; dans les loisirs, Trigano, etc.

– *Les coopératives de consommateurs* : elles font partie, avec les mutuelles, de l'économie sociale qui se présentait, dés la fin du XIXe siècle, comme une alternative à l'entreprise capitaliste. L'objectif est double : éliminer le profit en le ristournant aux adhérents (proportionnellement à leurs achats) et rendre le pouvoir aux consommateurs. Ce sont les coopérateurs qui élisent les organes de gestion selon le principe « un homme, une voix ». Très puissant en Suède, le mouvement décline actuellement en France.

– *La vente à distance* : avec le développement des moyens de télécommunication, le Minitel puis Internet, notamment, la vente par correspondance est en pleine croissance. Exemple : les Trois Suisses, La Redoute, La Camif (entreprise sous forme coopérative, créée et gérée par les enseignants).

Certaines formes de commerce sont actuellement en déclin : grossistes indépendants, petit commerce non spécialisé, grands magasins et magasins populaires ; d'autres sont en plein développement : grandes surfaces spécialisées, supermarchés de proximité, petits commerces très spécialisés, maxidiscompte, vente par correspondance.

Les lois Royer (1973) puis Raffarin (1996) destinées à protéger le petit commerce, soumettent l'ouverture d'une grande surface à l'approbation de la commission départementale d'urbanisme commercial. Les hypermarchés et supermarchés[1], limités dans leur développement, ont dû chercher des débouchés à l'étranger. Avec l'ouverture des pays émergents, d'Europe de l'Est, d'Amérique latine et d'Asie, les grandes enseignes se livrent à une véritable course pour l'implantation de nouvelles surfaces de ventes.

On constate également l'introduction croissante de nouvelles technologies permettant d'augmenter la productivité : étiquetage automatique, lecture optique aux caisses facilitant, en outre, les études de marketing, paiement électronique, chaîne du froid, gestion automatisée des expéditions (vente par correspondance), etc.

REPÈRE • 14

Les grandes dates du commerce français

1852 Naissance des grands magasins (Bon marché).
1866-1920 Le commerce s'organise : succursalisme, coopératives, groupements de commerçants, chaînes volontaires, (Docks Rémois, Casino, Unico...).
1930-1950 Développement des magasins populaires en France.
1948 Premier libre-service (Paridoc) à Paris,
1949 Début de l'expérience d'Édouard Leclerc.
1958 Premier centre Leclerc en France, en libre-service.
1963 Premier hypermarché Carrefour à Sainte-Geneviève-des-Bois.
1969 CAP 3000, premier centre commercial, à Saint Laurent du Var.
1983 Naissance de la vente par Minitel. aux 3 Suisses.
1988 Premiers essais de téléachat ; implantation d'un maxidiscompte à Croix dans le nord.
2000 Cora lance le premier cybermarché français en ligne : houra. fr.

1. On distingue : les supérettes, moins de 400 m^2 de surface de vente; les supermarchés de 400 à 2 500 m^2; au-delà de 2 500 m^2, les hypermarchés.

1.5 Les entreprises de service

Elles se distinguent par le caractère immatériel de leur production, ce qui n'exclut pas une activité de transformation ou une présentation physique des produits (restauration, production de films, publicité, transport).

Le prix d'un repas chez Maxim's ne se justifie pas par ce qui est présenté dans l'assiette, mais par le décor, le service et la garantie de ne pas rencontrer le Français moyen !

L'hétérogénéité des services impose une classification. On distingue communément les services marchands (les services non marchands sont produits par les administrations publiques), les activités bancaires et les entreprises d'assurance.

Les services marchands

Plus de 750 000 entreprises emploient environ plus 4 000 000 de personnes dans les services marchands et réalisent plus de 12 % du PIB. Le secteur des services marchands inclut :

– les services aux ménages (hors santé), dont l'activité croît au même rythme que le PIB ;

– les services aux entreprises qui se développent fortement sous l'effet du dynamisme des services informatiques, des entreprises de travail temporaire et de la tendance à l'externalisation des activités : lorsqu'une entreprise industrielle sous-traite le nettoyage de ses locaux ou ses études de marchés, cela réduit la valeur ajoutée et les effectifs de l'industrie au profit du tertiaire sans modifier le volume des richesses créées ;

– les services de santé qui progressent très fortement sous le double effet d'une demande sociale croissante et des progrès de la médecine qui en améliorent l'efficacité, mais aussi le coût.

Les banques et les assurances

Ces deux activités de services méritent une attention particulière :

– par leur rôle économique : les banques gèrent les moyens de paiement et assurent le financement de l'économie par la collecte de l'épargne et la création monétaire ; les entreprises d'assurances répondent à la demande de socialisation des risques qui est une des caractéristiques des économies développées. En plus, de cette fonction, elles jouent également un rôle financier important en raison du volume des capitaux qu'elles gèrent (plus de 857 milliards d'euros de placements financiers et immobiliers en 2000) ;

– par la concentration de leur activité : les PME y sont l'exception. On dénombre (1999), 462 banques, 679 autres établissements financiers et 574 entreprises d'assurance. L'ensemble des activités financières occupe 667 000 personnes.

Le poids et le rôle économique et social de ces secteurs expliquent l'attention particulière que leur portent les pouvoirs publics (y compris dans une économie très libérale comme les États-Unis) qui peut aller jusqu'à la nationalisation, comme en France au début des années 1980.

2 | La classification d'après la dimension

Pour mesurer la taille d'une entreprise, il faut délimiter son périmètre. S'agit-il de l'entité juridique ou de l'entité économique : société mère + filiales + participations (voir plus loin : les groupes) ? Quel pourcentage de ces dernières doit-on retenir ? Ensuite il convient de choisir une unité de mesure pertinente ; *l'effectif salarié*, par exemple, à condition de prêter attention au secteur – un cabinet d'audit de 500 personnes sera considéré comme une grosse affaire, alors que, dans une branche industrielle très concentrée, une entreprise de 1 000 salariés sera considérée comme modeste ; *le chiffre d'affaires* mais, pour le secteur bancaire, on préférera le *total du bilan* et *le total des primes* pour les entreprises d'assurances ; la capitalisation boursière ou *le montant des capitaux propres* peut être plus significatif dans certains cas ; la valeur ajoutée indiquera la contribution au PIB.

2.1 Les petites et moyennes entreprises (PME)

Si l'INSEE considère comme une PME. toute entreprise de moins de 500 salariés, la CGP.M.E. (Confédération générale des PME.) a opté pour une définition qualitative : « Les petites et moyennes entreprises sont celles qui sont exploitées par des patrons qui risquent dans leur affaire leurs propres capitaux, qui exercent sur ces affaires une direction administrative et technique effective, et qui ont des contacts directs et permanents avec leur personnel » (Léon Gingembre, *Encyclopédie française,* tome IX, Larousse 1960).

Cette définition met l'accent sur l'implication du patron qui est à la fois *le dirigeant, le propriétaire et l'animateur* de l'entreprise. Véritable homme-orchestre, il s'identifie à elle, même s'il se fait parfois assister par un directeur adjoint. Cette conception écarte les filiales des grandes entreprises (10 % des entreprises de moins de 500 salariés) dont les dirigeants ne sont que des salariés nommés par l'actionnaire principal.

On dit des PME. qu'elles ont une « taille humaine », ce qui signifie que les contacts directs sont fréquents entre les employés et le patron. Dès lors, l'ambiance et les conditions de travail sont fortement conditionnées par sa personnalité, ce qui se traduit souvent par une gestion paternaliste (mélange d'attitude protectrice et d'autoritarisme), favorisée par la faible qualification et syndicalisation de la main-d'œuvre.

REPÈRE • 15

Classement des entreprises françaises

Rang 1999	Les 5 premières entreprises par les effectifs		Effectifs
1	SUEZ-LYONNAISE DES EAUX	Services, communication	341 755
2	CARREFOUR	Hypermarchés	297 290
3	LA POSTE	Courrier, services financiers	291 700
4	VIVENDI	Services, communication	275 591
5	SODEXO ALLIANCE	Restauration, services	270 000

Rang 1999	Les 5 premiers bénéfices		Bénéfice 1999 (en millions d'euros)
1	TOTALFINAELF	Pétrole, chimie	3 496
2	France TELECOM	Télécom, Internet	2 767
3	BNP PARIBAS	Banque	2 615
4	CREDIT AGRICOLE	Banque mutualiste	2 372
5	AXA	Assurance, réassurance, gestion	2 020

Rang 1999	Les 5 premiers investisseurs		Investissement 1999 (en millions d'euros)
1	TOTALFINAELF	Pétrole, chimie	6 287
2	VIVENDI	Services, communication	5 627
3	France TELECOM	Télécom, Internet	5 000
4	EDF	Electricité	4 205
5	SUEZ-LYONNAISE DES EAUX	Services, communication	3 705

Rang 1999	Les 5 premières entreprises commerciales		Chiffre d'affaires 1999 (en millions d'euros)
1	CARREFOUR	Distribution	37 364 (a)
2	GROUPEMENT DES MOUSQUETAIRES	Distribution	32 777 (b)
3	LECLERC	Distribution	22 867 (b)
4	AUCHAN	Distribution	22 026 (a)
5	PROMODES	Distribution	21 228 (a)

(a) CA hors taxes ; (b) CA TTC

Rang 1999	Les 5 premières entreprises de l'industrie et des services		Chiffres d'affaires HT 1999 (en millions d'euros)
1	TOTALFINAELF	Pétrole, chimie, santé	75 035
2	VIVENDI	Services aux entreprises, communication	41 622
3	PSA-PEUGEOT-CITROEN	Automobiles	37 807
4	RENAULT	Automobiles	37 592
5	ELF-AQUITAINE	Pétrole, chimie, santé	35 548

Source : d'après les classements de *L'Expansion* – 2000

Sa dimension confère à la PME. une meilleure flexibilité et permet une gestion sans trop de formalisme : les procédures sont rarement écrites, l'organisation n'est qu'exceptionnellement figée dans un organigramme.

Si cette flexibilité est un atout en période de crise (les PME. ont perdu deux fois moins d'emploi que les grandes entreprises), l'absence ou la faiblesse du système d'information et la mauvaise maîtrise des techniques de gestion les fragilisent : les faillites sont nombreuses, en particulier dans les cinq premières années d'existence ; cependant le taux de création étant supérieur à la moyenne, l'importance numérique des PME. n'a pas diminué. Les décisions y sont souvent prises au coup par coup, y compris les décisions d'investissement qui dépendent davantage du niveau des liquidités que d'un plan d'ensemble.

Elles sont également désavantagées en matière de financement. Leurs ressources en capitaux propres sont limitées par la richesse personnelle du dirigeant et de son entourage. Elles ne peuvent pas, dans la plupart des cas, lancer d'augmentation de capital dans le public (un second marché de la Bourse des valeurs a été créé en 1983 pour pallier cet inconvénient, mais seules quelque 350 grosses P.M.E. y sont côtés). Elles ont donc recours, pour l'essentiel, au crédit bancaire (le ratio d'endettement des P.M.E. dépasse, en moyenne, de 10 % celui des grandes entreprises) mais leur petite taille les désavantage pour l'obtention de prêts : les taux d'intérêts qu'elles supportent sont supérieurs de 2 points à ceux des grandes entreprises.

REPÈRE • 16

Répartition des Petites entreprises industrielles (Effectif) Investissement selon la taille de l'entreprise

Si l'industrie évoque la grande entreprise, c'est le moment de rappeler qu'à côté de quelques géants opèrent, en France, 152 000 entreprises de moins de 20 salariés (86 % du total), dont un tiers n'en ont aucun. Si leur poids économique est faible (7 % du Chiffre d'affaires de l'industrie, 15 % des effectifs) elles sont cependant très implantées dans les secteurs où la grande production est difficile à mettre en œuvre.

Cette situation, n'est pas propre à la France, les petites entreprises sont également très nombreuses dans le reste de la communauté européenne et aux États-Unis.

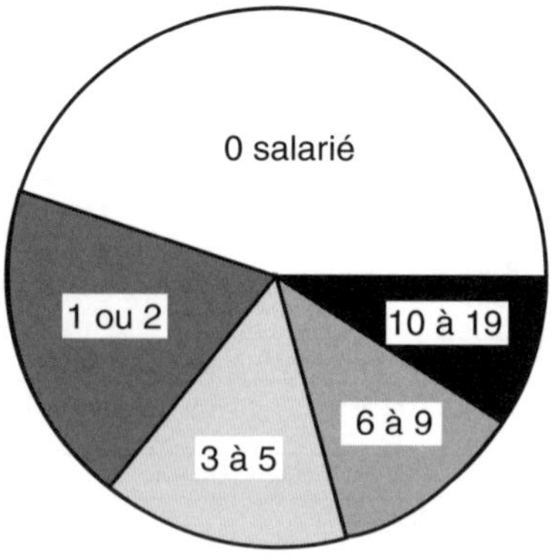

Source : INSEE 1997

>>>

➤➤➤

La tendance est à l'élargissement de leurs marchés : alors qu'en 1988, 82 % des petites entreprises avaient encore un marché exclusivement régional, dix ans plus tard elles ne sont plus qu'une sur deux dans cette situation ; et un cinquième d'entre elles est présent sur les marchés extérieurs (contre 3 % en 1988).
Remarquons également, qu'une petite entreprise sur 10 réalise, soit des innovations de produits, soit des innovations de procédés.

Les entreprises artisanales

Pour avoir le statut d'artisan il convient de remplir les conditions suivantes :
– être inscrit au répertoire des métiers ;
– être indépendant de ses clients ;
– travailler seul ou avec moins de 11 salariés ;
– obtenir sa rémunération principale d'un travail manuel et non de la revente de marchandises ou de l'utilisation de machines ;
– exercer une activité figurant sur une liste établie par décret.

La loi subordonne, en outre, l'exercice de certaines activités artisanales à une qualification professionnelle.
L'utilisation abusive du mot « artisan » ou de ses dérivés est sanctionnée pénalement. En 1998, on dénombrait plus de 820 000 entreprises artisanales (principalement dans le BTP, la réparation, les services et le secteur agricole et alimentaire) employant 2 300 000 personnes. Et réalisant un chiffre d'affaires de plus de 140 milliards d'euros, soit plus que EDF, France Télécom, Renault et PSA réunis.

Les professions libérales

Ni cadres, ni artisans, les membres des professions libérales se distinguent par le caractère intellectuel de leur activité – qui consiste en la pratique personnelle d'une science ou d'un art – et leur indépendance à l'égard de tout employeur. Leur pratique relève généralement du droit civil au contraire des commerçants, régis par le droit commercial.
L'exercice de leur profession est très souvent réglementé et parfois placé sous la tutelle d'un ordre qui veille à l'application des règles déontologiques de la profession (architectes, avocats, experts-comptables, médecins, etc.).
Au nombre de 488 000 (en 1998), la majorité d'entre eux exerce dans les professions de santé (médecins, infirmières, sages-femmes). De par le caractère hautement personnel de l'activité, ils œuvrent souvent en individuel (avec, éventuellement, quelques assistants) ou dans de petites sociétés. Dans les activités de conseil aux entreprises, la tendance est, cependant, à la constitution de structures plus importantes.
Au total les professions libérales emploient 900 000 salariés.

Cette situation n'est pas propre à la France, les petites entreprises sont également très nombreuses dans le reste de la communauté européenne et aux États-Unis.

2.2 Les grandes entreprises

La grande entreprise est synonyme d'effectifs nombreux (plus de 500 personnes) et de concentration de capitaux (en 2000, la capitalisation boursière des 971 sociétés cotées à la Bourse de Paris représentait 1 541 milliards d'euros). La loi de 1867 en instituant, sous le second Empire, la société anonyme, a créé un cadre juridique favorisant la collecte de capitaux importants.

La grande dimension facilite l'obtention de deux avantages compétitifs : des coûts unitaires plus faibles et l'accroissement du pouvoir de marché.

Des coûts unitaires réduits

Ils résultent de la combinaison de plusieurs facteurs :

– *Les économies d'échelle* : la croissance de la production induit une baisse des coûts unitaires en raison de facteurs techniques (moindre consommation unitaire de matières premières et d'énergie) ou de l'existence de coûts indépendants du niveau de l'activité, les coûts de l'infrastructure, notamment :

– *La réduction des coûts de transaction* (voir chapitre 1) : l'absorption d'un fournisseur, par exemple, élimine les coûts liés à la recherche des approvisionnements, supprime certaines opérations (emballage à l'expédition puis déballage à la réception) et, en rendant l'approvisionnement plus sûr, permet de réduire les stocks.

– *Les coûts d'organisation* : la grande entreprise se prête mieux à la rationalisation et à la standardisation de l'activité, source de gains de productivité.

– *La mise en œuvre du progrès technique* : l'introduction de nouvelles technologies nécessite souvent des capitaux et/ou des volumes de production importants.

Toutefois, le gigantisme peut aussi générer des coûts qui annulent ces avantages :

– au-delà de certains seuils techniques on peut entrer dans une phase de rendements décroissants et subir des déséconomies d'échelle ;

– la grande taille nécessite le déploiement de structures d'information, de coordination et de contrôle qui pèsent sur les coûts (multiplication des échelons hiérarchiques, « réunionite », paperasserie, etc.), paralysent l'initiative et réduisent l'efficacité de l'organisation.

Le pouvoir de marché

La grande dimension donne l'avantage lors de la négociation des contrats. C'est le pouvoir du « gros » sur le « petit » :

– *Sur les fournisseurs* : il est possible d'obtenir des prix plus faibles (en raison de l'importance des quantités commandées), des conditions avantageuses en matière de délais, de qualités des produits, etc.

– *Sur les clients* : par l'importance des moyens déployés (publicité, promotion) la grande entreprise influence leurs comportements d'achat.

– *Sur les concurrents* : face à des concurrents plus faibles et dispersés, la grande entreprise peut s'arroger le rôle de leader et organiser le marché à son avantage : elle impose ses prix, ses normes, voire un partage de la clientèle

– *Sur les salariés* : s'ils sont peu organisés, elle négociera en position de force les contrats de travail.

– *Sur les banques* : par le volume des capitaux empruntés, elle obtient des taux avantageux, des rééchelonnements d'échéance.

– *Sur les actionnaires* : la dispersion de l'actionnariat, l'absentéisme aux assemblées générales d'actionnaires confèrent une grande autonomie aux organes dirigeants qui considèrent parfois les petits porteurs comme une source de financement bon marché et peu contraignante. De plus, la grande dimension rassure l'épargnant ; elle est interprétée comme un gage de sérieux et de solvabilité, ce qui n'est, hélas, pas toujours vrai.

– *Sur l'État* : la grande dimension permet d'influencer les décideurs politiques. Si, dans certains pays, la corruption, le bakchich, est monnaie courante, en général les pressions sont plus discrètes et s'exercent à travers de multiples organismes paritaires, de clubs, ou – spécialité française – par la pratique du pantouflage : lorsqu'un haut fonctionnaire accède à une fonction directoriale dans une grande entreprise, il lui apporte sa connaissance des rouages de l'administration et son réseau de relations et d'amitiés dans les cabinets ministériels ou au Parlement. Sur les 100 premières entreprises industrielles françaises, près d'une sur deux est dirigée par un ancien haut fonctionnaire.

Ce pouvoir de marché est loin d'être absolu. Il trouve ses limites dans la grande dimension… des propres partenaires de l'entreprise (fournisseurs, banquiers, clients, concurrents…) ou dans l'existence de contre-pouvoirs : organisation de consommateurs, syndicats ouvriers, réglementation de la concurrence, etc.

Les avantages qu'une entreprise peut tirer de sa grande dimension ne sont pas proportionnels à cette dernière. Il existe un seuil en deçà duquel ils sont négligeables. Mais une fois cette « masse critique » atteinte ou dépassée, l'effet dimension s'exerce puissamment. Ce seuil est variable selon les secteurs d'activité. Il peut être d'ordre technique, financier ou commercial : production en grandes quantités pour réaliser des économies d'échelle (automobile, agro-alimentaire), budget de recherche et développement (industrie pharmaceutique, électronique), investissements importants (aéronautique, industrie pétrolière), parts de marchés, nombre de points de vente (grande distribution), etc.

2.3 Les groupes et les réseaux d'entreprises

Pour de multiples raisons d'ordre juridique, fiscal, économique et social, les entreprises s'agglomèrent et se structurent en groupes et en réseaux. Ce phénomène concerne, bien sûr, la grande entreprise, mais aussi les PME., voire les très petites entreprises : en 1995, l'INSEE a dénombré 6 700 groupes contrôlant 44 700 entreprises et employant plus de 6 millions de salariés. Seules les entreprises de plus de 20 salariés ont été analysées. Pour délimiter les contours d'une entreprise, il faut abandonner la conception corpusculaire (entreprise = ensemble organisé de capitaux, d'hommes et de moyens matériels, etc. à l'intérieur d'une enveloppe juridique) et faire référence à la notion d'espace structuré par des relations de pouvoir s'exerçant au travers de relations *juridiques* (qui détient le capital ?), *économiques* (un constructeur automobile exerce un pouvoir important sur les concessionnaires bien qu'ils soient juridiquement et financièrement indépendants), *financières* (une banque exerce un pouvoir sur une entreprise débitrice) et sociales (on influence une entreprise si l'on détient un ascendant sur ses dirigeants à travers des relations familiales, d'amitié ou de camaraderie). La notion de groupe devrait intégrer ces multiples dimensions mais en raison de la difficulté de mesurer certains paramètres, la définition communément acceptée ne retient que les aspects juridiques et financiers.

Selon cette optique, un groupe est un ensemble de sociétés liées par des participations financières dans lequel on distingue :

– *la société-mère* : elle n'est contrôlée par aucune société, et se situe, par conséquent, au sommet de l'édifice. C'est en son sein que sont prises les décisions stratégiques d'ordre supérieur. Lorsqu'elle n'existe que pour exercer ce pouvoir financier en abandonnant toutes les autres fonctions (production, commercialisation, etc.) à ses filiales, elle devient un holding ;

– *les filiales* : ce sont des sociétés dont le capital est contrôlé à plus de 50 % par la société-mère. Le seuil de 50 % permet d'obtenir la majorité absolue. En fait, il est possible de contrôler une société avec une majorité relative, dès lors que les autres associés ne sont pas coalisés ;

– *les participations* : ce sont des sociétés dont le capital est contrôlé à plus de 10 % (mais à moins de 50 %).

Ainsi, pour déterminer qui détient le pouvoir dans un groupe, il faut remonter dans l'arbre des liaisons financières en empruntant la plus grosse branche. Encore faut-il bien démêler l'enchevêtrement des liaisons qui peuvent être directes, cas le plus simple, ou circulaires ou croisées.

EXEMPLE • 2

Les liaisons financières

Liaison directe :

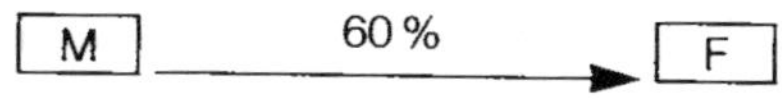

(La maison mère détient 60 % du capital de sa filiale.)

Liaison circulaire :

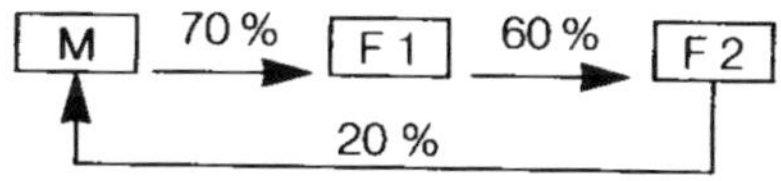

Liaison croisée :

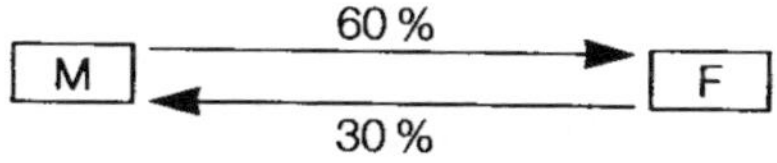

Qui contrôle ? Qui finance ?

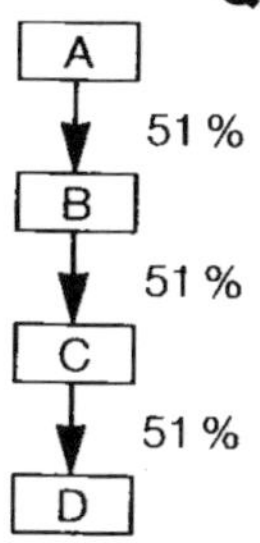

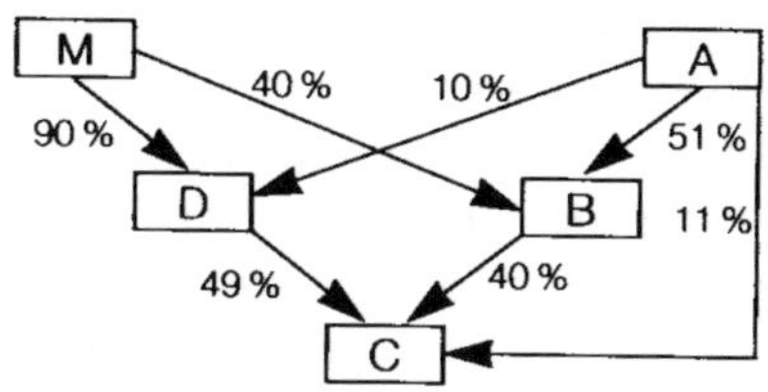

La société A contrôle la société D (**à travers le contrôle majoritaire de B et C**) bien qu'elle ne finance que 13,27 % de son capital : 51 % x 51 % x 51 %

Qui contrôle la société C ?
– **M ne contrôle que 49 %** de C, à travers le contrôle de D
– A contrôle 11 % de C (directement) + 40 % (à travers B), **soit 51 %.**
Bien que:
– **M finance 60,1 %** du capital de C :
(90 % x 49 %) + (40 % x 40 %)
– **A finance 36,3 %** du capital de C :
[11 % + (51 % x 40 %) + (10 % x 49 %)] + 36,3 %

Lorsque les liens entre les entreprises ne reposent plus uniquement sur des participations en capital mais aussi sur des contrats ou des accords (sous-traitance, franchise, accords de coopération, centrales d'achats, intérim, etc.), on est en présence d'un réseau d'entreprises – ou d'entreprise-réseau, lorsque l'ensemble est structuré au profit d'une entité qui conçoit et coordonne le projet productif.

Ainsi, Benetton est à la tête d'un réseau constitué :
– de stylistes free-lance (indépendants) ;
– d'usines, propriétés de la marque ;
– de sous-traitants ;
– d'accords de licence avec d'autres entreprises qui fabriquent des produits de la marque ;
– de boutiques indépendantes en franchise.

Juridiquement et financièrement, la plupart de ces entreprises sont indépendantes, mais elles constituent un ensemble économique et technique au service de la marque Benetton.

3 | La classification d'après la forme juridique

Une première distinction peut être faite entre les entreprises privées, contrôlées par des personnes privées (physiques ou morales) et les entreprises publiques contrôlées par l'État ou une collectivité locale.

Les entreprises privées peuvent adopter plusieurs formes juridiques. Le choix dépendra des critères suivants :
– le désir de s'associer ou d'œuvrer en individuel ;
– la dimension de l'affaire et le montant des capitaux à réunir ;
– le souci de limiter les risques et de protéger son patrimoine ;
– la nature de l'activité (civile ou commerciale) ;
– les obligations fiscales ;
– la couverture sociale des dirigeants (sécurité sociale, retraite) ;
– le contrôle des apporteurs de capitaux sur les dirigeants.

3.1 L'entreprise individuelle

Elle est la propriété exclusive d'une seule personne, l'exploitant, qui la dirige. Elle est donc incluse dans son patrimoine (ensemble des biens, créances et dettes d'une personne), ce qui induit une conséquence très importante : l'exploitant est indéfiniment responsable des dettes de son entreprise. En cas de faillite, ses créanciers pourront demander en justice la saisie de ses biens personnels (et éventuellement ceux de son conjoint, selon le type de régime matrimonial) : résidence, voiture particulière, bijoux, titres, etc.

L'avantage principal de ce statut réside dans la grande liberté qu'il procure, l'entrepreneur individuel n'ayant de comptes à rendre à personne (ce qui explique son succès dans l'agriculture, le commerce et les services). On dénombre, en France, environ 1,7 million d'entreprises individuelles, soit 60 % du total des entreprises, mais elles ne réalisent qu'un quart du chiffre d'affaires total.

3.2 Les sociétés civiles

Leur statut a été modernisé par la loi du 4 janvier 1978 et rapproché de celui des sociétés commerciales (il existe également des statuts dérogatoires, en particulier pour les professions libérales, les activités agricoles ou immobilières). Ont le caractère civil toutes les sociétés auxquelles la loi n'attribue pas un autre caractère en raison de leur forme, de leur nature ou de leur objet. Peuvent donc, en général, opter pour ce statut les entreprises exploitant une activité agricole, extractive, artisanale, immobilière (certaines activités immobilières ont cependant un caractère commercial : marchands de biens, intermédiaires, etc.), libérale, ou une œuvre de l'esprit.

Parmi les spécificités des sociétés civiles, citons l'interdiction de faire appel public à l'épargne et à la responsabilité indéfinie, *mais non solidaire*, des associés (voir exemple 3).

3.3 Les sociétés commerciales

La loi française (loi du 24 juillet 1966, intégrée au code de commerce) met à la disposition des créateurs d'entreprises plusieurs formules de sociétés.

La société en nom collectif (SNC)

Les associés ont la qualité de commerçants (ce qui exclut les mineurs, les fonctionnaires, certaines professions réglementées, etc.). Ils sont *indéfiniment* et *solidairement* responsables des dettes sociales et exercent conjointement la gérance (sauf stipulation contraire des statuts). Les décisions sont prises selon le principe « un homme, une voix », et certaines d'entre elles nécessitent l'unanimité (changement d'associé, par exemple). Cependant, la part de chacun dans les résultats, et en cas de liquidation, dans l'actif net (ensemble des biens et créances détenus par la société, moins les dettes) est fonction de son nombre de parts sociales.

La SNC est une société de personnes, basée sur le principe de l'« *intuitus personae* ». Cela signifie que les associés doivent avoir le désir d'œuvrer en commun *en tenant compte de la personnalité de chacun*. Bien que la loi ne limite pas le nombre des associés, il est exclu d'espérer fonctionner correctement au-delà de quelques individus. Les risques importants supportés par les associés et le caractère très fermé des SNC (l'arrivée ou le retrait d'un associé est un événement exceptionnel) expliquent la perte d'intérêt pour cette formule (moins de 3 % des sociétés).

La société en commandite simple

Son principe est très proche de la SNC. Elle s'en distingue surtout par l'existence de deux catégories d'associés :

– les commandités : ils ont le même statut que les associés de la SNC ; en particulier, ils exercent la gérance et sont indéfiniment et solidairement responsables des dettes sociales ;

– les commanditaires : ils ne sont responsables que jusqu'à concurrence de leur apport. Leurs risques sont donc limités, mais ils n'ont pas le droit de s'immiscer dans la gestion externe de la société.

La société à responsabilité limitée (SARL)

Comme son nom l'indique, dans ce type de société, la responsabilité des associés est limitée à leur apport, ce qui a une conséquence très importante : en cas de faillite, les créanciers de la société ont très peu de chance d'être payés (sauf à prendre des précautions : hypothèques, caution de certains associés, etc.). Aussi la loi exige-t-elle un capital minimum de 7 500 euros (ce seuil n'est cependant pas jugé assez élevé pour constituer un gage pour les créanciers, ni pour dissuader les « amateurs » de créer une entreprise).

La SARL est une société relativement fermée : le nombre des associés est limité à 50 et la cession des parts sociales est soumise à l'agrément des autres associés. La qualité d'associé n'entraîne pas celle de commerçant. Par ailleurs, le statut des gérants est souvent socialement et fiscalement plus avantageux que dans les sociétés de personnes.

Pour toutes ces raisons, la SARL est la forme juridique préférée des PME. (66 % des sociétés ont adopté ce régime).

L'entreprise unipersonnelle à responsabilité limitée

Pour constituer une société il faut être au moins deux. Jusqu'à ces dernières années l'entrepreneur individuel ne pouvait bénéficier des avantages que représente la SARL. La loi du 11 juillet 1985, en créant l'entreprise unipersonnelle à responsabilité limitée (EURL) et l'exploitation agricole à responsabilité limitée (EARL), lui propose une formule très voisine.

EXEMPLE • 3

Conséquences d'une faillite selon la forme juridique de l'entreprise

Entreprise individuelle.

M. **A**, entrepreneur individuel, a investi 1 000 000 euros dans son entreprise. Malgré des débuts prometteurs, l'affaire périclite et, 3 ans plus tard, il dépose son bilan. La vente de l'actif (locaux, machines, stocks, etc.) et les règlements obtenus des clients permettent de réunir 1 200 000 euros, mais l'entreprise a accumulé 2 000 000 de dettes. Il reste donc un passif, un « trou », de 800 000 euros à combler. Non seulement M. **A** ne récupérera pas

>>>

➤➤➤

son apport, mais il devra vendre sa résidence (estimée à 700 000 euros) et les bijoux de son épouse (pour 100 000 euros) pour rembourser ses créanciers.

Société civile.
Deux amis, **B** et **C**, constituent une société civile pour exploiter une entreprise agricole. **B** apporte 600 000 euros, soit 60 % du capital, et **C** 400 000 euros soit 40 %. Comme dans l'exemple précédent, l'affaire périclite, laissant un passif social de 800 000 euros. Les deux associés perdent leur apport. **B** devra combler le « trou » à concurrence de 480 000 euros (800 000 x 60 %) et **C** à raison de 320 000 euros (800 000 x 40 %), au besoin en vendant leurs biens personnels. Si **C** est insolvable, la responsabilité de **B** étant proportionnelle à sa quote-part dans le capital, certains créanciers ne sont jamais remboursés.

SNC.
Supposons maintenant que **B** et **C** ont constitué dans les mêmes conditions, une société en nom collectif pour exploiter une activité industrielle. Après dépôt du bilan, le passif social s'élève toujours à 800 000 euros et **C** est insolvable. Les associés d'une SNC étant responsables solidairement, **B** devra indemniser totalement les créanciers (pour 800 000 euros).

SARL.
Si **B** et **C** avaient constitué une SARL ils n'auraient perdu que leur apport. Et les créanciers n'auraient jamais récupéré les 800 000 euros.

La société anonyme (SA)

Créée en 1867 pour faciliter la réunion de capitaux importants, elle est parfaitement adaptée aux besoins de la grande entreprise.

Les parts sociales y sont représentées par des actions librement cessibles et négociables (un marché a même été créé à cet effet : la Bourse des valeurs). Un associé peut donc se retirer à tout moment. Cette liquidité du marché des titres des sociétés facilite l'orientation de l'épargne vers les entreprises.

Le nombre d'associés doit être au minimum de 7. Il n'y a pas de maximum (certaines sociétés ont plusieurs millions d'actionnaires). Une SA peut choisir entre deux modes d'administration :

– le régime classique : la SA est dirigée par un conseil d'administration (de 3 à 24 membres) élu par l'assemblée générale des associés. Le conseil élit en son sein le président-directeur général ;

– le régime européen : la SA est dirigée par un directoire de 2 à 5 membres (il peut y avoir un directeur unique dans les SA dont le capital n'excède pas 150 000 euros) nommés par le conseil de surveillance. Les membres de ce dernier, au nombre de 3 à 24, sont élus par l'assemblée générale des associés.

Dans cette dernière formule les fonctions de direction et de contrôle sont nettement séparées.

La société en commandite par actions

Comme dans la commandite simple, cette société est composée de deux sortes d'associés :

– les commandités qui ont la qualité de commerçants et sont tenus solidairement et indéfiniment responsables des dettes sociales. Ils désignent, généralement, les gérants ;

– les commanditaires qui apportent le capital et désignent les membres du conseil de surveillance.

Cette formule emprunte ses règles de fonctionnement aux sociétés en commandites simples et aux SA. Très peu de sociétés l'ont adoptée. Citons néanmoins deux d'entre elles : Michelin et Disneyland Paris.

La société par actions simplifiée (SAS)

Pour freiner les délocalisations de sociétés attirées par des législations étrangères plus favorables, le législateur français a institué en 1994 la SAS. Une loi de 1999 a encore assoupli son régime et a créé la société par actions simplifiée à associé unique (SASU). Bien que réservée aux entreprises d'une certaine taille (capital minimum de 37 000 euros), ce nouveau type de société est en mesure de concurrencer la SARL et l'EURL en raison de sa souplesse et de sa simplicité de fonctionnement.

Les formes particulières

Le législateur a prévu des statuts adaptés à certaines situations : coopératives agricoles, coopératives ouvrières de production, entreprise mutualiste, société d'investissement à capital variable, groupement d'intérêt économique, etc.

REPÈRE•17

Le rôle des commissaires aux comptes

Dès qu'une société gère des capitaux importants et comprend un nombre élevé d'associés, il existe le risque que la direction poursuive des objectifs qui aillent à l'encontre de l'intérêt des propriétaires (s'attribuer des rémunérations sans rapport avec les responsabilités effectives, utiliser les biens de la société pour son propre compte… cela peut aller jusqu'aux détournements de fonds). C'est la raison pour laquelle le législateur soumet les sociétés par actions, SARL et les SNC importantes à un contrôle légal exercé par un (ou plusieurs) commissaire aux comptes. Ce dernier doit être indépendant de la société. Il est désigné par l'assemblée générale des associés et a pour mission de vérifier le respect des obligations comptables. Il peut, s'il l'estime nécessaire, refuser de certifier les comptes (ce qui signifie que des erreurs graves ont été commises et leur enlève toute force probante). Il a également l'obligation de dénoncer au procureur de la République les faits délictueux dont il peut avoir connaissance. Par ailleurs, il doit alerter les dirigeants sur tout fait de nature à compromettre la continuité de l'exploitation, relevé à l'occasion de l'exercice de sa mission.

3.4 Les entreprises publiques

Pour de multiples raisons, l'État est amené à intervenir dans l'activité productive, se constituant un vaste secteur public caractérisé par la diversité des statuts et des règles spécifiques de gestion.

Les statuts des entreprises publiques

– *La régie* : Elle n'a pas de personnalité juridique. Sa personnalité se confond avec celle de la collectivité publique exploitante (État, commune, etc.) et n'a pas réellement d'autonomie de gestion : ses charges et ses produits sont directement comptabilisés dans le budget de la collectivité exploitante. Citons : la Poste, l'Imprimerie nationale, les Arsenaux… Il est à noter que le vocabulaire en usage porte parfois à confusion. Ainsi, la Régie Autonome des Transports Parisiens (RATP) n'est pas une régie puisqu'elle est… autonome !

– *Les établissements publics à caractère industriel et commercial* : à la différence des précédents, ils ont une personnalité juridique distincte de l'État et sont soumis au droit privé dans leurs rapports avec les usagers.

Citons EDF-GDF, Aéroports de Paris, La RATP. Leurs organes d'administration sont nommés par le ministère de tutelle.

– *Les entreprises à capital public* : c'est la forme la plus souvent utilisée à l'occasion des opérations de nationalisation (en particulier en 1982). Ces entreprises sont administrées comme des sociétés anonymes avec une différence non négligeable : elles n'ont qu'un seul actionnaire, l'État (ou actionnaire principal, en cas de privatisation partielle). Leurs organes de direction ont une composition plurielle. Le conseil d'administration des banques nationalisées, par exemple, était composé de représentants des professions industrielles, commerciales et agricoles, des organisations syndicales du personnel, de la Banque de France, plus deux techniciens nommés en raison de leur expérience bancaire. Le PDG est nommé par le gouvernement. Par ailleurs, c'est la Commission de contrôle des banques qui remplaçait l'assemblée générale des actionnaires. En raison de leur présence dans des secteurs concurrentiels, leur gestion obéit aux règles du privé. Citons : le Commissariat à l'Énergie Atomique, la SNECMA, Renault (après sa privatisation partielle, l'État ne détient plus que 44 %)

– *Les sociétés d'économie mixte* : ce sont des sociétés anonymes de droit privé dans lesquelles la puissance publique détient un pouvoir déterminant, résultant, soit d'une participation majoritaire dans le capital, soit d'un texte dérogeant au droit commun et lui en conférant la maîtrise. L'économie mixte suppose une volonté de partenariat entre la puissance publique animée par l'intérêt public et des personnes privées à la recherche du profit. Citons : la société gérant le marché de Rungis, la société des autoroutes Paris-Rhin-Rhône…

– *Les concessions* (à ne pas confondre avec les concessionnaires qui bénéficient de l'exclusivité de la distribution d'un produit) : il ne s'agit pas, à proprement parler, d'une entreprise publique mais d'une entreprise privée bénéficiant d'une autorisation conditionnée, limitée dans le temps, d'exploiter un service public (par exemple, un réseau de transport urbain). L'entreprise concessionnaire doit respecter un cahier des charges (lignes desservies, horaires, etc.) et bénéficie, en contrepartie, de subventions d'équilibre.

La spécificité des entreprises publiques

Avoir l'État ou une collectivité publique pour seul ou principal actionnaire, présente des avantages :

– bénéficier d'un monopole légal (EDF-GDF, la Poste...) ;

– bénéficier de subventions pour équilibrer les comptes (SNCF, RATP...) ;

– faire garantir ses emprunts par l'État, ce qui permet d'obtenir des taux d'intérêt plus avantageux.

Et des inconvénients :

– la gestion de l'entreprise est soumise aux aléas de la politique gouvernementale, notamment en matière de prix et de salaires ou de politique industrielle (CEA, Thomson) ;

– il est difficile d'obtenir de l'État une dotation en capital (équivalent d'une augmentation de capital dans une entreprise privée) pour financer la croissance.

Le repli du secteur public

La vague des nationalisations a porté, en France, le secteur public à son point culminant. Le total des effectifs des entreprises publiques, qui était de 1,2 million en 1947, a atteint son maximum en 1984, soit 1,9 million de salariés.

En 1986, un renversement de tendance est intervenu. Comme dans d'autres pays conquis par les idées libérales, l'intervention de l'État dans le secteur productif est contestée. De nombreuses entreprises, nationalisées quelques années plus tôt, sont revendues au privé (Saint-Gobain, Matra, Paribas, Suez...) ainsi que des banques et des compagnies d'assurance qui étaient entrées dans le secteur public en 1945-1946 (Société Générale, Caisse nationale du crédit agricole...).

Après une suspension des opérations entre 1988 et 1992, une loi, votée en 1993, prévoit la privatisation de 21 entreprises publiques. Ce programme est pratiquement achevé. Aujourd'hui, il ne reste plus dans le périmètre de l'État que quelques entreprises entièrement contrôlées comme le CEA (nucléaire), le GIAT (armement) ou les Charbonnages de France. Il est vrai que ces entreprises n'intéressent pas les investisseurs privés : depuis la catastrophe de Tchernobil (1986) les programmes nucléaires ont été gelés un peu partout dans le monde, le GIAT est en pertes perpétuelles, et on ferme les mines...

D'autres sont partiellement en cours de privatisation : France Télécom, Air France, Renault…

Sous l'impulsion de la Commission européenne, le mouvement s'est accéléré récemment et les services publics sont maintenant visés : le secteur postal, les télécommunications, le marché du gaz et de l'électricité et les transports, notamment. Les monopoles d'EDF, de la SNCF ou de la Poste vivent sans doute leurs dernières années.

5 La dynamique de l'entreprise

1 | Création et disparition

La création d'une entreprise résulte de la rencontre d'un entrepreneur (une ou plusieurs personnes), d'une idée et de capitaux. C'est une opération périlleuse, comme en témoigne le taux élevé d'échecs dans les toutes premières années.

1.1 Créer une entreprise

Le créateur type n'existe pas. Les qualités requises (formation, âge, diplômes, expérience professionnelle, sens de l'organisation, de la communication, etc.) diffèrent selon qu'il s'agit d'ouvrir un débit de boisson, un cabinet d'expertise comptable, un atelier de poterie artisanale, une agence immobilière… Néanmoins il est des traits de caractère dont l'absence conduit droit à l'échec.

REPÈRE•18

Le profil du créateur d'entreprise

Pour créer une entreprise, il est souhaitable de réunir un certain nombre de qualités.

Le sens des réalités et de la mesure qui permet :
– de percevoir ses propres motivations, qualités et faiblesses, ainsi que celles de ses partenaires (collaborateurs. clients. banquiers, fournisseurs…) ;
– d'évaluer correctement le prix des choses et des… personnes, de comprendre rapidement les règles du jeu d'un marché, de « flairer » les bonnes affairent, les produits qui perceront, les technologies qui s'imposeront…
– d'apprécier le niveau des barrières à l'entrée sur un marché (Repère 22).

➤➤➤

>>>

Savoir prendre des risques :
Sans tomber dans l'image d'Épinal de l'entrepreneur qui « aime le risque », il est indéniable qu'entreprendre implique d'affronter les aléas économiques, sociaux, réglementaires, etc. d'investir en capital (un peu), en temps et en énergie (beaucoup), sans être assuré d'être payé de retour. Le sens de la mesure doit permettre d'apprécier, ne serait-ce qu'intuitivement, le rapport risque/espérance de gain.

De la pugnacité :
Il ne s'agit pas de manifester physiquement son agressivité (quoique certains grands capitaines d'industrie n'aient pas hésité à utiliser la violence physique, à l'époque du « capitalisme sauvage », aux États-Unis notamment) mais d'avoir le souci, et le désir constant, de tirer un bénéfice de toute négociation (les états d'âmes, les spéculations sur le prix ou le salaire honnête sont un handicap), de modifier le rapport de force en sa faveur. Toutefois cette pulsion doit être maîtrisée : il ne faut pas que les partenaires aient le sentiment d'avoir été floués. L'idéal étant qu'ils soient consentants (salariés heureux, clients satisfaits…).

De la confiance en soi… plus une certaine dose d'optimisme :
On peut être fugitivement habité par le doute, mais les éternels hésitants, ceux qui « remettent toujours au lendemain » ou qui attendent d'avoir tous les atouts en main font de piètres créateurs d'entreprise.

L'idée peut concerner un produit (machine à coudre, autocuiseur, planche à voile, pin's…), un service (recyclage des déchets, travail temporaire, pizza à domicile…) ou encore un concept (le libre-service, la restauration rapide, le village de vacances…). L'intuition géniale qui permet de transformer en quelques décennies l'entreprise artisanale en une puissante multinationale est une curiosité dont le succès doit souvent beaucoup au hasard. Les idées à l'origine des milliers d'entreprises qui se créent chaque année sont beaucoup plus modestes. Par contre, il importe qu'elles soient soumises à une critique vigoureuse avant de connaître un début de réalisation. On s'interrogera sur le (ou les) besoin à satisfaire ; le marché potentiel et ses perspectives de croissance ; les caractéristiques que doit présenter le produit ; comment le faire connaître, le distribuer ? Peut-on l'obtenir ou le fabriquer à un coût compétitif (sur le moyen terme, une entreprise étant rarement bénéficiaire les premières années) ? Quels sont les facteurs clés de succès ? La qualité technique, la technologie, le prix, le service après-vente… ?

Comment trouver la bonne idée ? La recette infaillible n'existe bien sûr pas. On conseille généralement d'observer, de s'inspirer de ce que font d'autres entreprises, en particulier à l'étranger ; d'acheter l'idée d'un autre (brevets), ou encore de s'intégrer dans un réseau (sous-traitance, franchise, concession, essaimage…).

Les capitaux à réunir sont en rapport avec le type et l'importance de l'activité envisagée. Le démarrage de cette dernière étant une opération risquée, l'apport personnel est incontournable : il peut provenir d'une épargne préalable, d'un héritage, ou des associés. Mais il doit être complété par le recours à l'emprunt. Remarquons, au passage, que ce dernier augmente encore les risques.

En tout état de cause, le démarchage des banques doit s'appuyer sur un solide dossier comprenant l'inventaire des éléments à financer ainsi qu'un compte de résultat prévisionnel réaliste permettant, entre autres, d'apprécier la capacité de remboursement de l'entreprise.

La constitution d'une entreprise se présente comme un véritable « parcours du combattant » : elle est l'occasion pour le candidat entrepreneur de vérifier qu'il possède les qualités requises, en particulier l'aptitude à négocier et à s'entourer de bons conseillers : Chambre de commerce et d'industrie, Chambre des métiers, missions régionales pour la création d'entreprise, conseil juridique, expert-comptable…

REPÈRE • 19

Les barrières à l'entrée

L'accès à un marché peut être limité par des obstacles conférant aux entreprises établies un avantage sur les entrants potentiels :
- l'existence d'économies d'échelle impose une part de marché minimum ;
- l'exigence d'une surface financière minimale, en raison de l'importance des investissements à réaliser ;
- l'accès aux approvisionnements ;
- l'accès aux technologies ;
- des produits protégés par des brevets ;
- l'image de marque ;
- un savoir faire exclusif ;
- une protection légale (monopole d'État, monopole professionnel) ;
- l'attente d'une riposte des concurrents établis ;
- l'existence de barrières à la sortie (coûts de reconversion ; faible valeur liquidative des actifs ; rigidités, réglementaires, etc.).

1.2 Les créations et cessations d'activités

Depuis une vingtaine d'années, on constate que le tissu productif français se renouvelle rapidement à raison de 10 à 12 % de création d'entreprises et de sorties (radiations) par an. Les premières équilibrant, à peu près, les secondes, le nombre total d'entreprises évolue faiblement.

Toutes les études montrent que les cessations sont très nombreuses dans les premières années d'existence : 30 % au bout de 2 ans, et après 5 ans, plus de la moitié des entreprises nouvelles ont disparu. Cette mortalité est, notamment, plus élevée :

– pour les entreprises individuelles (EI) que pour les sociétés. Le cap de la première année est très difficile à franchir pour les EI, indice d'un certain amateurisme ;

– dans le commerce que dans les services ; en raison notamment, pour les premières, de l'existence de stocks qui, s'ils ne sont pas écoulés rapidement, grèvent la trésorerie ;

– pour les affaires de petite dimension. Il est exceptionnel que les grandes entreprises cessent d'exister : elles changent de forme juridique ou se restructurent (fusion, acquisition, cession…).

Cela explique, sans doute, que les deux tiers des EI du commerce disparaissent avant la 5e année.

Il est à noter que l'intégration dans un réseau (franchise, opération d'essaimage, etc.) réduit fortement les risques d'échec.

REPÈRE • 20

Créations et défaillances d'entreprises

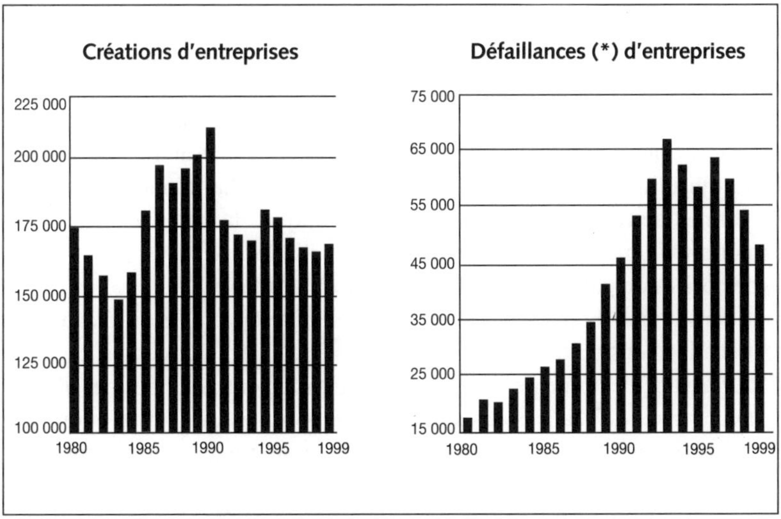

(*) Décisions prononcées par les tribunaux en raison de l'incapacité de l'entreprise à régler ses débiteurs.

Source : INSEE, EULER-SFAC

Marie-Christine Schmitt « Défaillances d'entreprises en 1999 et bilan de la décennie », *Bulletin économique EULER-SFAC*, n° 1040, février 2000.

2 | La croissance de l'entreprise

La croissance consiste dans l'augmentation de la dimension de l'entreprise (effectif, chiffre d'affaires, capitaux investis, etc.). Elle peut résulter d'un développement interne et/ou externe.

2.1 Les modalités de la croissance

La croissance interne

L'entreprise croît par ses propres moyens, son expérience, son savoir-faire : elle augmente ses parts de marchés ou se diversifie (elle investit de nouveaux secteurs d'activité).

La croissance interne est financée par autofinancement, emprunt ou augmentation des apports en capital.

Sauf s'il est fait appel à de nouveaux associés, ce qui peut affaiblir le pouvoir de contrôle des dirigeants, ce mode de développement préserve l'indépendance de ces derniers. Il trouve toutefois rapidement ses limites : la capacité d'autofinancement ou la fortune personnelle des dirigeants est souvent insuffisante.

La croissance externe

Elle s'effectue par :

– la modification du périmètre et/ou des caractéristiques juridiques de l'entreprise : par *fusion* (deux ou plusieurs entreprises décident de se regrouper : il y a création d'une entité nouvelle et disparition des anciennes), *absorption* (une entreprise reprend le patrimoine d'une autre : cette dernière disparaît juridiquement) ou apport partiel d'actif (rachat d'une branche d'activité d'une autre entreprise, ce qui implique la reprise des moyens d'exploitation : matériels, personnel, fichiers clients, etc.) ;

– des prises de participation pour former un groupe ;

– la constitution d'un réseau d'entreprises en développant les différentes formes de partenariat (sous-traitance, co-traitance, essaimage, accords de licence, etc.).

La croissance externe peut être réalisée rapidement ; elle permet d'acquérir des savoir-faire, de réaliser des synergies (économies de moyen et/ou supplément de performance) et souvent de réduire le nombre des concurrents.

2.2 Avantages et inconvénients de la croissance

L'augmentation de la dimension permet de bénéficier des avantages de la grande entreprise : baisse des coûts unitaires et augmentation du pouvoir de marché (voir chapitre 2). Elle pose cependant des problèmes :

– d'organisation et de coordination qui peuvent aller jusqu'à une complète restructuration, en particulier en cas de croissance externe : intégration des activités regroupées, rectification de frontières ;

– de gestion du personnel : promotion, recrutement, en cas de croissance interne ; modification des attributions, suppression de postes ou de services faisant double emploi, problèmes culturels, en cas de croissance externe (ce qui peut susciter l'inquiétude voire l'hostilité du personnel et être source de conflits et de blocages) ;

– de financement et d'autonomie des dirigeants (perte de contrôle qui peut aller jusqu'au limogeage : en cas de fusion de deux entreprises, par exemple, il y a un P- DG de trop) ;

– la croissance peut être mal acceptée par l'environnement : les concurrents bien sûr, mais parfois les consommateurs ou les pouvoirs publics (législation anti-trust, réglementation des ententes et situations dominantes…).

La croissance peut être provoquée par une augmentation de la demande ou par l'impératif de compétitivité. Elle n'est pas toujours désirée, les dirigeants pouvant craindre d'affaiblir leur position personnelle ou d'avoir à affronter des problèmes de gestion pour lesquels ils sont mal préparés (c'est le cas de beaucoup de patrons de PME.). Mais elle peut aussi résulter d'une volonté de diversification, de stratégies visant à atteindre la masse critique, une position dominante, ou a s'assurer le contrôle des approvisionnements (intégration amont), des débouchés (intégration aval), ou encore la maîtrise de la filière.

3 | La concentration des entreprises

3.1 Définition et mesure de la concentration

Évaluer le degré de concentration d'un marché suppose, au préalable, que des critères soient définis. La délimitation de l'espace économique a une incidence sur les résultats obtenus : on peut mesurer la concentration dans une industrie donnée au niveau mondial, européen, national. De même la délimitation de l'industrie devra être précisée ; s'agit-il, par exemple, de mesurer la concentration des constructeurs automobiles ou des seuls véhicules de tourisme ? Il n'est pas interdit de circonscrire l'étude à un type de véhicules, tels que les breaks, par exemple.

Ensuite, il convient de distinguer la *concentration technique*, qui se rapporte au nombre d'établissements (une entreprise pouvant en compter plusieurs) ; la *concentration économique*, celle des entreprises ; la *concentration financière*, dont l'unité de référence est le groupe.

Une fois délimité le champ de l'étude, la mesure prend différentes formes. On peut choisir de mesurer la concentration absolue en calculant la part de la production réalisée par les 3 ou 4 premières entreprises (ou établissements ou groupes, selon l'approche retenue), ou la concentration relative en évaluant le degré d'inégalité de la répartition des parts de marché.

REPÈRE • 21

Une concentration inégale sur le marché français

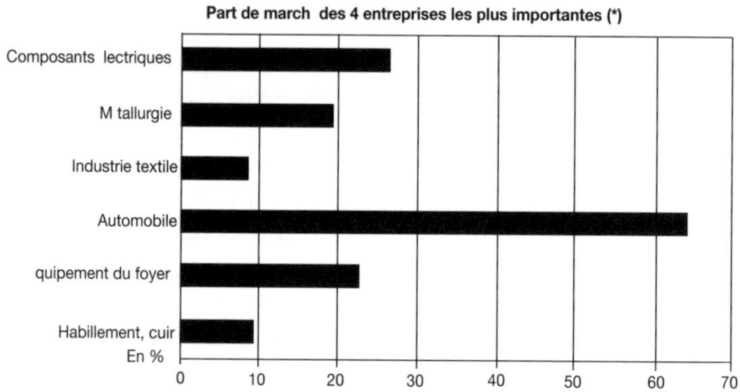

(*) Y compris les entreprises étrangères.

Source : INSEE, SESSI, 1996.

Il s'agit d'évaluer le degré d'inégalité des parts de marché, ce qui peut être obtenu :

1) en traçant la courbe de Lorenz d'un marché. L'axe des abscisses représente la répartition des entreprises *depuis les plus petites jusqu'aux plus grandes* (effectifs cumulés). L'axe des ordonnées représente les parts de marché.

Chaque point de la courbe de Lorenz indique la part de marché détenue par les *x* % entreprises (les plus petites). Exemple : le point **a** indique que 80 % des entreprises se partagent 20 % du marché ou, inversement, que 20 % des entreprises (les plus grandes) réalisent 80 % des ventes.

Plus la courbe de Lorenz est éloignée de la diagonale du carré (ligne de parfaite égalité), plus la concentration est forte ;

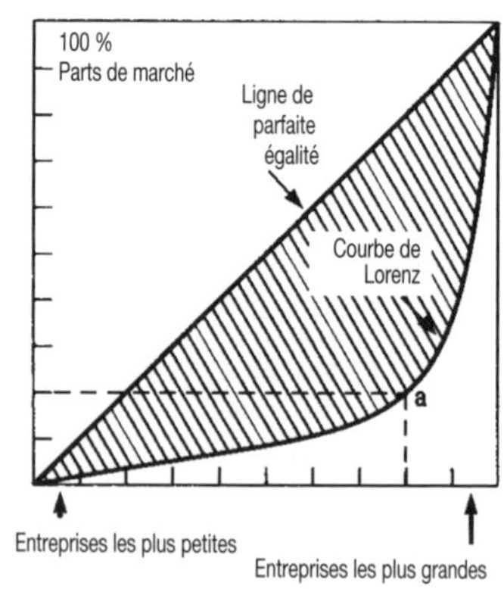

2) en calculant un indice de concentration. Il existe plusieurs méthodes. Par exemple l'indice de GINI qui est le rapport entre la surface comprise entre la courbe de Lorenz et la diagonale du carré, d'une part (surface hachurée), et la demi-surface du carré, d'autre part.

3.2 Évolution récente de la concentration

La concentration des entreprises est un phénomène ancien. Remarqué dès le siècle dernier, son accélération avait été pronostiquée. Au début du XXe siècle des industries entières sont déjà contrôlées par un petit nombre de sociétés (charbonnages, chimie…). Cependant, tous les domaines ne sont pas concernés : échappent au mouvement les activités où les barrières à l'entrée sont faibles et les économies d'échelle quasi inexistantes, en particulier dans la majorité des services de proximité (réparation automobile, salons de coiffure, professions libérales…). Les industries nouvelles peuvent également se développer quelque temps en marge des grands groupes, comme la micro-informatique au début des années 1980.

La concentration industrielle connaît des accélérations comme l'illustre l'évolution du système productif français au cours des quarante dernières années.

Au début des années 1960, le tissu industriel est constitué en majorité de PME, se développant sur un marché intérieur relativement protégé. L'ouverture des marchés, résultant de la libération des échanges, va provoquer l'irruption des firmes étrangères (américaines, allemandes, italiennes…) et la disparition des entreprises incapables d'affronter ces nouveaux concurrents (comme, par exemple, dans l'électroménager). Un important mouvement de concentration se dessine alors, impulsé, en partie, par l'État. Une vague de fusions et d'absorptions fait naître de grands groupes industriels, et renforce la structure oligopolistique dans les secteurs traditionnellement concentrés (BSN-Gervais-Danone, Creusot-Loire, Rhône-Poulenc, Péchiney-Ugine-Kulmann, Peugeot-Citroën, etc.).

La crise des années 1970 va révéler certains handicaps des grands groupes (rigidité des structures, diversifications hasardeuses, branches retardataires) et freiner la tendance. Pour enrayer la baisse de la profitabilité dans les secteurs victimes de la crise pétrolière (sidérurgie, chimie, automobile, textile), les entreprises restructurent : dans un premier temps, il s'agit d'abandonner les foyers de pertes, puis de se recentrer sur son métier. Pendant cette période, on assiste même à un recul de la concentration technique. Les nationalisations de 1982 sont également l'occasion de rectifications de frontières dans la téléphonie, le matériel militaire, la construction navale, le matériel ferroviaire…

À partir de 1983, la concentration reprend, sous l'effet de différents facteurs : mondialisation des marchés économiques et financiers, concurrence plus vive, perspective du marché européen, retour des profits et… des krachs boursiers qui révèlent des opportunités d'acquisition. Ce mouvement a connu des ralentissements, mais depuis 1992, il est en augmentation constante pour atteindre 285 milliards d'euros en 1999. Les fusions-acquisitions sont en grande partie franco-françaises (exemples, Carrefour-Promodes ou TotalFina-Elf) mais témoignent aussi d'un souci de positionnement sur le marché mondial (Renault-

Nissan). Ces opérations sont aussi conduites dans un souci de maximisation de la valeur actionnariale. Ainsi, la fusion Vivendi-Seagram (en 2000) avait un double objectif : répondre à la fusion AOL-Time Warner, d'une part, et créer de la valeur pour l'actionnaire, d'autre part, en se séparant des activités les moins rentables de Seagram et en restructurant le groupe.

REPÈRE • 22

La concentration dans l'industrie automobile française

Née à la fin du XIXe siècle, l'industrie automobile était, à l'origine, composée d'entreprises artisanales.

Après la Première Guerre mondiale Peugeot, Renault et Citroën mettent en œuvre les méthodes de rationalisation tayloriennes et tentent, sans grand succès, de développer, une production de masse (les effets de la crise de 1929, pesant lourdement sur la demande).

Dans les années 1930, une quarantaine de constructeurs se partagent le marché français. La Deuxième Guerre mondiale marque une rupture (destructions d'usines, réorientation de la production…) et en 1943 il ne subsiste plus que 7 entreprises.

En 1965, l'absorption de Panhard par Citroën est achevée et la marque disparaît deux ans plus tard.

En 1974, Peugeot rachète Citroën, puis Simca, en 1978, qui devient Talbot.

En 1979, après le rachat de Berliet par Renault, il ne reste plus que deux groupes français : PSA, qui commercialise ses véhicules sous les marques Peugeot et Citroën, et Renault.

Cette tendance n'est pas propre au marché français : une dizaine de groupes contrôlent plus de 90 % de la production mondiale d'automobiles.

4 | L'internationalisation des entreprises

La quasi-totalité des grandes entreprises sont des multinationales : elles sont implantées à l'étranger (production, réseaux de distribution, etc.) empruntent sur les marchés internationaux, emploient du personnel de nationalités différentes, y compris aux plus hautes responsabilités.

4.1 Un développement récent

Le phénomène est ancien, mais les coûts élevés des transports et des communications freinaient sa généralisation qui date des années 1960 et s'accentue encore actuellement (depuis 1980, les investissements directs internationaux ont été multipliés par 10, soit nettement plus que la production et les échanges commerciaux).

Les principales firmes multinationales (FMN) ont un poids économique considérable : le chiffre d'affaires des 200 premières multinationales représente plus du quart du produit mondial[2]. Dans le même ordre d'idée : seuls une vingtaine de pays ont un PIB supérieur au chiffre d'affaires de General Motors et celui des deux principales FMN dépasse le PIB du continent africain. Certains pays ont une part majeure de leur économie contrôlée par des multinationales : Singapour, Brésil, Belgique, Canada, Mexique...

Les firmes multinationales réalisent plus de 90 % du commerce international, dont une bonne part du commerce intra-groupe (en particulier dans le matériel de bureau et informatique, les véhicules à moteurs, le matériel industriel et agricole...) et figurent parmi les principaux acteurs sur les marchés des changes.

Toutefois, cette puissance des principales multinationales peut se trouver limitée par la volonté politique des pays d'accueil :

– existence de secteurs protégés (monopoles nationaux, défense nationale) ;

– restriction sur les formes d'implantation : certains pays interdisent le rachat d'entreprises nationales ou la détention de filiales à 100 % et imposent des formes de partenariat avec des firmes nationales ;

– la plupart des pays exercent un contrôle, ne serait-ce qu'administratif, sur les implantations étrangères.

REPÈRE • 23

Les 10 premières entreprises mondiales

Rang	Société	Secteur	CA (en milliards d'euros)	Effectif
1	General Motors (USA)	Automobiles	199	388 000
2	Wal-Mart Stores (USA)	Grande distribution	189	1 140 000
3	Exxon-Mobil	Pétrole	185	106 000
4	Ford Motor (USA)	Automobiles	183	364 550
5	Daimler-Chrysler (All)	Automobiles	150	463 561
6	Mitsui (Jap)	Négoce	134	38 454
7	Mitsubishi (Jap)	Automobiles	133	42 050
8	Toyota Motor (Jap)	Automobiles	131	214 631
9	Genral Electric (USA)	Electronique	126	340 000
10	Royal Dutch-Shell Group (GB-NL)	Pétrole	124	96 000

Source : d'après les classements de *L'Expansion*, 2000

2. Certes il ne faut pas confondre le CA avec le produit mondial – somme des valeurs ajoutées – mais ces chiffres sont cependant significatifs.

4.2 Les causes de l'internationalisation

Les principales raisons qui conduisent les entreprises à sortir du cadre national sont :

– la recherche des débouchés. C'est le cas, notamment, lorsqu'une échelle minimum de production est nécessaire et le marché d'origine de faible dimension (exemples : Suède, SKF ; Pays-Bas, Philips ; Suisse, Nestlé…). La taille du marché du pays hôte et sa croissance potentielle orientent les investissements ;

– l'imperfection des marchés : les firmes ont tendance à s'internationaliser pour contourner des barrières protectionnistes, se rapprocher des matières premières, profiter d'une main-d'œuvre bon marché ou qualifiée, profiter d'une législation sociale peu contraignante et d'éventuels avantages fiscaux ;

– le développement international des clients : des banques, des sociétés de conseils, des équipementiers, etc., implantent des filiales à l'étranger pour suivre leur clientèle.

À l'inverse, l'instabilité politique, les restrictions sur le change, les désordres monétaires, en particulier dans les pays en voie de développement ou d'Europe de l'Est, freinent l'investissement international.

4.3 Les modalités de l'internationalisation

L'internationalisation d'une entreprise est un processus qui emprunte des voies multiples :

– *l'exportation* **:** c'est le premier pas vers l'internationalisation, même si une firme uniquement exportatrice ne peut être encore qualifiée de multinationale. Souvent, en raison de leur technicité, les opérations à l'exportation sont confiées à des intermédiaires (transitaires, commissionnaires en douane, etc.). Toutefois, elles peuvent être l'occasion de prendre des contacts à l'étranger en vue d'une implantation ;

– *la création de filiales de commercialisation :* c'est un moyen pour l'entreprise d'être en prise directe avec les marchés (s'informer des besoins, des produits et des politiques des concurrents, etc.) et de contrôler sa politique commerciale à l'étranger (prix, publicité, distribution, gestion de la marque, etc.) ;

– *la délocalisation de la production :* pour se rapprocher des marchés ou contourner les obstacles protectionnistes. Les filiales étrangères bénéficient d'une large autonomie de gestion. Les fonctions stratégiques (recherche, planification, gestion financière…) demeurant, toutefois, concentrées dans le pays d'origine ;

– *la globalisation (mondialisation) :* la multinationale développe sa stratégie et gère ses ressources au niveau mondial. Les produits sont conçus pour les marchés extérieurs (et non plus simplement adaptés à partir d'un produit national) ;

l'approvisionnement, la production, la logistique ainsi que les compétences sont intégrés et optimisés au niveau mondial.

Le développement des multinationales donne-t-il naissance à des entités indépendantes des pouvoirs étatiques (l'expression, parfois utilisée, d'entreprise transnationale évoque cette émancipation) et pour lesquelles la notion de nationalité perdrait son sens ? Il est certain que l'internationalisation conduit l'entreprise à opérer dans des espaces régis par des États dont les intérêts et les politiques sont différents ou même opposés. Cependant, l'enracinement national demeure encore une réalité : par son poids économique, l'État est souvent un client important (c'est le cas notamment, en France, pour l'armement, le nucléaire, l'aéronautique, le matériel ferroviaire et téléphonique, etc.) ; il négocie les règles de fonctionnement de l'économie mondiale (échanges internationaux, système monétaire, etc.) ; il défend, dans le cadre de sa politique étrangère, les intérêts économiques de ses nationaux, même si le coût croissant de certains programmes de recherche invite à la coopération internationale.

6 Maîtriser l'environnement

1 | Une conception réductrice : le marché

Pour les économistes néo-classiques, l'entreprise a été longtemps une forme vide. Le marché seul retenait leur attention et, en particulier, le type qui s'accordait le mieux avec la doctrine libérale : le marché dit de concurrence « pure et parfaite ».

1.1 Le marché de concurrence « pure et parfaite »

Il représente les caractéristiques suivantes :

– *homogénéité du produit :* tous les offreurs proposent un produit aux caractéristiques identiques (par exemple, la baguette de pain) ; il y a donc un marché par produit homogène (les Ferrari ne sont pas en concurrence avec les Lada sur le marché de l'automobile ; de même, il n'y a pas un marché du travail, mais des marchés distincts selon la qualification professionnelle, la région, etc.) ;

– *atomicité de l'offre et de la demande :* aucun offreur ou demandeur ne doit atteindre la taille qui lui permettrait d'exercer une influence décisive sur le prix (le nombre des protagonistes n'est pas nécessairement un bon critère : le marché est concurrentiel à partir de deux s'ils se trouvent à peu près « à égalité » ; il ne l'est pas en présence d'un grand nombre d'offreurs ou de demandeurs si l'un de ceux-ci concentre une part importante de l'offre ou de la demande) ;

– *fluidité :* on suppose la parfaite mobilité des facteurs de production (il est possible d'investir et de désinvestir sans contrainte, d'embaucher ou de licencier de même, la main-d'œuvre accepte d'aller travailler là où les emplois sont offerts) ;

– *transparence :* l'information est accessible à tous (le consommateur connaît les prix et les caractéristiques de tous les produits concurrents) et l'on néglige son coût (temps passé à se documenter, à se déplacer, à comparer, à tester, etc.) ;

– *libre entrée :* les acteurs disposent d'une liberté totale (aucune réglementation, aucun groupe de pression) et, par conséquent, tous les concurrents potentiels qui se trouvent à l'extérieur du marché doivent pouvoir y pénétrer sans restriction. À l'opposé, on parle de « barrières à l'entrée » pour désigner les obstacles opposés à la concurrence potentielle, l'exemple le plus connu étant celui des professions réglementées, comme en témoigne la limitation du nombre d'offices notariaux, de pharmacies ou de plaques de taxi… ; la principale barrière réside souvent dans l'existence de coûts fixes importants et de rendements d'échelle croissants, (par exemple dans l'automobile ou la sidérurgie). On dit d'un marché où il est relativement possible d'entrer (donc aussi de sortir, car l'on investit d'autant plus volontiers dans une activité qu'il est facile de se désengager et de récupérer ses fonds en cas d'échec) qu'il est *contestable* (une situation apparente de monopole ou d'oligopole peut, dans ce cas, ne pas trop s'éloigner d'une situation de concurrence effective.)

Peu importe que la plupart de ces hypothèses soient plus ou moins irréalistes, l'objectif est d'analyser un mécanisme de marché pur, sans frottement, comme les physiciens étudient le déplacement d'un objet dans le vide. Sur un tel marché, le comportement de l'entrepreneur rationnel est prévisible : pour maximiser son résultat, seul objectif retenu par le modèle, il augmentera sa production jusqu'à ce que son coût marginal (coût de la dernière unité produite) soit égal au prix du marché.

Ainsi, en partant du credo libéral – recherche de l'intérêt individuel, liberté totale d'action, rationalité des agents – on aboutit à deux conclusions paradoxales :

– l'entreprise, totalement libre en théorie, n'a aucune stratégie. Elle maximise mécaniquement son résultat en ajustant le niveau de sa production ;

– le profit tend inéluctablement vers zéro. En effet, l'existence d'un profit, à un moment donné, attire de nouveaux producteurs, ce qui entraîne une augmentation des quantités offertes et donc une réduction du prix d'équilibre. Cet attrait disparaît quand le profit devient nul (ou alors il faut supposer que certaines entreprises bénéficient de coûts sensiblement inférieurs à la moyenne, ce qui devrait leur permettre d'éliminer leurs rivales, le marché devenant donc de moins en moins concurrentiel…).

Finalement, ce modèle démontre que l'entreprise a tout intérêt à ce que le marché ne soit pas parfait, ce que confirme d'ailleurs l'analyse néoclassique du monopole (on remarquera par exemple que le modèle de concurrence parfaite de référence est compatible avec l'existence de profits positifs si l'on « oublie » l'hypothèse de libre entrée).

EXEMPLE • 4

Un marché presque parfait : les places de marché

La concurrence pure et parfaite est un type idéal. La réalité en est souvent très éloignée : les caractéristiques des produits ne sont pas identiques, le poids économique des intervenants est inégal, tout comme l'accès à l'information.

Toutefois, grâce à Internet, la libre circulation de l'information et la transparence des prix, sont, dans certaines conditions, possibles. Ainsi se créent des *places de marchés*, lieux virtuels (*des sites web*) où peuvent se rencontrer clients et fournisseurs pour échanger des produits ou des services grâce à des outils de navigation. Ces sites peuvent êtres organisés à l'initiative d'acheteurs, de vendeurs ou d'intermédiaires indépendants.

« En fluidifiant la circulation de l'information, l'internet rend possible ce dont aucun économiste classique n'aurait osé rêver : la transparence des prix. Les places de marché, ces sites où peuvent se rencontrer, grâce à un simple clic de souris, clients et fournisseurs, sont le vecteur privilégié de cette révolution. [...]

La première fonction des places de marché est de **fédérer des communautés d'acheteurs et de fournisseurs autour de préoccupations communes** (un secteur, un métier, un processus, une fonction de l'entreprise), **de manière à réduire à la fois les coûts d'accès à l'information et les coûts de transaction.** Ces plates-formes ou carrefours se constituent dans deux directions :

– **des entrepôts virtuels (e-hubs) verticaux** destinés aux acteurs d'une même filière industrielle, qu'il s'agisse de l'automobile, de l'aéronautique ou de la chimie. Ces places verticales sont initiées par des professionnels qui connaissent déjà parfaitement la filière, les acteurs, les us et coutumes. Elles sont des lieux de négoce, mais aussi d'expertise ;

– **des e-hubs horizontaux,** nés autour d'une grande fonction comme la maintenance industrielle, les achats de services généraux ou la logistique. Elles fédèrent des entreprises de tous secteurs qui ont le même type de besoins.

Qu'elles soient horizontales ou verticales, les plates-formes virtuelles proposent aux internautes une large palette d'outils leur permettant d'optimiser leurs transactions : outils d'information (newsletters, études, indices, information financière, annuaires professionnels), catalogues en ligne, outils de négociation (enchères, appels d'offres), moteurs de comparaison de prix, troc, déstockage, etc. [...]

Tous les secteurs, tous les métiers vont-ils être touchés ? À voir les places de marché pulluler de toutes parts, on pourrait répondre oui. À tort, si l'on en croit Georges Sarkis, consultant chez Ernst & Young. Selon lui, certaines caractéristiques essentielles doivent être réunies dans un secteur donné pour que le commerce électronique B2B [Business to Business, i.e. le commerce interentreprises] puisse fonctionner vraiment.

Il faut, par exemple, que **les produits et services à échanger puissent être décrits simplement au moyen d'un nombre d'attributs limités.** C'est éventuellement le cas d'une tonne d'acier ou d'un micro-ordinateur standard, pas d'un logiciel de CRM *(Customer Relationship Manager).*

➤➤➤

➤➤➤

Deuxième condition : il **faut que les processus d'achat soient facilement transposables dans un univers informatisé.** Que l'on puisse, par exemple, décomposer ce processus en différentes phases — cahier des charges, consultation des fournisseurs, détermination du prix, négociation — automatisables et industrialisables. Par exemple, le nombre de critères qui vont composer le cahier des charges en ligne doit être limité. Les formulations devront être dépourvues d'ambiguïté, les nuances proscrites. Cela exclut des places de marché tous les services à forte valeur ajoutée, où la qualité du dialogue entre deux personnes, l'intuitupersonae, joue un rôle clef. Enfin, les technologies employées doivent **garantir le même niveau de sécurité et de confidentialité que dans l'« ancienne économie »**, mais à un coût raisonnable.
La condition sine qua non pour qu'une place de marché fonctionne, c'est sa **« liquidité ».** Il faut disposer d'une masse critique suffisante d'acheteurs et de fournisseurs pour que s'instaure une vraie concurrence et que les participants soient sûrs de disposer d'une offre représentative".

Dominique Michel , « E-commerce et places de marché »,
Problèmes économiques, n° 2697, 24 janvier 2001.

Une visite guidée des places de marché
« Le 9 mai 2000, le grand groupe de distribution britannique Sainsbury a acquis 1 000 ordinateurs pour ses services administratifs. Pour ce faire, il est passé par Global NetXchange (GNX), un des deux plus grands réseaux mondiaux d'achats sur Internet, qui regroupe Carrefour, Sears, Metro, le groupe Pinaut Printemps Redoute et quelques autres géants de la distribution. La transaction, qui s'est déroulée selon le principe des enchères inversées [l'acheteur formule sa demande, les offreurs proposent des prix décroissants. Les propositions peuvent être consultées par tous les fournisseurs], a pris trois heures !
Phuong N'Guyen dirige une PME (petite et moyenne entreprise) de 45 millions de chiffre d'affaires en région parisienne. Passionné par les nouvelles technologies, il a eu envie de tester les places de marché. Au printemps 2000, il s'est inscrit chez Marketo et a passé un appel d'offres simplifié portant sur l'impression de ses nouvelles plaquettes publicitaires. « Quelques jours plus tard, j'ai reçu par mél les coordonnées de plusieurs fournisseurs susceptibles de répondre à mon besoin. J'ai finalement passé contrat avec un imprimeur à un prix inférieur de 15 % à celui proposé par mon fournisseur habituel »

Dominique Michel – *Op. cit.*

1.2 Le monopole

Quand une seule entreprise fait face à une demande atomisée, on dit qu'elle a le monopole de son produit (quand c'est le demandeur qui se trouve seul, on parle de « monopsone »). Dans cette situation, l'offre globale est identique à l'offre de la firme ; de ce fait, celle-ci a le choix entre deux stratégies :

– soit elle fixe le volume des quantités offertes et, dans ce cas, le prix dépend du comportement des acheteurs. Ainsi, la firme peut adapter son offre à ses capacités de production et instaurer une certaine pénurie par les quantités ;

– soit elle arrête le prix de vente et les quantités qu'elle vendra seront déterminées par le degré d'élasticité de la demande[1].

Toutefois, ce choix n'existe qu'à court terme. À long terme, le monopole maximise son profit en augmentant sa production jusqu'à ce que son coût marginal égalise sa recette marginale. À ce point, qualifié d'équilibre du monopole, *ce dernier bénéficie d'un profit supérieur à celui que réaliserait une entreprise sur un marché de concurrence*. Ce surprofit est appelé *rente du monopole*.

Ainsi, la théorie néoclassique démontre mathématiquement ce que tout manager sait d'instinct : qu'il lui faut éliminer ses concurrents !

Les discours apologétiques sur la libre concurrence prononcés par les chefs d'entreprise peuvent donc surprendre. Pourquoi réclament-ils la suppression de toute entrave à la liberté de faire des affaires, du commerce, etc. ? Pourquoi affirment-ils qu'ils préfèrent les marchés concurrentiels alors qu'ils s'efforcent tous de conquérir une situation dominante ? En fait, cette contradiction entre les paroles et les actes est une nécessité :

– pour *neutraliser* les contestations (des consommateurs, des petits commerçants, etc.) que soulèvent les détenteurs de situation dominante ; ces derniers utilisent le discours libéral sur *la concurrence qui profite au consommateur et permet l'existence du petit producteur* (ce qui est indéniable) mais en occultant l'une de ses conséquences logiques : *elle élimine les entreprises les moins efficaces et conduit, tendanciellement, au monopole* (le processus s'interrompt généralement au stade de l'oligopole) ;

– pour *réclamer* la suppression d'entraves réglementaires issues d'un rapport de force antérieur entre les groupes sociaux (législation du travail, droit social, activités réglementées : transports, carburants, produits pharmaceutiques, pompes funèbres, etc.).

1.3 Le monopole discriminant (théorie du monopole gourmand)

Dans sa quête du profit maximum, une entreprise peut chercher non seulement à réaliser la rente du monopole, mais à s'accaparer également *la rente du consommateur*. Cette dernière est déterminée par les suppléments de prix (au-dessus du prix d'équilibre) que certains acheteurs sont prêts à payer.

1. L'élasticité de la demande par rapport au prix est le rapport e = variation relative de la demande/ variation relative du prix; voir aussi chap. 8).

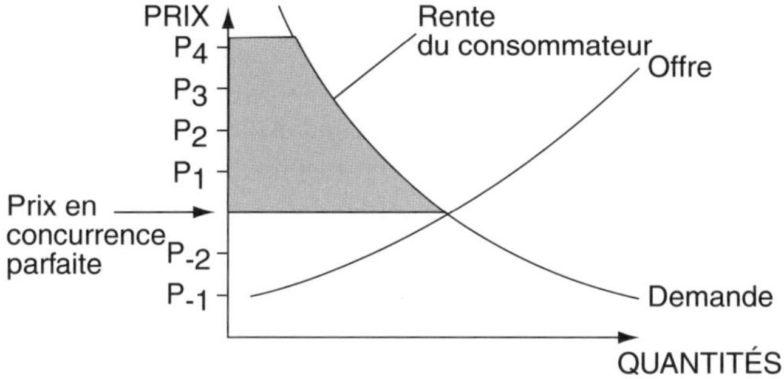

Dès lors, l'entreprise essaiera de proposer le même produit sous des aspects différents, *ce qui lui permettra d'exiger des prix également différents pour des coûts de revient semblables* (P_1, P_2, P_3, P_4).

Ainsi, une compagnie aérienne offrira le même vol, dans le même avion, en classe touriste et en classe affaire (ce qui revient à faire payer très cher un plateau repas plus fin, un supplément de confort et une ambiance plus feutrée).

Mais la différenciation peut également s'opérer vers le bas pour attirer des clients qui n'auraient pas acheté le produit au prix d'équilibre ; c'est la pratique des réductions pour certaines catégories de personnes – étudiants, personnes âgées, familles nombreuses, etc. (P_1, P_2).

1.4 La concurrence monopolistique (ou comment se distinguer des concurrents ?)

Quand elle n'a pas la possibilité d'éliminer ses concurrents, l'entreprise peut néanmoins chercher à différencier son produit (dont les caractéristiques fondamentales restent les mêmes que celles des produits concurrents) et tenter de convaincre les acheteurs qu'il s'agit vraiment d'un produit dont elle serait l'unique producteur. Pour cela, elle a recours à la publicité (chaque lessive lave toujours « plus blanc », sous-entendu que les autres !), à un *design* ou à un emballage original, à un réseau de distribution particulier, etc.

Si l'opération réussit, *elle aura créé artificiellement une situation de monopole* (comme la poupée Barbie qui trône face à ses concurrentes, les Cindy et autres Martine) et pourra bénéficier dans une certaine mesure de la rente du monopole. Au contraire, si la tentative de différenciation échoue, le caractère concurrentiel du marché sera maintenu.

1.5 L'oligopole

La concentration sur un marché n'aboutit qu'exceptionnellement au monopole. En effet, si la concurrence génère son contraire, la position dominante, cette dernière s'avère souvent instable : toute faille dans le dispositif des barrières à l'entrée permet l'intrusion d'un concurrent. Les marchés fortement concentrés sont plus généralement dominés par un petit nombre de firmes de grande dimension. C'est le cas, en particulier, d'un grand nombre de branches industrielles (pétrole, sidérurgie, aéronautique, automobile...). Les entreprises dominantes de l'oligopole ont le choix entre trois types de stratégies :

• *L'alliance :* les ententes, bien que souvent interdites par les législations nationales (comme en France par l'ordonnance du 30 juin 1945 puis par celle du 1er décembre 1986) ou communautaire (Repère 24) sont une pratique très répandue. Elles peuvent concerner les prix, les quantités ou consister en un partage des marchés. Les entreprises peuvent également conclure des accords de coopération technique comme PSA et Renault pour la fabrication de boîtes de vitesse automatiques ; ou de coopération commerciale : ainsi PSA fournit des moteurs diesels à Nissan, Suzuki ou Hyundai ; Chrysler distribue les modèles de Mitshubishi et General Motors ceux de Suzuki et Toyota. La coopération peut même aller jusqu'à une pseudo-concentration : développement, production et commercialisation d'un produit commun, comme l'ATR (Avion de Transport Régional) par l'Aérospatiale et le constructeur italien Alenia. Ces alliances n'excluent pas la concurrence. Mais son intensité est fonction du type de partenariat. Dans le cas de l'ATR, les alliés acquièrent une spécialisation technique qui les place dans une situation de dépendance réciproque. Les accords de distribution automobiles, en revanche, se soldent souvent par le renforcement d'un partenaire au détriment de l'autre (Exemple 5).

REPÈRE•24

La réglementation de la concurrence

Libre concurrence ne signifie pas absence de règles, bien au contraire. Les dangers du laissez-faire sont bien connus : ententes, monopoles, concentration de la richesse et du pouvoir, concurrence déloyale, capitalisme sauvage, pratiques mafieuses... C'est pourquoi les États-Unis, défenseurs du marché et de la libre entreprise ont adopté très tôt (Sherman Act en 1890, Clayton Act en 1914) une législation antitrust. Des procès célèbres ont mis fin aux ambitions dominatrices de certains groupes : en 1911 la Standard Oil de Rockefeller qui contrôlait toutes les raffineries du pays, fut contrainte d'abandonner 34 filiales. En 1945, Alcoa qui détenait 80 % du marché de l'aluminium est condamnée pour pratiques anticoncurrentielles. Au début des années 1980, ATT accusée d'abuser de son monopole dans les télécommunications sera à son tour démantelée.

➤➤➤

➤➤➤

En 2000, Microsoft est à son tour condamnée pour violation du Sherman Act.

Aux États-Unis, il n'est pas illégal, en soit, d'acquérir un monopole, mais on ne doit pas entraver l'émergence de concurrents.

La Commission européenne, gendarme de la concurrence.

Pour la mise en œuvre du marché unique, la Commission européenne a été dotée de pouvoirs très étendus afin d'éviter :

– **Les ententes et pratiques concertées** : accord sur les prix, les quotas de production ou de livraison, les investissements ; répartition de marché, marchés collectifs exclusifs…

– **Les abus de position dominante** : imposer de façon directe ou indirecte des prix ou des conditions de transaction non équitables ; limiter la production ou le développement technique au préjudice des consommateurs ; traitement inégal de partenaires commerciaux…

– **Les opérations de concentration entravant de manière significative le marché commun.**

– **Les aides de l'État susceptibles de fausser la concurrence** en favorisant certaines entreprises ou certaines productions.

Toutefois, certaines formes de coopérations jugées positives sont admises. Il en est ainsi, par exemple, des accords d'exclusivité, de licence ou de franchise.

Concernant les entreprises publiques et les entreprises auxquelles les États membres accordent des droits spéciaux et exclusifs, le traité européen interdit de maintenir ou d'édicter des dispositions contraires aux règles de la concurrence. La Commission applique en conséquence une politique de libéralisation des services publics.

Les sanctions

Ces dernières années, le Conseil de la concurrence a infligé à plusieurs reprises des amendes à des entreprises.

1996 :

- 378,8 millions de francs (57,8 millions d'euros) à 31 entreprises du BTP pour ententes sur les marchés de construction du TGV.
- 30 millions de francs (4,6 millions d'euros) à EDF pour abus de position dominante face aux producteurs indépendants.

1997 : 10 millions de francs (1, 5 millions d'euros) à Coca-Cola pour pratiques commerciales anticoncurrentielles et abus de position dominante en France, suite à une plainte déposée par Orangina.

1998 : 102 millions d'euros à Volkswagen pour avoir interdit à ses concessionnaires italiens de vendre des voitures à des consommateurs allemands.

1999 : 10 millions de francs (1, 5 millions d'euros) à France-Télécom pour ne pas avoir communiqué à ses concurrents les noms de ses clients inscrits sur la liste orange.

2000 : 174,6 millions d'euros aux principales banques françaises pour entente anticoncurrentielle dans le secteur du crédit immobilier aux particuliers.

• *La cohabitation* : chaque membre de l'oligopole cherche à éviter une concurrence coûteuse et dévoreuse d'énergie soit en cultivant son pré carré, en se maintenant sur ses marchés à l'exclusion de ceux de ses concurrents, soit en différenciant ses produits. Une telle situation se rencontre quand une entreprise exerce le leadership sur un marché en croissance régulière : le leader laisse des parts ou des segments de marché aux autres membres de l'oligopole ;

• *La concurrence frontale* : guerre des prix, publicité comparative, course à l'innovation, etc.

Le choix entre ces trois comportements dépend pour une grande part de la dynamique de l'environnement :

– quand la croissance des marchés est élevée, chaque entreprise peut espérer en avoir sa part ; au contraire, quand elle ralentit ou, *a fortiori*, quand elle devient négative, une entreprise ne peut espérer augmenter ses parts de marché qu'au détriment de ses concurrents, ce qui encourage les stratégies agressives ;

– une perturbation sur un marché (innovation technologique, nouvelle réglementation, etc.) en modifiant l'équilibre des forces, peut déclencher une guerre concurrentielle. La crise des années 1970 a exacerbé la concurrence dans de nombreux secteurs ; de même, la libéralisation mise en œuvre par la Commission européenne bouleverse des activités qui se développaient à l'abri des réglementations nationales, tandis que les changements politiques en Europe de l'Est offrent des opportunités nouvelles, mais risquées.

Les effets de ces variables externes peuvent être renforcés ou contrariés par la psychologie et les aspirations des managers. Ces dernières sont souvent contradictoires : recherche du profit, de la croissance, du prestige, goût du défi d'un côté, aversion pour le risque, désir de pérennité de l'autre.

En fait, il est fréquent que les entreprises optent pour un subtil dosage entre concurrence et coopération : des concurrents peuvent se livrer à une guerre des prix sur un produit et se partager le marché sur un autre. Des accords peuvent être noués au stade de la recherche, ou de la production, chaque partenaire conservant son indépendance au stade de la commercialisation.

EXEMPLE • 5

La coopération : une nouvelle forme de concurrence ?

Les alliances sont souvent présentées comme une alternative à la concurrence. Plutôt que de s'épuiser dans la compétition, les adversaires, en concluant un accord, chercheraient à se partager, en fonction de leurs activités et de leur puissance respectives, les bénéfices potentiels d'un marché.

➤➤➤

>>>

Une autre conception présente les alliances comme la continuation de la concurrence par d'autres moyens. C'est parce qu'ils y auraient *provisoirement* intérêt, que les partenaires/adversaires s'engageraient dans une alliance. Mais à l'intérieur du cadre défini par cette dernière, chacun d'eux développerait une stratégie visant à modifier le rapport de force à son avantage. Ainsi, la concurrence se poursuivrait, mais avec de nouvelles règles du jeu : profiter des aptitudes des autres partenaires, de leurs informations, de leurs réseaux relationnels, de leur flexibilité, etc. et donner, en échange… le moins possible.

En fait, ces deux manières de concevoir les alliances reposent sur l'idée d'une totale rationalité des agents. Mais l'une postule l'existence d'une certaine éthique des affaires alors que la seconde la nie. Mais « L'homme n'est ni ange ni bête » et de plus, sa rationalité est limitée. Cela explique, sans doute, que, dans la pratique, les stratégies d'alliance oscillent entre la coopération vertueuse et la manœuvre diabolique.

TGV et ICE : les frères ennemis du transport ferroviaire

« On se souvient que GEC-Alsthom et Siemens, les deux grands rivaux mondiaux du train à grande vitesse, s'étaient livrés à une concurrence sauvage pour obtenir un gros contrat en Corée du Sud. GEC-Alsthom l'avait finalement emporté, mais au prix de larges concessions financières et commerciales et d'un important transfert de technologie. **Pour les deux groupes, il s'agit désormais d'éviter de reproduire ces lourdes erreurs commerciales** c'est à cet effet qu'un accord stratégique fut signé en 1995, selon lequel le groupe allemand et son concurrent franco-britannique mettent en commun leurs forces de vente à l'exportation.

Leur coopération se limite pour le moment à l'Asie, où les deux compagnies sont actuellement impliquées dans le projet de TGV à Taïwan. Le président du directoire de Siemens, Heinrich von Pierer, souhaiterait renforcer cette coopération commerciale par un accord technologique et financier. Ses propositions, ainsi que l'annonce spectaculaire d'un train commun franco-allemand « TGV-ICE » ont jusqu'à présent été reçu avec réserve par la société GEC-Alsthom, soucieuse de préserver sa suprématie sur son concurrent munichois. Ensemble, les deux groupes ont, assurément, le potentiel technologique et financier de créer un équivalent d'Airbus dans le secteur ferroviaire, mais cette volonté n'est pas encore partagée par GEC-Alsthom, qui exclut tout accord technologique, mais souhaiterait néanmoins une coopération financière sous forme de participations en capital pour faire face à des coûts en équipements considérables. Il est loin d'être exclu que ce timide premier pas ne soit suivi par d'autres à long terme ».

Jean-Marc Trouille « La coopération industrielle franco-allemande face à la mondialisation, Documents, », *Revue des questions allemandes*, n° 2/99.

L'exemple de Nummi, la fille de Toyota et de General Motors

« General Motors (GM), très désireux de découvrir les secrets du "toyotisme", proposa en 1984 à Toyota, lui-même décidé à s'attaquer au marché américain, d'exploiter en commun une ancienne usine située à Fremont, en Californie, datant de 1963 et fermée en 1982 à cause d'une productivité trop faible.

>>>

>>>

Ainsi naquit le *joint-venture* Nummi (New United Motor Manufacturing inc.). Moins automatisée que les autres établissements de GM et utilisant beaucoup d'ouvriers, l'usine de Fremont, devenue rapidement la plus productive du groupe américain, continue de fonctionner. Des cadres GM y sont détachés régulièrement pendant trois ans pour une formation aux méthodes japonaises de gestion de la qualité. Toyota y forme ses propres cadres au management d'ouvriers américains, afin de les utiliser ensuite dans ses implantations américaines. Bref, le premier qui aura atteint son objectif aura « gagné la course » contre son partenaire. »

L'Expansion, juillet 1995, n° 504.

2 | L'entreprise immergée dans son environnement

L'environnement est composé de tous les éléments extérieurs susceptibles d'affecter l'activité de l'entreprise, qu'ils apparaissent comme des contraintes, des dangers à éviter ou des opportunités à saisir.

2.1 Le micro-environnement

Il comprend les *concurrents* et les fabricants de produits de substitution (qui satisfont le même besoin par des techniques différentes) mais aussi les partenaires immédiats de l'entreprise (ou susceptibles de le devenir). C'est celui que les entreprises connaissent le mieux et il est impensable, pour qui envisagerait de créer sa propre affaire, de tenter l'aventure sans en prendre la mesure. Citons :

– *les clients* actuels et potentiels, mais aussi l'ensemble des circuits susceptibles d'écouler les produits de l'entreprise ;

– *les fournisseurs* de matière première, d'énergie, de services, du choix desquels dépendent le coût, la qualité et la sécurité des approvisionnements ;

– *la filière* est constituée par les interdépendances de marchés et de technologies qui, de l'amont (production des matières premières) vers l'aval (distribution des produits de consommation), enserrent l'entreprise et conditionnent partiellement son activité, ses résultats, son développement. La filière bois, par exemple, concerne les activités forestières, le sciage, etc., jusqu'au commerce du meuble, du papier, des matériaux de construction… La maîtrise d'une filière peut constituer un objectif qui nécessitera la définition d'une stratégie d'intégration : contrôle des industries en amont et/ou en aval. Cette stratégie est hors de portée d'une PME. qui peut néanmoins tenter de contrôler certains segments de la filière comme l'approvisionnement (en intégrant ou en associant les fournisseurs), la distribution (par des contrats d'exclusivité), voire les points forts : composants stratégiques, activités à forte valeur ajoutée :

– *les partenaires financiers :* banques et organismes de crédit qui interviennent à des degrés divers dans le financement des investissements, des stocks, du crédit accordé à la clientèle et peuvent peser sur les décisions stratégiques ou sur la définition de la politique de l'entreprise ;

– *le réseau administratif*: fisc, Inspection du travail, services de l'emploi, organismes statistiques sont des partenaires obligés. D'autres administrations sont spécifiques à certaines activités : Direction départementale de l'Équipement, services municipaux, Inspection sanitaire, etc. ;

– *le réseau social* :

  – des organismes professionnels (chambre patronale, syndicats professionnels, associations de défense de la profession, chambres de commerce et d'industrie) ;

  – des syndicats de salariés ;

  – des associations de défense de consommateurs. Depuis leur apparition dans les années 1960, leur influence n'a cessé de grandir : leurs tests comparatifs peuvent entraîner l'échec d'un produit ou… son succès ; elles ont fait évoluer la réglementation : casques de moto, additifs alimentaires, affichage des prix, vente par correspondance, vente à crédit… ;

  – des associations et clubs divers : associations sportives, sociétés de chasse, Rotary club, Lion's, presse régionale, etc.

Ce micro-environnement présente souvent un caractère contraignant - voire hostile – mais il peut également être la source d'opportunités. Au-delà d'une simple connaissance technique, la maîtrise des relations personnelles, la constitution d'un réseau de sympathies, d'appuis, de solidarités, est un atout souvent déterminant qui facilite l'obtention d'informations, d'autorisations administratives, d'introductions et de recommandations de toutes sortes. C'est un véritable capital, parfois juridiquement reconnu, comme « l'apport en industrie » dans les sociétés de personnes.

2.2 Le macro-environnement

Il est constitué des variables sociétales susceptibles d'influencer le comportement et le devenir de l'entreprise.

• *Les variables culturelles, morales, philosophiques et religieuses* : Max Weber a montré le rôle joué par l'éthique protestante dans l'émergence de l'esprit du capitalisme. Récemment, M. Aoki a souligné qu'une composition ethnique homogène favorisait l'émergence d'un climat social consensuel au Japon, alors qu'une hétérogénéité ethnique favorisait les situations conflictuelles et le développement de comportements individualistes aux États-Unis. Les entreprises ne peuvent ignorer les exigences philosophiques ou éthiques de la société. Nike a dû modifier sa politique de sous-traitance à la suite d'une campagne dénonçant l'exploitation du travail des enfants pratiquée par la marque crée par Phil Knight. De même, la consigne donnée par Vivendi à ses salariés de refuser les pots de vin, sous peine de licenciement, n'est pas sans rapport avec le développement des procès pour corruption.

• *Les variables institutionnelles et politiques* : institution judiciaire, législation économique, sociale et fiscale… nécessitent souvent le recours à des spécialistes. Les décisions et événements politiques nationaux et internationaux influencent également les comportements des décideurs.

Alors que par la maîtrise du micro-environnement l'entreprise défend ses intérêts particuliers, son action sur le macro-environnement témoigne davantage de sa prise de conscience des intérêts supérieurs de la profession, de la branche ou du monde des affaires en général. Le développement des politiques de communication des grandes entreprises ou des groupements professionnels atteste du souci d'influencer l'opinion publique, les courants religieux, la classe politique, etc.

Au-delà de la simple publicité pour leurs produits ou leur image de marque, les entreprises se livrent à une véritable promotion de l'esprit d'entreprise, du calcul économique et de la recherche du profit. Cette démarche vise à influencer :

• *Les décisions politiques* : ainsi ces dernières années leurs efforts leur ont permis d'obtenir une baisse de l'impôt sur les sociétés (de 50 % à 33 1/3 %), des modifications substantielles du code du travail favorisant le développement de nouvelles formes d'emploi, ce qui leur assure une plus grande flexibilité dans la gestion de la main-d'œuvre ; des mesures de « traitement social » du chômage dont la finalité ultime est de rendre tolérable par les salariés, et l'opinion, les licenciements engendrés par la crise ;

• *Le comportement du corps social* : la priorité accordée à l'entreprise dans les discours politiques, la multiplication d'émissions de radio ou de télévision sur ce thème, le vedettariat entretenu autour de certains patrons médiatiques ont favorisé les comportements d'acceptation des salariés et la prise en compte de certains besoins des entreprises par le système scolaire (d'où le développement des accords de jumelage, de la formation en alternance, de la diffusion du calcul économique dans les programmes…). Il n'est donc pas exagéré de parler d'un véritable « *come back* » comme l'illustre le changement de ton des *Cahiers français* qui, en 1977, ouvrait un numéro consacré à l'entreprise par un article intitulé « L'entreprise, cette mal-aimée ». Dix ans plus tard, un double numéro consacré à la gestion débutait par « Je suis, donc je gère » !

La multiplication des pollutions en tous genres commence à poser le problème du coût de leur traitement et de la prévention des risques. Qui paiera ?

L'automobiliste, le consommateur, l'agriculteur, l'industriel, le contribuable ? La génération actuelle ou les générations futures ? Conscientes de ces enjeux, des entreprises, dont certaines récemment mises en cause (Rhône-Poulenc, EDF...), tentent d'améliorer leur image dans le public.

3 | Maîtriser l'environnement : la stratégie

Apparue tardivement dans la littérature d'entreprise, la stratégie est aujourd'hui évoquée à tout propos, souvent confondue avec les projets des dirigeants ou de simples choix alternatifs.

3.1 Qu'est-ce que la stratégie ?

Le concept de stratégie a une origine militaire : dans la Grèce antique, le stratège était le chef suprême des armées et aujourd'hui encore, la stratégie « traite de la direction d'ensemble et de l'emploi des forces armées dans la conduite de la guerre » *(Larousse)*. Transposé dans le monde des affaires, ce terme évoque une situation concurrentielle (affrontement) et le désir de vaincre. Mais, contrairement à ce qui se passe sur un champ de bataille, une entreprise ne peut, dans la plupart des cas, espérer triompher définitivement de ses adversaires. La stratégie consiste plus modestement à tenter de conquérir un avantage concurrentiel déterminant, celui *qui modifie durablement le rapport de force*.

Contrairement à un simple projet, ou désir (être leader, par exemple), une stratégie implique la formulation d'objectifs *quantifiables* et le *choix des moyens* (l'allocation des ressources) qui orienteront, sur le long terme, le devenir de l'entreprise.

Jusque dans les années 1950, les chefs d'entreprises avaient surtout la préoccupation d'administrer, de gérer, de diriger leur entreprise. Les problèmes à résoudre étaient principalement d'ordre interne : concevoir un bon produit, le fabriquer en grande série pour abaisser les coûts, ce qui permettait de l'écouler à un prix acceptable sur des marchés en expansion, et assurer ainsi la pérennité de l'entreprise. Certes, il fallait bien exécuter de temps à autre des manœuvres stratégiques, mais elles résultaient bien plus d'une démarche intuitive que d'une approche analytique.

L'internationalisation des marchés, la multiplication des innovations, le ralentissement de la croissance et l'exacerbation de la concurrence impliquent aujourd'hui la défense permanente des parts de marché et, la meilleure défense étant l'attaque, la recherche obsédante de l'avantage concurrentiel.

Mais comment trouver la stratégie gagnante ?

3.2 L'évolution de la réflexion stratégique

La demande en expertise stratégique a donc stimulé l'offre. C'est au début des années 1960 que se développe la recherche en management stratégique dans les *Business schools* américaines et, en particulier à Harvard.

Les premiers modèles proposent une démarche exhaustive :

– analyser l'environnement : il s'agit d'en comprendre les règles du jeu, de repérer les opportunités à saisir, les menaces à éviter et d'identifier les *facteurs clés de succès*, c'est-à-dire les éléments susceptibles de faire la différence (compétences techniques, implantation commerciale, image de marque, structure des coûts) ;

– étudier les forces et les faiblesses de l'entreprise afin d'en détecter les *compétences distinctives* à valoriser ;

– délimiter les actions possibles, compte tenu des points précédents ;

– définir la stratégie : quantification des objectifs à atteindre et ces moyens à mettre en œuvre.

Les matrices d'analyse stratégique

À la suite de ces premiers travaux, des cabinets de conseil en management – Boston Consulting Group (BCG), Arthur D. Little, McKinsey, etc. – vont proposer leur propre méthode, sous forme, généralement, de matrices d'analyse stratégique. Ces approches se veulent simples et opérationnelles et ont rencontré un certain succès dans les années 1970. Elles s'apparentent à la démarche de l'épargnant qui s'interroge sur la meilleure façon de composer son portefeuille-titres.

La plus simple d'entre elles, la méthode du BCG (véritable pont aux ânes de l'analyse stratégique), analyse le portefeuille d'activités de l'entreprise selon deux critères : le taux de croissance du domaine d'activité et la part de marché relative de l'entreprise dans le domaine d'activité[2]. (Repère 25).

2. Mesurée par le ratio: part de marché de l'entreprise / part de marché du concurrent principal).

REPÈRE•25

Première matrice BCG

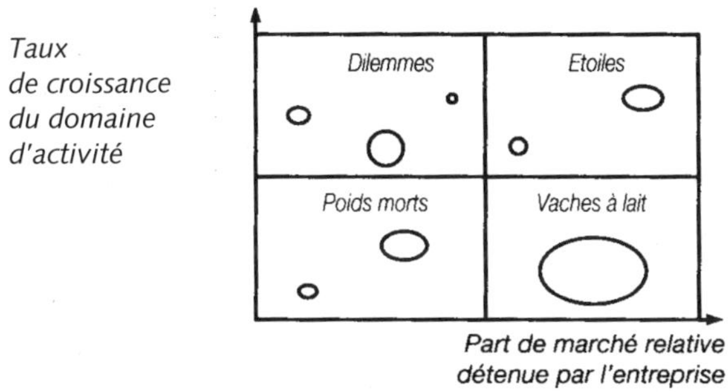

Les surfaces des cercles sont proportionnelles aux chiffres d'affaires réalisés par les différents domaines d'activités.

Elle permet ainsi d'identifier quatre types de situation :

– *les étoiles* : activités en forte croissance et dans lesquelles l'entreprise détient une forte part de marché (avantage concurrentiel) ;

– *les vaches à lait* : ce sont d'anciennes étoiles dont le marché, arrivé à maturité, n'offre plus beaucoup de perspectives de croissance, mais les fortes parts de marché réalisées dans ces activités, dont les équipements sont de surcroît généralement amortis, permettent de générer d'importantes liquidités ;

– *les dilemmes* : ce sont des activités à fortes perspectives de croissance, mais sur lesquelles l'entreprise est faiblement positionnée, et donc peu compétitive. Elles offrent donc l'alternative suivante : les abandonner ou investir abondamment dans le but de les transformer en étoiles ;

– *les poids morts* : sans avenir et ne générant pas (ou peu) de liquidités, ces activités doivent être abandonnées.

La matrice BCG permet d'obtenir une vision synoptique des domaines d'activité en intégrant l'approche financière et marketing (rentabilité et part de marché) et met l'accent sur la notion de *portefeuille équilibré*, assurant un bon compromis entre rentabilité et risque. Toutefois, avec le ralentissement de la croissance économique, ses limites sont devenues évidentes :

– reposant essentiellement sur la notion d'économies d'échelle et de courbe d'expérience (on constate la baisse du coût unitaire d'un produit corrélativement à l'augmentation de sa production cumulée au sein d'une entreprise. Cette baisse est imputée à « l'effet d'expérience »), elle devient inopérante quand la compétitivité dépend d'autres facteurs que les coûts (innovation, différenciation…) ;

– la notion de domaine d'activité est insuffisamment précisée, ce qui n'est pas trop gênant en période de croissance, mais pose problème quand les marchés stagnent ou régressent et qu'une plus grande sélectivité s'impose.

Conscient de l'inadéquation de son premier modèle à la complexification de l'environnement et à la multiplication des problématiques qu'elle induit, le Boston Consulting Group a reformulé son analyse, vers la fin des années 1970. La nouvelle approche croise deux critères :

– le nombre de manières d'obtenir l'avantage concurrentiel (politique de gamme, coût, qualité, technologie, design, etc.) : il est faible, par exemple, dans les industries produisant des biens de consommation standardisés – l'avantage repose essentiellement sur les coûts – et fort dans les services ou le commerce de détail ;

– l'importance de l'avantage concurrentiel (déterminant dans certains secteurs, l'automobile par exemple, faible dans d'autres : sidérurgie, commerce de détail…).

Elle met ainsi en évidence quatre types de systèmes concurrentiels : les industries de volume, les industries de spécialisation, les activités fragmentées et les activités dans l'impasse (Repère 26).

REPÈRE • 26

Deuxième matrice BCG

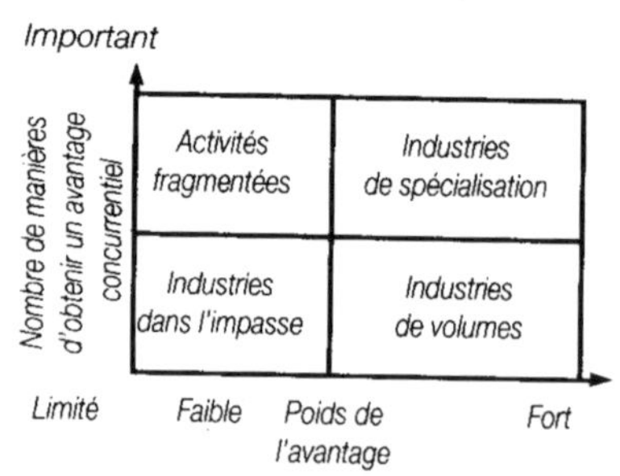

– *les industries de volume :* l'avantage concurrentiel est déterminant et réside, pour l'essentiel, dans les coûts. C'est la situation analysée par la première matrice ;

➤➤➤

>>>

– *les industries de spécialisation :* il existe un nombre élevé de façons de se constituer un avantage concurrentiel par la différenciation, cet avantage pouvant se révéler déterminant. C'est le cas, par exemple, des produits de luxe. Dans cette situation le modèle propose des stratégies axées sur la recherche de créneaux défendables sur le long terme ;

– *les activités fragmentées* pour lesquelles l'avantage concurrentiel est faible et peut être obtenu de diverses manières. C'est le cas, par exemple, de la restauration, de l'hôtellerie, de la pêche...La grande dimension ne confère pas d'avantage et peut même générer un surcoût de coordination (ce qui explique la prépondérance des PME. dans ces activités). La grande entreprise a alors le choix entre deux stratégies :

1) *minimiser* les coûts de coordination par la pratique d'une décentralisation maximale (en conservant des petites unités autonomes confiées à des gérants rémunérés au pourcentage et soumis à un contrôle central), c'est le cas par exemple des chaînes de restaurants, d'hôtels ou de magasin d'alimentation ;

2) *modifier les règles du jeu* en créant un concept nouveau permettant de normaliser le besoin du consommateur (par exemple « la restauration rapide » pour McDonald's, ou « le dessous de véhicule » pour Midas) ou en transformant l'activité en industrie de volume (quand la technologie le permet) ;

– *les activités dans l'impasse* : ce sont des situations où ni la grande taille ni la différenciation ne permettent d'obtenir un avantage concurrentiel. C'est le cas d'industries sans véritables obstacles à l'entrée, en raison notamment d'une technologie facilement disponible, mais où existent des barrières à la sortie, qui ont des capacités de production excédentaires et produisent des produits standardisés (sidérurgie, chantiers navals...).

L'analyse industrielle de M. E. Porter

Michael E. Porter[3] élargit le domaine de l'analyse concurrentielle en proposant de prendre en compte les « cinq forces qui commandent la concurrence au sein d'un secteur ». Un secteur « se compose du groupe de firmes qui fabriquent des produits étroitement substituables » : *les concurrents, la menace de produits de substitution, les concurrents potentiels (entreprises susceptibles de faire irruption dans le secteur), le pouvoir de négociation des clients et celui des fournisseurs.* (Repère 27).

3. *Choix stratégiques et concurrence*, 1980.

REPÈRE • 27

Les cinq forces qui commandent la concurrence au sein d'un secteur

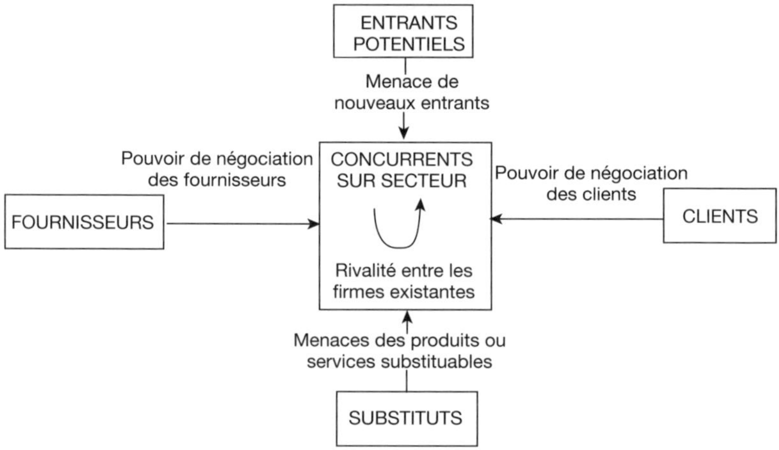

L'analyse conduit à l'adoption de l'une des trois stratégies de base ; si la cible visée est l'ensemble du secteur, l'entreprise a le choix entre « *la domination par les coûts* » ou une « *stratégie de différenciation* » ; si elle ne peut prétendre couvrir l'ensemble du secteur elle adoptera une « *stratégie de concentration* » sur un segment. Porter insiste particulièrement sur les dangers d'un « enlisement dans la voie médiane ». (Repère 28).

REPÈRE • 28

Les trois stratégies génériques

AVANTAGE STRATÉGIQUE

CIBLE STRATÉGIQUE	Le caractère unique de produit est perçu par la clientèle	La situation de la firme se caractérise par des coûts faibles
Le secteur tout entier	DIFFÉRENCIATION	DOMINATION GLOBALE AU NIVEAU DES COÛTS
Un segment particulier	CONCENTRATION	

Michael E. Porter propose un outil de diagnostic interne : « *la chaîne de valeur* »[4]; son examen conduit à décomposer « la firme en activités pertinentes au plan de la stratégie, dans le but de comprendre le comportement des coûts et de saisir les sources existantes et potentielles de différenciation ». L'objectif est de mettre en évidence les liaisons qui unissent les éléments de la chaîne (une activité pouvant avoir un impact sur le coût ou la performance d'une autre) pouvant conduire à un avantage concurrentiel *par optimisation et par coordination.* (Repère 29.)

REPÈRE • 29

La chaîne de valeur de Michael E. Porter

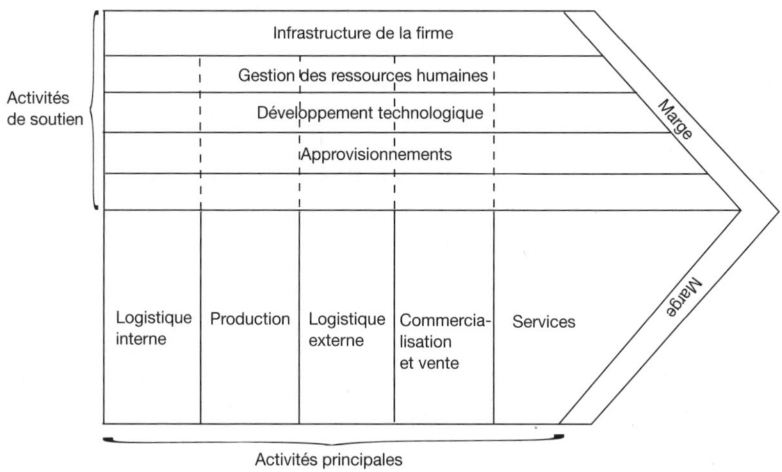

La marge est la différence entre la valeur perçue par le client (le prix qu'il est disposé à payer) et la valeur créée par l'entreprise (le coût).

Au-delà de la seule valeur ajoutée, le concept de chaîne de valeur implique d'examiner comment chaque activité participe à la création de valeur pour le client ou à la réduction des coûts.

Mais l'étude ne doit pas se limiter à l'entreprise. La chaîne de valeur des clients doit être analysée afin de comprendre comment la firme peut créer de la valeur pour ses clients en leur permettant de réduire leurs coûts ou d'améliorer leurs performances. De même, l'analyse des liaisons entre la chaîne de valeur

4. *L'Avantage concurrentiel,* 1986.

de la firme et celle de ses fournisseurs et sous-traitants doit permettre, toujours par optimisation et coordination, d'améliorer la performance des uns et des autres ; le partage de l'avantage retiré dépendant du pouvoir de négociation de chacun.

Une démarche similaire en direction des concurrents doit aider, par comparaison, à la détection des forces et faiblesses de la firme. Elle doit permettre, également, de discerner les « bons » concurrents des « mauvais » afin d'adapter, en conséquence, la stratégie.

3.3 La segmentation stratégique

Tout raisonnement stratégique repose sur le découpage des activités en segments, en *« domaines d'activité stratégique »* (DAS). Un DAS est une unité homogène qui peut être définie à partir de trois dimensions : les groupes de clients, les fonctions utiles pour les clients et les technologies possibles (la segmentation stratégique ne doit pas être assimilée à la segmentation marketing. Cette dernière divise les clients potentiels d'un DAS en groupes caractérisés par les mêmes besoins et les mêmes comportements d'achats).

L'expérience montre que c'est souvent de la qualité de la segmentation stratégique que dépend la réussite ou l'échec d'une stratégie. Hélas, en ce domaine, la théorie laisse le décideur seul au pied du mur. Il n'existe pas de méthode objective pour segmenter les activités. L'entreprise doit donc procéder par essai-erreur, en comptant avant tout sur son expérience et celles de ses… concurrents.

C'est pour dépasser (ou contourner cette difficulté) que l'analyse stratégique à tendance actuellement à délaisser la notion de portefeuille d'activités au profit d'une démarche centrée sur les ressources de l'entreprise.

3.4 L'analyse des ressources de l'entreprise.

Plus que les barrières à l'entrée, la maîtrise de technologies ou des compétences spécifiques protègent l'entreprise de l'imitation et garantissent la durée de ses performances.

Technologie et stratégie

La technologie, « ensemble complexe de connaissances, de moyens et de savoir-faire, organisés pour une production[5] », parce qu'elle peut bouleverser les règles du jeu sur un marché, constitue souvent une source d'avantage concurrentiel. Aussi mérite-t-elle une attention privilégiée : inventaire des technologies susceptibles d'être appliquées dans un secteur, cycle de vie des techno-

5. J.M. Ribault et *alii*, *Le Management des technologies*, 1991.

logies, examen des conditions d'accès, évaluation de la position concurrentielle d'une entreprise par rapport à la technologie…

Nombreuses sont les entreprises qui développent la « veille technologique », tandis que d'autres mettent en œuvre des stratégies de « grappes technologiques[6] ». L'objectif étant de s'appuyer sur un ensemble de technologies génériques pour se constituer un portefeuille équilibré et cohérent de technologies afin d'anticiper sur l'évolution du marché.

Les pôles de compétences

G. Hamel et C.K. Prahalad[7] proposent un modèle d'analyse stratégique basé sur la notion de pôle de compétences. Certaines capacités et compétences ont la caractéristique de ne pouvoir être imitées en raison de leur spécificité, de leur complexité ou de ce qu'elles sont inexprimées et invisibles. Elles résultent d'un apprentissage collectif de l'organisation : méthodes de travail, modes de coordination, maîtrise des technologies, politique de communication…

Ainsi, en plus des menaces et opportunités et des caractéristiques d'un segment stratégique, ces auteurs invitent à une évaluation des ressources, capacités et compétences de base. L'accent est mis sur les processus d'apprentissage qui permettent à l'organisation d'accentuer sa spécificité et d'améliorer ses performances.

Depuis les années 1980, la réflexion en management stratégique s'adapte aux nouvelles caractéristiques de l'environnement, plus hostile et turbulent, ponctué de fractures économiques ou technologiques. Les démarches gagnent en profondeur ce qu'elles perdent en formalisme et en simplicité.

3.5 La contingence stratégique

Le GERPISA[8] analyse depuis plusieurs années les stratégies mises en œuvre dans l'industrie automobile.

Ses travaux[9] débouchent sur la conclusion provisoire qu'il n'existe pas de *one best way*. Pour être viable, une stratégie de profit doit s'appuyer sur un modèle productif en adéquation avec les modes de croissances des pays où les firmes réalisent leurs activités et un compromis de gouvernement d'entreprise.

Six modes d'obtention du profit sont mis en œuvre :

– Les économies d'échelle ;

– La diversité de l'offre ;

6. *Grappes technologiques. Les nouvelles stratégies d'entreprise*, GEST, éd. McGraw-Hill, 1986.

7. *The core competence of the corporation*, Harvard Business Review (may-june 1990)

8. Groupe d'étude et de recherche permanent sur l'industrie et les salariés de l'automobile – université d'Evry-Val-d'Essonne et EHESS, Paris.

9. Robert Boyer et Michel Freyssenet présentent une synthèse de ces recherches dans leur ouvrage *Les Modèles productifs*, La découverte, 2000.

– La qualité des produits ;
– L'innovation commercialement pertinente ;
– La flexibilité productive ;
– La réduction permanente des coûts.

Aucune de ces sources n'est négligée par les entreprises. Cependant elles ne sont pas toujours combinables ou exploitables.

Les sources de profits doivent être mises en cohérence avec les modes de croissance et de distribution du revenu national (Repère 30).

REPÈRE • 30

Les huit modes de croissance du XXe siècle

Modes de croissance	Exemples
Concurrentiel et concurrencé	Pays européens jusqu'en 1914
Concurrentiel et consommateur	États-Unis jusqu'en 1940, puis depuis 1980
Concurrentiel et exportateur	Nouveaux pays industrialisés d'Asie
Coordonné et consommateur	États-Unis de 1940 à 1980
Coordonné et exportateur spécialisé	Allemagne depuis 1950
Coordonné et exportateur-prix	Japon
Pénurique et investisseur	Ex-URSS
Inégalitaire et rentier	Pays producteurs de pétrole, faiblement peuplés

Une stratégie de profit doit combiner de façon pertinente :
– Une politique produit ;
– Un mode d'organisation productive ;
– Une relation salariale ;

Il ressort de cette vision qu'une stratégie gagnante est souvent le résultat d'un processus inintentionnel, par essai-erreur, qui se révèle, à la longue, efficace. « Ce n'est souvent qu'*a posteriori* que [les acteurs] s'aperçoivent que les conditions et moyens ont fait système et qu'ils se mettent parfois à théoriser le modèle constitué. Inversement, lorsqu'ils veulent adopter un modèle qui a fait ses preuves ailleurs, ils ne sont jamais assurés que les décisions qu'ils prennent permettront effectivement la synchronisation des conditions et moyens, tant les processus sociaux qui interviennent sont nombreux et les effets de leur entrecroisement difficilement prévisibles[10] ».

10. Robert Boyer et Michel Freyssenet, *op. cit.*

Conclusion de la 2e partie

Le concept d'entreprise recouvre des réalités économiques et juridiques très diverses, reflet de la complexité du monde contemporain.

Si on a débattu par le passé du caractère inéluctable de la concentration des entreprises et fantasmé sur une société dominée par quelques grands groupes fortement hiérarchisés, force est de constater que les petites unités ont un bel avenir devant elles. L'importance numérique de la petite entreprise, qui était un marqueur de la faible industrialisation d'une économie, devient de nos jours un indice du degré de libéralisation et de flexibilité des marchés.

Aux États-Unis, par exemple, où il est très facile de créer (ou de liquider) une entreprise – plus de la moitié sont installées au domicile de leur fondateur – les PME n'ont jamais été aussi dynamiques.

Il n'en demeure pas moins que le pouvoir économique est très concentré, entre les mains de quelques grands groupes ou réseaux de sociétés.

En présence d'une telle variété, on peut penser qu'il existe autant de façons de gérer que d'entreprises et qu'il est vain ou impossible d'avoir une vision globale de la gestion.

Les chapitres suivants montreront, au contraire, qu'il est souhaitable d'adopter une grille de lecture pour comprendre le fonctionnement interne d'une organisation et donneront une idée des savoir-faire mis en œuvre dans la plupart des situations.

L'appropriation des concepts fondamentaux, des techniques et du langage des gestionnaires facilitent toujours la première immersion à l'occasion d'un stage d'étude ou du premier emploi et favorisent la mobilité professionnelle ultérieure.

Ils sont, plus généralement, nécessaires pour comprendre le monde des affaires.

PARTIE 3

ORGANISATION ET GESTION

7
L'organisation de l'entreprise

Dans un sens statique, la notion d'organisation évoque *la façon dont l'entreprise est organisée* : comment les personnes, les matériels sont disposés, combinés, hiérarchisés ; comment s'effectue le partage des tâches, des attributions, et leur coordination.

Dans un sens dynamique, organiser, c'est intervenir de façon volontaire afin d'agencer les ressources humaines et matérielles, *modifier l'organisation* pour permettre à l'entreprise d'atteindre les objectifs qui lui sont assignés.

Cette distinction n'est pas toujours évidente dans la pratique quotidienne d'entreprises qui vivent en réorganisation permanente, souvent discrète : arrivée ou départ d'un cadre responsable, modification d'une procédure, changement de méthode de travail, suppression ou création d'un poste de travail, introduction d'une nouvelle machine ; parfois brutale : fermeture d'une usine ou d'un service, regroupement d'unités, nouveau partage des tâches et des attributions, etc.

Cette réorganisation permanente correspond à une nécessité. Tout système (physique ou social) a tendance à se dégrader, à s'abandonner au désordre, à se diriger vers le chaos. Cette évolution ne peut être combattue que par une force contraire, l'organisation (au sens dynamique), mais il est vain d'espérer trouver la « bonne organisation », celle qui durerait indéfiniment.

1 | La conception de la structure

En tant qu'ossature de l'organisation, la structure représente la partie stable, celle qui n'est pas affectée, la plupart du temps, par les (ré)organisations mineures que subit en permanence l'entreprise. Elle traduit la manière dont les tâches sont divisées, dont sont découpées et/ou regroupées les unités ainsi que les modes de collaboration, de coordination de ces unités.

Cette structure peut être représentée graphiquement par un organigramme (voir plus loin les exemples 7,8 et 9).

1.1 Les fonctions et les unités

Il convient de distinguer les *fonctions*, qui sont des catégories *abstraites*, des *unités*, qui sont des entités *concrètes*.

Une *fonction* est un ensemble d'opérations, de *tâches à réaliser*, défini par rapport à un objectif.

Une *unité* est la réunion des *moyens matériels* et *humains* nécessaires à la réalisation d'un ensemble d'opérations. Les unités sont désignées par des appellations nombreuses (usine, entrepôt, point de vente, succursale, chantier, département, division, service, bureau…).

Par exemple, la fonction comptable désigne un ensemble de tâches, de travaux à exécuter afin d'enregistrer, mémoriser, analyser l'activité de l'entreprise et aider à la prise de décision ; ces travaux sont exécutés par un ensemble de personnes qui sont dotées de moyens (locaux, matériels, mobiliers…) et sont regroupées en différents bureaux ou services.

Définir la structure d'une entreprise revient à constituer les unités qui rempliront les différentes fonctions (Repère 31

REPÈRE • 31

Les cinq parties de l'organisation

Henri Mintzberg, dans un ouvrage de synthèse (*Structure et dynarnique des organisations*, 1982), propose un regroupement des fonctions en cinq parties, ou éléments de base.

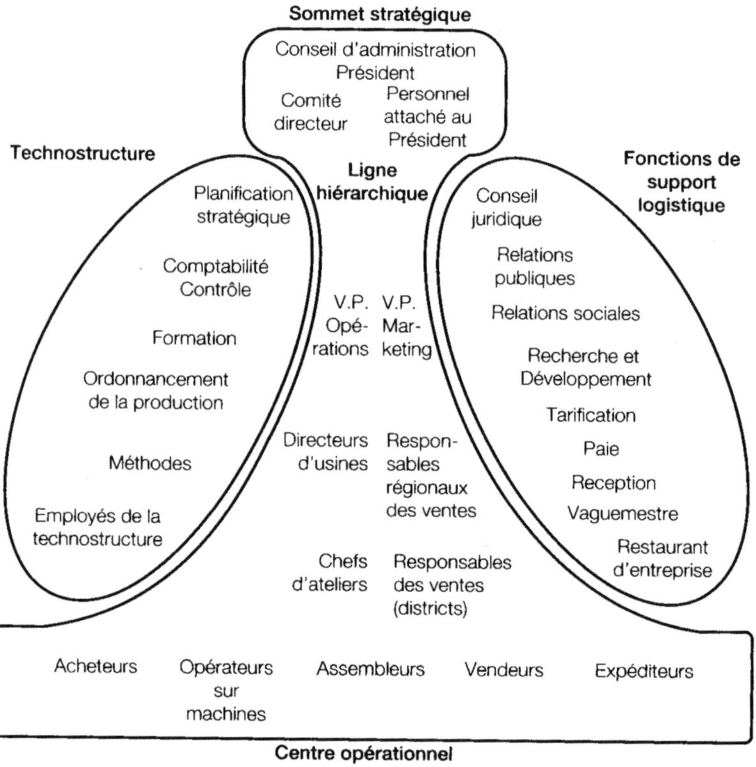

Le sommet stratégique

Il est investi de la mission de direction, de pilotage ; il s'assure que l'entreprise remplit sa mission (ensemble des tâches qui concourent à la réalisation de ses objectifs) ; il développe la stratégie, conçoit la structure, détermine l'allocation des ressources (il affecte les hommes et les ressources matérielles et financières aux différentes tâches). Il gère les relations avec l'environnement ; il dirige, recrute, rémunère, motive, contrôle et supervise le centre opérationnel à travers la ligne hiérarchique ; il gère l'information et traite les perturbations (dysfonctionnements, conflits).

>>>

>>>

La ligne hiérarchique
Elle joue le rôle d'intermédiaire entre le sommet stratégique et le centre opérationnel.

Du haut vers le bas de l'organisation : elle transmet les directives et les consignes du sommet stratégique et veille à leur application ; elle met en œuvre la stratégie et la politique de l'entreprise.

Du bas vers le haut : elle rend compte au sommet stratégique de l'activité du centre opérationnel (rapports, comptes rendus d'activité). Elle transmet les remarques, les réclamations qui dépassent sa compétence.

En plus de ce rôle de courroie de transmission, le cadre de niveau intermédiaire a toutes les attributions du cadre dirigeant, mais dans le contexte de la gestion de sa propre unité.

Le centre opérationnel
Il est constitué des membres de l'entreprise dont le travail concourt directement à la production et à la vente des biens et des services : approvisionnement, stockage, fabrication, vente, livraison, etc.

On les appelle souvent les *opérationnels* par opposition aux *fonctionnels*, terme qui désigne les autres membres de l'entreprise, en particulier ceux de la technostructure et des supports logistiques.

La technostructure
Ce terme forgé par J. K. Galbraith désigne, ici, dans un sens très différent, les cadres techniciens et employés qui ont pour rôle de standardiser, planifier, contrôler le travail des autres membres de l'entreprise, et en notamment des opérationnels. Les membres de la technostructure sont chargés, en particulier, d'élaborer les méthodes de fabrication et de stockage, les procédures d'approvisionnement, de vente, de livraison, de recrutement du personnel, les systèmes de salaires, d'évaluation et de notation, etc.

Dans une entreprise très développée, la technostructure standardise les flux de travail du centre opérationnel (exemple : opérations d'assemblage d'un moteur), le travail intellectuel de l'organisation (le travail des cadres ; exemple : les procédures d'évaluation du personnel) et les systèmes de planification, de contrôle des objectifs, etc. (exemple : établissement du budget annuel).

Les fonctionnels de support logistique
Ils procurent aux opérationnels les biens, les services et les informations nécessaires à leurs activité (cependant, à l'inverse de la technostructure, ils ne s'occupent pas de standardisation). Ainsi, ont une fonction de support logistique les services de recherches, juridique, paye, relations publiques, sécurité, courrier, restaurant d'entreprise, etc.

Ces unités sont en fait de véritables petites organisations au sein de l'entreprise : elles produisent des biens ou des services bien définis, destinés aux autres membres de l'entreprise. Cette dernière a souvent le choix entre les

>>>

>>>
produire elle-même, ou se les procurer à l'extérieur (ainsi une entreprise peut soit se constituer un service juridique, soit s'adresser à un cabinet d'avocats d'affaires, ou de conseillers fiscaux).

Ces unités logistiques peuvent être situées à différents niveaux de la pyramide hiérarchique : si les services juridiques ou de relations publiques sont très proches de la Direction générale, le service Courrier ou le restaurant d'entreprise seront plus proches de la base de la pyramide.

1.2 La spécialisation

La division du travail s'impose comme un puissant facteur d'augmentation de la productivité. Dans *La Richesse des nations*, A. Smith l'avait souligné avec l'exemple célèbre de la manufacture d'épingles. Avec le taylorisme se trouve consacrée une double division du travail, horizontale et verticale.

La spécialisation horizontale

Elle se traduit par la décomposition de l'activité en sous-ensembles homogènes, les services qui, à leur tour, peuvent être décomposés en *postes de travail*. Poussée à l'extrême, elle aboutit à la parcellisation, au découpage en tâches élémentaires (mettre une plaque d'aluminium sur une presse, visser un rétroviseur, etc.), au « travail en miettes » dénoncé par Georges Friedmann.

Chaque opération est prévue, normalisée, décrite avec précision (geste à effectuer, outillage à utiliser, etc.), chronométrée. La spécialisation favorise l'apprentissage et facilite par conséquent l'embauche d'une main d'œuvre déqualifiée et peu rémunérée : les immigrés, les femmes, voire, pendant la révolution industrielle en Europe, ou actuellement dans le Tiers Monde, les enfants. La spécialisation permet théoriquement d'utiliser au mieux les compétences en mettant « *the right man in the right place* ».

Pour ces raisons, elle est une source d'augmentation de la productivité du travail (du moins tant qu'elle est tolérée, ce qui devient de moins en moins évident lorsque le niveau d'éducation augmente).

La spécialisation verticale

Elle oppose ceux qui conçoivent et décident à ceux qui exécutent. En ce sens, elle institue une relation hiérarchique (donc une relation de pouvoir), mais elle est aussi une conséquence de la spécialisation horizontale. En effet, quand le travail est parcellisé, les exécutants perdent l'intelligibilité du processus d'ensemble ; il devient par conséquent nécessaire de créer des postes de conception (des produits, des méthodes de travail) et d'encadrement, pour superviser et coordonner le travail des exécutants (de ce point de vue, la déqualification des uns nourrit la surqualification des autres).

L'élargissement des tâches et l'enrichissement du travail

L'individu spécialisé dans une opération ou un ensemble de quelques opérations élémentaires, focalisé sur la tâche qui lui est assignée, perd peu à peu de vue la finalité de son travail. Il s'ensuit une déshumanisation du travail, l'individu devenant l'appendice de la machine ou un simple rouage dans un mécanisme abstrait, qu'accentue sa monotonie : les mêmes gestes, les mêmes paroles pouvant être répétés des centaines, voire des milliers de fois dans une journée. Or la perte d'intérêt pour le travail se traduit par des manifestations de rejet (absentéisme, grève, sabotages, etc.) qui peuvent, à la limite, annuler les gains de productivité.

Pour réduire ces effets pervers, on diminue le degré de spécialisation horizontale en recomposant des ensembles plus vastes d'opérations ou en organisant une rotation des tâches. L'individu change régulièrement de poste de travail ou de service : c'est *l'élargissement du travail*, concept opposé à celui de spécialisation horizontale.

Frederick Hertzberg, qui proposa des solutions allant dans ce sens, au cours des années 1960, insistait sur la nécessité de réduire aussi la spécialisation verticale : ajouter une tâche sans intérêt à une autre tâche sans intérêt, ou faire effectuer des rotations de postes également sans intérêt, ne supprime pas la démotivation. Il faut donc aller au-delà et permettre à l'individu d'utiliser davantage ses compétences : en lui confiant plus de responsabilités, en lui permettant d'acquérir plus de contrôle sur son travail et plus d'autonomie. C'est *l'enrichissement des tâches,* concept opposé à celui de spécialisation verticale.

La différenciation et l'intégration

La spécialisation génère des attitudes, des comportements, des états d'esprit différents suivant les unités : les commerciaux n'ont pas le même profil que les techniciens de la production et ces derniers sont différents des comptables ou des administratifs.

P. R. Lawrence et J.W. Lorsh, à la fin des années 1960, ont montré que cette *différenciation* dépendait de l'environnement de chaque unité. Les commerciaux sont plus autonomes, plus individualistes, plus indépendants que les administratifs (et leurs services respectifs sont organisés différemment), parce qu'ils sont confrontés à un environnement à la fois plus incertain et plus hétérogène : comportements variables de la clientèle, confrontation avec la concurrence, etc.

Bien que la différenciation risque de balkaniser l'organisation et de générer des dysfonctionnements majeurs (absence de coordination, mésentente entre services, conflits...), l'objectif n'est pas forcément de la réduire, mais de la gérer, par des modes d'arbitrage et de résolution des conflits, ce que Lawrence et Lorsh appellent l'*intégration*.

1.3 La coordination et les mécanismes de liaison

H. Mintzberg distingue cinq mécanismes fondamentaux de coordination :

1. *L'ajustement mutuel* : il consiste à s'accorder par une communication informelle (en discutant, par geste...). C'est de cette façon que procèdent deux ouvriers dans un atelier artisanal ou des collaborateurs dans un commerce, mais il est également utilisé dans des situations complexes (groupes de recherche, comité de direction...).

2. *La supervision directe* : un responsable hiérarchique (par exemple, un chef d'équipe ou un chef de bureau) donne des instructions à des subordonnés et contrôle leur travail.

3. *La standardisation des procédés* : les méthodes de travail, les procédures, les étapes d'un assemblage sont spécifiées à l'avance ; chaque exécutant suit les plans ou les notices. Il n'a besoin ni de s'accorder avec ses collègues ni de recevoir des directives.

4. *La standardisation des résultats* : au lieu de spécifier à l'avance les procédés, on peut définir les objectifs à atteindre. Un livreur, par exemple, peut recevoir une liste d'adresses et de colis à livrer sans que lui soient spécifiés ni l'ordre des livraisons, ni le trajet.

5. *La standardisation des qualifications* : cette méthode est utilisée lorsque le travail nécessite une large autonomie et qu'il est difficile, voire impossible, de spécifier à l'avance les procédés et les résultats. Afin d'avoir la garantie que les personnes feront correctement leur travail, on spécifie à l'avance les savoirs, les savoir-faire et les comportements, attestés par des diplômes ou des certificats de qualifications.

Pendant une longue période correspondant à la croissance de l'industrie et de la consommation de masse, les entreprises ont développé la standardisation. Ces dernières années, confrontées à la complexification des problèmes de gestion, à l'instabilité croissante de leur environnement et au rétrécissement de leur horizon temporel, elles ont eu recours à un ajustement mutuel intégré à la structure formelle : multiplication des postes de liaison, des comités, des groupes de projet : direction participative par objectif (voir chapitre 1), cercles de qualité (voir p. 127).

1.4 Centralisation *versus* décentralisation

Lorsque le pouvoir de décision est concentré dans les mains d'un seul individu ou dans une unité, l'entreprise est centralisée. À l'inverse, s'il est dispersé entre toutes les unités, elle est décentralisée. Dans la réalité, les organisations sont plus ou moins centralisées ou, ce qui revient au même, plus ou moins décentralisées.

La décentralisation se réalise par la *délégation de pouvoir*. Dans ce cas, un responsable hiérarchique délègue en permettant à un subordonné de prendre des décisions à sa place : un chef d'atelier, par exemple, laissera au chef d'équipe le soin de décider du travail de chaque ouvrier de son groupe.

La délégation de pouvoir se justifie par l'impossibilité dans laquelle se trouve un responsable de résoudre tous les problèmes, par manque de temps, de compétence, ou parce que l'instabilité de l'environnement génère des situations imprévisibles réclamant des temps de réponse très courts.

Quels pouvoirs de décision faut-il déléguer ? Jusqu'à quel niveau hiérarchique ? À qui déléguer ? Comment contrôler la qualité des décisions prises par ceux qui bénéficient d'une délégation de pouvoir ?

Il semble qu'en pratique, les entreprises aient tendance à déléguer :

– en raison inverse de l'importance stratégique de la décision. À la limite, la définition de la stratégie ne se délègue pas et reste le domaine réservé des dirigeants ;

– au niveau où se situe l'information.

Par conséquent, les entreprises délèguent plus facilement les décisions de production ou de marketing que les décisions financières. Un chef de chantier, par exemple, jouira d'une large autonomie pour organiser le travail de ses hommes et l'utilisation de ses équipements, mais il devra en référer à ses supérieurs pour obtenir l'achat d'une nouvelle machine.

1.5 La planification et le contrôle

C'est par le système de planification que la direction programme l'activité de l'entreprise, la réalisation de ses objectifs, la mise en œuvre de sa stratégie. Le contrôle lui permet de déterminer si les résultats escomptés sont atteints ou non. Ainsi planification et contrôle s'avèrent inséparables.

La planification recouvre :

– *la planification stratégique* qui détermine les objectifs à moyen et long terme et définit les étapes nécessaires et les moyens à mettre en œuvre pour les atteindre (un plan global est établi pour 2 à 5 ans) ;

– *les plans opérationnels* détaillant pour chaque unité les aspects du plan global qui la concernent ;

– *les budgets* qui sont la traduction chiffrée, comptable et monétaire, des programmes d'action élaborés dans le cadre du plan. Un budget est généralement à échéance d'un an, il peut être général, ou détaillé par unité.

Si une planification systématique se doit d'articuler ces différentes techniques, dans la pratique leur application est variable ; certaines entreprises pilotent à vue, sans stratégie bien définie ; d'autres n'ont qu'une stratégie implicite, non formulée. Bien que la prévention se soit améliorée depuis 20 ans, un tiers des entreprises françaises n'ont pas de plan. La procédure budgétaire est par contre très usitée.

Le contrôle porte sur les flux financiers et/ou physiques, mais aussi sur le comportement humain (évaluation, notation...) et le climat social. Son rôle est double :

– mesurer le degré de réalisation des objectifs pour permettre la mise en œuvre d'actions correctrices ;

– sanctionner et motiver.

Ce contrôle est réalisé par des services *ad hoc* (contrôle de gestion, contrôle de qualité, etc.) et/ou au moyen de procédures plus ou moins standardisées (*check-list*, feuille de notation du personnel, etc.).

1.6 La formalisation

Le découpage de l'organisation en unités, les modes de coordination et de liaison, les problèmes de prise de décision peuvent être, à des degrés divers, définis dans des documents écrits (organigrammes, manuels de procédures, descriptifs de profils de postes, circulaires, notes de service) ; on dira alors que son fonctionnement est formalisé.

À l'inverse, les frontières entre unités peuvent être floues, les attributions imprécises, la communication orale et le recours à l'ajustement mutuel, comme mode de coordination, fréquents. Il s'agit là encore de deux extrêmes, toute organisation étant plus ou moins formalisée.

Par ailleurs, dans toute organisation il existe, à côté de la structure formelle, du fonctionnement formel, une structure et un fonctionnement informels résultant de l'autonomie octroyée ou conquise par chacun de ses membres et de l'émergence de pratiques qui s'écartent des procédures préétablies, pour répondre à des situations non prévues par ces dernières. Nombre d'informations ne sont-elles pas échangées (ou de décisions prises) autour de la machine à café ou au restaurant d'entreprise, de manière entièrement informelle ?

La formalisation a l'avantage de *clarifier* le fonctionnement de l'organisation, de le *prédire*, de *garantir l'égalité de traitement* des personnels et des clients ; mais, ce faisant, elle le fige. Or les structures et le fonctionnement de l'organisation évoluent sous l'effet de forces externes (concurrence, clientèle, législation, etc.) et internes (le comportement de ses membres, leur lutte pour le pouvoir). De ce fait, les organigrammes et les manuels de procédures expriment davantage les intentions des responsables, leur conception de l'organisation, que son fonctionnement réel.

2 | Les configurations structurelles

Pour Jay Galbraith (1973), la structuration d'une entreprise est soumise à l'attraction de deux forces fondamentales : l'influence de la *fonction* dans la prise de décision, d'une part, et l'influence du *marché* (du produit, de l'activité) d'autre part. Si l'organisation accorde la priorité aux fonctions, elle adoptera une *structure fonctionnelle* ; si, au contraire, elle accorde la priorité aux responsables d'activité, elle optera pour la *structure divisionnelle*. Entre ces deux extrêmes, il existe un continuum de structures possibles, dont la *structure matricielle*, qui occupe une situation médiane. (Repère 32)

REPÈRE • 32

Schéma de J. Galbraith

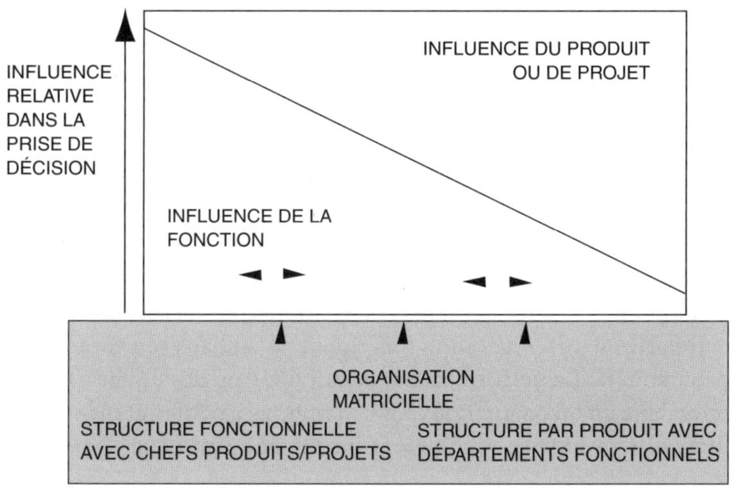

STRATEGOR, *Interéditions,* 1988

2.1 La structure fonctionnelle

Dans ce type d'organisation, la partition des unités correspond au découpage en grandes fonctions (Exemple 6).

EXEMPLE • 6

Structure fonctionnelle

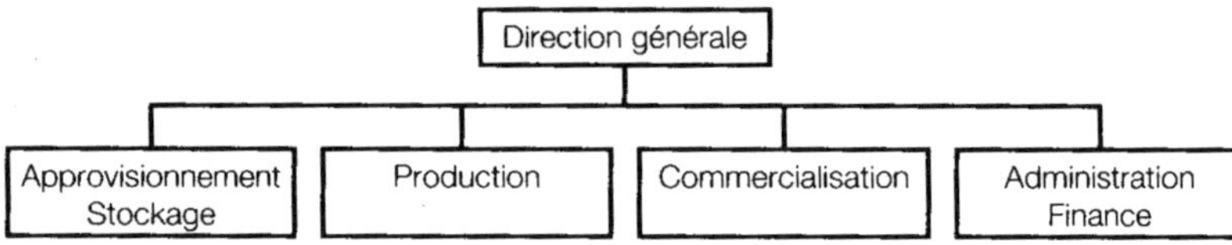

Avec une telle structure on cherche, en priorité, à réaliser des *économies d'échelle* en concentrant les compétences et les moyens. Ainsi, toutes les personnes chargées d'approvisionner les ateliers et de gérer les stocks sont regroupées dans une même unité et se partagent les mêmes équipements. Pour qu'une telle structure soit gérable correctement, il faut que le découpage des unités corresponde à quelque chose de « réel », c'est-à-dire :

– que chaque unité concentre des savoir-faire, un ensemble de tâches en *interactions fortes* et dont l'activité puisse être mesurée par un ensemble de coûts homogènes ;

– que les interactions *entre les unités* soient *faibles* afin de bien canaliser les flux d'autorité, de permettre l'exercice d'une responsabilité effective dans chacune d'elle et de minimiser les coûts de coordination.

Les points faibles de ce type de structure résident dans la tendance de chaque individu à s'enfermer dans les frontières de son service, à privilégier sa fonction (forte différenciation fonctionnelle) et dans son caractère formalisé, peu évolutif. La performance des individus ou des unités est difficile à apprécier dans un tel cadre. Pouvant convenir aux petites et moyennes organisations, elle se montre rapidement inadaptée quand leur dimension augmente.

2.2 La structure divisionnelle

On peut aussi structurer une organisation sur une base de marché. Dans ce cas, les unités sont regroupées par divisions, chacune ayant en charge la gestion d'un produit (ou d'une famille de produits) ou la satisfaction d'un type de clientèle. (Exemple 7).

EXEMPLE • 7

Structure divisionnelle

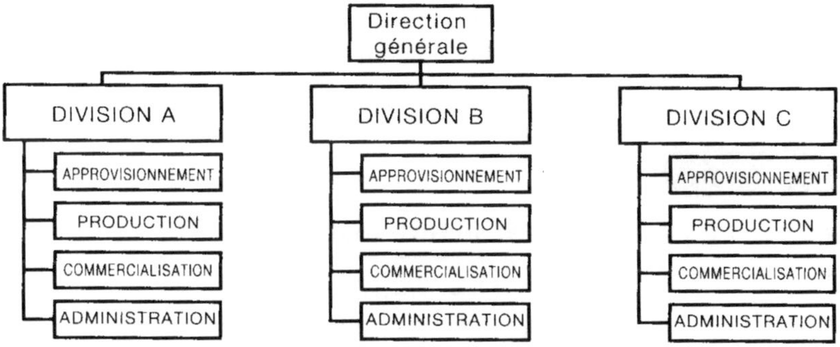

Cette structure, adoptée par de nombreuses entreprises multiproduits ou intervenant sur des marchés géographiquement distincts, cherche à :

– calquer la partition des unités sur la segmentation stratégique, à adapter l'organisation aux particularités de l'activité et des marchés ;

– définir des centres de responsabilité. Chaque division en charge d'une activité, constitue une entité économique homogène (une sorte d'entreprise à l'intérieur de l'entreprise) dont la performance pourra être évaluée à l'aide de critères comptables : chiffre d'affaires, marge, résultat, etc. C'est un centre de profit auquel on fixe un objectif de bénéfice ou de marge en laissant au responsable une certaine autonomie de gestion pour l'atteindre. Un centre de profit est en général en contact direct avec le marché ;

– démultiplier la fonction de direction générale. Chaque responsable de division a les mêmes attributions et responsabilités qu'un dirigeant d'entreprise, dans le cadre de son activité. La structure divisionnelle offre donc la possibilité d'entretenir un vivier de cadres supérieurs, dans lequel on pourra sélectionner les futurs dirigeants et ainsi plus facilement résoudre les problèmes de succession.

Mais la structure divisionnelle présente aussi des inconvénients :

– elle ne permet plus d'exploiter au mieux les économies d'échelle, car les unités fonctionnelles et les spécialistes sont dispersés dans l'ensemble de l'organisation ;

– elle devient très difficile à gérer si les interdépendances entre les différentes activités sont trop nombreuses et trop fortes.

2.3 La structure matricielle

Avec la structure matricielle, note H. Mintzberg, « l'organisation évite de choisir une base de regroupement de préférence à une autre (les fonctions, ou les marchés) : elle choisit les deux ; mais, ce faisant, elle crée une double structure d'autorité. Par voie de conséquence, la structure matricielle sacrifie le principe d'unité de commandement ». (Exemple 8.)

EXEMPLE • 8

Structure matricielle

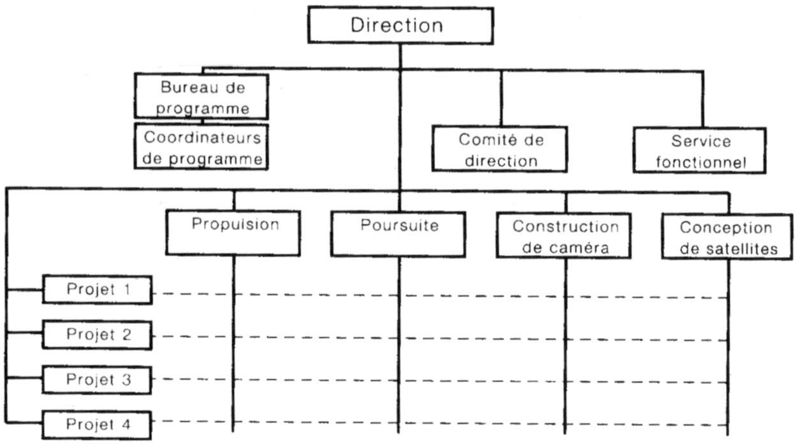

Structure matricielle changeante du programme de satellite météorologique de la NASA, in H. Mintzberg, *Structure et dynamique des organisations.*

L'organigramme ci-dessus doit se lire de la façon suivante :

– chaque responsable fonctionnel coordonne l'activité des responsables de produit qui mobilisent les ressources de ses services ;

– de même, chaque responsable de produit coordonne l'activité des services fonctionnels.

On cherche ainsi à optimiser la mobilisation des compétences en recourant au maximum à l'*ajustement mutuel.* La structure matricielle oblige à redéfinir les rôles et les conceptions de l'organisation. Il s'agit d'amener les responsables à résoudre leurs conflits *par négociation plutôt qu'en recourant à l'autorité d'un supérieur hiérarchique*, exercice nécessitant un bon équilibre entre axe fonctionnel et axe produit, car si l'un des deux prenait l'avantage l'organisation glisserait vers une structure fonctionnelle (ou par produit) non souhaitée et donc dégradée.

La structure matricielle, de conception récente (la société Boeing en a été l'initiateur, il y a une quarantaine d'années), a été adoptée par des entreprises ayant à gérer des problèmes complexes nécessitant l'utilisation de compétences de très haut niveau, dans un environnement changeant et incertain : aéronautique, recherche spatiale, etc. Ce mode d'organisation a également inspiré le management de projets qui mobilisent des expertises autour d'un objectif commun (Repère 33).

REPÈRE • 33

L'organisation par projet

L'organisation par projet a été créée pour des productions individualisées (pont, ligne ferroviaire, satellite...) ; elle fut ensuite utilisée pour la conception de prototypes (aéronautique, automobile, informatique). Aujourd'hui, elle est mise en œuvre pour réaliser toute opération complexe et/ou exceptionnelle pour lesquelles les traitements répétitifs et les solutions standards sont exclus.

Un groupe de projet mobilise des experts et des spécialistes de différents domaines ; il peut aussi concerner plusieurs entreprises. Sa composition peut varier au cours de la mission, en fonction des compétences nécessaires.

Tout projet a une date d'achèvement fixée à l'avance (contrainte de délai), un budget (contrainte de ressources matérielles, humaines et financières) et implique le respect de spécificités techniques : description du produit et/ou des services à réaliser, critères de qualité, besoin à satisfaire, etc. Ces différentes exigences peuvent être précisées ou révisées en cours d'exécution.

L'organisation du projet repose sur des procédures et/ou des contrats définissant les attributions et les contributions de chaque membre ainsi que les modalités d'arbitrage.

Sa gestion suppose une bonne maîtrise de l'hétérogénéité des cultures et des logiques : un informaticien, un financier, un ingénieur chimiste n'ont pas les mêmes modes de raisonnement, voire les mêmes valeurs. Un certain temps est souvent nécessaire pour que les intervenants apprennent à travailler ensemble.

Un autre problème important est la capitalisation des expériences. Les groupes de projet ayant une durée de vie limitée, les personnels sont redéployés. Il existe donc un risque réel de perte des apprentissages.

3 | Le pouvoir

L'entreprise est un lieu où s'exerce le pouvoir, enjeu d'un *rapport de force* qui conditionne les *relations sociales*, le *partage des richesses* créées et, plus généralement, l'existence de chacun, sa *liberté d'agir*, de mettre en œuvre les moyens nécessaires découlant de sa vision des choses.

Le pouvoir est la capacité d'agir sur d'autres individus, d'obtenir d'eux un comportement qu'ils n'auraient pas sans cette intervention. C'est donc une relation : toute manifestation de pouvoir trouve sa limite dans la réaction de celui qui la subit. Le subordonné peut refuser d'exécuter l'ordre, il peut l'accepter avec enthousiasme ou « en traînant les pieds », voire en cherchant à nuire au donneur d'ordre (rétention d'information, acte de sabotage, etc.).

Le pouvoir peut résulter de la position hiérarchique, du contrôle d'une ressource rare, ou de l'équation personnelle de celui qui l'exerce.

Les relations de pouvoirs sont, en partie, institutionnalisées (pouvoir formel) ; mais elles peuvent également émerger spontanément (pouvoir informel).

3.1 Le pouvoir formel

Les pratiques des entreprises découlent de solutions empiriques et de réflexions théoriques proposées par les différents courants de pensée.

Le courant fayolien concevait l'organisation autour de la *hiérarchie linéaire* (l'archétype en est la hiérarchie militaire) :

– l'autorité est détenue par les échelons supérieurs qui peuvent en déléguer une partie aux échelons intermédiaires (les exécutants du bas de la pyramide hiérarchique en sont dépourvus) ;

– chaque individu ne dépend et ne reçoit des ordres que d'un seul supérieur, et ne doit rendre compte qu'à ce dernier. C'est le principe de l'*unité de commandement.*

Il en résulte un partage clair de l'autorité et des tâches, une forte cohésion dès lors que règne la discipline. Mais cela nécessite une certaine polyvalence des chefs. De plus, l'allongement de la ligne hiérarchique pose des problèmes de vitesse de transmission de l'information. Pour pallier ce dernier inconvénient, Fayol préconisait le système de la passerelle : instauration d'une communication directe entre responsables de niveau intermédiaire, qui raccourcit les délais et décharge les niveaux supérieurs.

Afin d'optimiser les compétences de l'encadrement, Taylor préconisait la *hiérarchie fonctionnelle* : chaque responsable fonctionnel a autorité sur l'ensemble des personnels du bas de la hiérarchie, dans le cadre de sa spécialité. Ainsi, un responsable du service entretien donnera des ordres à tout le personnel d'exécution pour les problèmes de maintenance des machines. De même, le responsable du personnel accordera les autorisations d'absence, le responsable de production sera compétent pour les opérations de fabrication, etc.

L'inconvénient majeur du système réside dans l'absence d'unité de commandement et les conflits d'autorité qui en résultent : un ouvrier peut se voir ordonner d'intensifier sa cadence de fabrication (par le responsable de production) et d'arrêter sa machine pour cause d'entretien (par le responsable de la maintenance). Face à ces consignes contradictoires demandera-t-il une journée de repos… au responsable du personnel ?

Cela explique que la hiérarchie fonctionnelle ne soit pas appliquée à l'état pur ; mais l'idée de Taylor d'en référer à plusieurs spécialistes a été retenue et a donné naissance au « *staff and line* » (traduit en français par « hiérarchie linéaire et fonctionnelle »). Il s'agit d'adjoindre à la hiérarchie linéaire des *relations de conseil.*

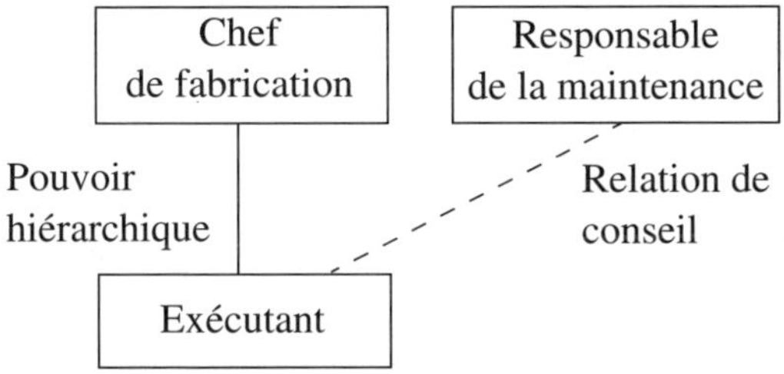

Dans cette situation, l'ouvrier de production recevra des conseils d'entretien du responsable de la maintenance, mais ne les appliquera qu'avec l'accord du responsable de la fabrication, qui demeure son chef hiérarchique.

On tente de sauvegarder le principe de l'unité de commandement tout en bénéficiant de la compétence des experts, des spécialistes de l'entreprise. Mais le « *staff and line* » n'est pas non plus exempt de reproches :

– la frontière entre ordre et conseil est souvent imprécise. Quand on conseille d'arrêter une machine pour supprimer un risque d'accident grave, il s'agit pratiquement d'un ordre ;

– la personnalité du responsable fonctionnel et son niveau de compétence seront déterminants : soit il a une autorité personnelle et une « compétence » indiscutable et ses conseils seront assimilés à des ordres, soit son influence est négligeable et ses conseils auront peu de chance d'être suivis.

De fait, pour fonctionner, le système nécessite que les responsables prennent l'habitude de se concerter et de négocier avant de prendre des décisions (ce qui répond d'ailleurs à l'augmentation de la technicité et de la complexité des problèmes de gestion).

3.2 Les relations informelles

L'école des relations humaines a attiré l'attention sur l'existence de relations informelles : conseil obtenu d'un collègue ou d'un cadre situé en dehors de la ligne hiérarchique, système d'information parallèle, rumeurs…

Elles sont nécessaires :

– pour le bon fonctionnement de l'organisation qui, même avec un haut niveau de précision du système formel, ne peut arriver à réguler totalement l'entreprise ;

– pour les individus, qui satisfont, par ce moyen, leur besoin d'avoir des relations sociales, d'exprimer des sentiments positifs ou négatifs, de conserver une zone d'autonomie qui échappe au pouvoir institutionnel.

3.3 La lutte pour le pouvoir et ses conséquences

Si la presse et l'opinion soulignent ou dénoncent certaines actions des syndicats ou de catégories de salariés qui peuvent modifier, voire bloquer, le fonctionnement de l'entreprise, illustrant, de façon parfois spectaculaire, le conflit entre forces antagonistes qu'un certain discours managérial tendrait à gommer, l'étude de la vie des entreprises révèle que ces dernières sont de véritables arènes où se confrontent ambitions individuelles, esprits de classe, esprits de corps, solidarités de métiers et coteries (gardons-nous cependant de toute vision machiavélique : l'organisation n'est pas une jungle où régnerait la loi du plus fort ; toutefois, la coopération entre ses membres est conflictuelle). Ce mouvement kaléidoscopique redessine en permanence les frontières entre services, redéfinit les rôles et les attributions de chacun.

Dans cette réorganisation permanente, on observe quelques forces caractéristiques :

– les fonctionnels, en essayant d'accroître leur influence, provoquent l'augmentation de la standardisation et de la formalisation, ils bureaucratisent l'organisation ;

– les responsables hiérarchiques, au contraire, cherchent à obtenir le maximum d'autonomie dans la gestion de leur unité ;

– les spécialistes (ingénieurs, techniciens, ouvriers détenant une qualification importante pour l'entreprise) résistent aux deux forces précédentes ; pour valoriser leurs compétences ils recherchent la standardisation des qualifications (sous la forme de garanties statutaires) ;

– quant aux dirigeants, ils tentent de garder la maîtrise de l'ensemble, soit par la centralisation, soit, lorsque la décentralisation est incontournable, en développant le système de contrôle et en cherchant à susciter l'adhésion, le dévouement aux objectifs de l'entreprise.

4 | La culture de l'entreprise

L'entreprise est un espace où les comportements sont orientés non seulement par des ordres et des directives mais aussi par des normes sociales, des valeurs partagées qui s'expriment à travers :

– des symboles verbaux : jargon professionnel, langage « maison », tutoiement, etc. ;

– des symboles matériels : modes vestimentaires (la chemise blanche chez IBM, par exemple), véhicules personnels ; mobilier… ;

– des rites : accueil des nouveaux, entretien annuel, pot, etc. ;

– des anecdotes, des mythes, des légendes qui magnifient certains individus ou événements (selon la légende, Apple aurait été créée par des inventeurs de génies qui mangeaient des… pommes pendant que leurs petites machines déroulaient des bandes magnétiques, procédé particulièrement lent qui, les agaçant, leur donna l'idée d'utiliser des disquettes) ;

– une vision commune du monde : les membres partagent souvent un certain nombre d'*a priori*, d'évidences sur les individus, les institutions, les techniques, les mécanismes économiques et sociaux.

Cet aspect culturel de l'entreprise a toujours existé mais il était volontairement ignoré par la littérature managériale en raison, sans doute, des difficultés à le formaliser. Aujourd'hui, ce thème bénéficie d'un intérêt certain et son étude emprunte deux directions qui se recoupent parfois :

– *L'approche sociologique* cherche à comprendre comment les facteurs culturels inter-agissent avec les mécanismes organisationnels. Elle privilégie l'analyse des variables culturelles externes (culture nationale, régionale…) et l'étude des microcultures. L'entreprise, la grande surtout, est constituée d'un ensemble de groupes sociaux ayant chacun sa culture propre (opérateurs, techniciens, femmes, émigrés, maîtrise, etc.). Récemment, l'intérêt s'est porté sur l'histoire de l'entreprise : ses expériences, succès et échecs passés permettent de comprendre certains comportements présents.

– L'*approche managériale* conçoit la culture d'entreprise comme un « ensemble (d') hypothèses fondamentales qu'un groupe donné a inventé, découvert ou constitué en apprenant à résoudre ses problèmes d'adaptation à son environnement et d'intégration interne[1] ». Selon cette conception, la culture est un ciment pour l'action : les microcultures, les luttes de pouvoir affaiblissent la cohésion interne. En agissant sur les variables culturelles, en développant une culture « forte », on peut influer sur le comportement des individus afin d'orienter leurs actions dans la direction souhaitée par les dirigeants. La culture devient un moyen d'améliorer l'efficacité. Elle doit donc être gérée, développée, renforcée. Une question se pose d'emblée : jusqu'où a-t-on le droit d'aller dans la manipulation des esprits ? (Repère 34)

1. E. Schein, *Organizational culture and leadership*, 1985.

REPÈRE • 34

La culture cisco

Créée en 1984 par deux professeurs de l'université de Stanford, Cisco est devenu le leader des transmissions sur le Web (8 courriers électroniques sur 10 transitent sur du matériel Cisco). Elle emploie actuellement plus de 37 000 salariés, contre 300 lors de son introduction en bourse en 1990. Son logo représente le Golden Gate, célèbre pont de San Francisco dont le nom de l'entreprise californienne est également dérivé.

Les valeurs affichées par la direction sont :

– la frugalité. De grandes affiches incitent les salariés à l'économie et les signes extérieurs de richesses sont proscrits ;

– le culte du consommateur. Une des légendes de l'entreprise raconte que l'actuel président est arrivé en retard à son premier conseil d'administration parce qu'il répondait au téléphone à un consommateur.

L'extrait suivant rappelle les exigences, en terme d'adaptation culturelle, de Cisco :

« Dès son arrivée, chaque nouvelle recrue se voit remettre un badge d'accès à l'entreprise sur lequel figurent les cinq commandements : dedication to customer success (« dévoué au succès du client »), innovation and learning (« innover et apprendre »), partnerships (« partenariats avec les clients »), teamwork (« travail en équipe »), doing more with less (« faire plus avec moins »). Toute la philosophie maison tient sur ce petit morceau de plastique.

Pour être admis dans la communauté Cisco, il faut montrer énormément de qualités : être rapide, « très rapide », insiste Marianne Jackson [un des nombreux vice-présidents de Cisco], inventif, disponible, flexible, à l'écoute de ce que fait la concurrence, il faut savoir s'adapter, se fixer des objectifs ambitieux, prendre des initiatives, des risques, être autonome, travailler en équipe... Paré de ces vertus et à condition de travailler beaucoup — au moins cinquante heures par semaine — , chaque collaborateur fera gagner beaucoup d'argent à l'entreprise. Les salariés — jeunes, puisque la moyenne d'âge est de 36 ans — s'accommodent apparemment bien de ce marché. C'est du moins de qu'en conclut la direction de Cisco, en rappelant que le turnover n'est que de 7 %. Un exploit dans le secteur high-tech californien. John Chambers [président de Cisco] le sait et croit à la force de l'exemple. Il ne manque jamais l'occasion de mettre en valeur un employé méritant. »

Sabine Syfuss-Arnaud,
« Jonh Chambers, le PDG gourou du champion Cisco ».
Liaisons sociales, Magazine, n° 15, octobre 2000.

5 | La performance de l'organisation

Tout dirigeant est à la recherche de l'organisation idéale. Cette demande a encouragé la production d'une littérature envahissante, où la recherche sur le thème en question côtoie l'édition d'ouvrages qui proposent, à grand renfort de publicité, la solution miracle.

5.1 L'organisation et l'efficacité

Les termes « performance », « efficacité », « efficience », « compétitivité » (Repère 35) reviennent fréquemment dans les ouvrages de management, mais leurs auteurs ne semblent s'accorder ni sur la définition, ni sur la mesure de l'efficacité.

Parmi les indicateurs d'efficacité mentionnés, on relève le respect des objectifs fixés, les résultats financiers (chiffre d'affaires, bénéfice, taux de rentabilité…), les volumes de production, la productivité, les réclamations des clients, le climat social, l'absentéisme, le *turn over*, le nombre de conflits entre responsables, la qualité du système d'information.

REPÈRE•35

Les termes du succès

Performance : résultat obtenu dans chacune de ses exhibitions par un cheval de course, une automobile, un avion un champion quelconque, etc. (*Petit Larousse*).
Efficacité : rapprochement des résultats obtenus et des objectifs fixés. Un responsable efficace est un responsable qui parvient à atteindre les objectifs qui lui sont assignés (*Lexique de gestion Dalloz*).
Efficience : rapport entre les moyens de production employés et les résultats obtenus. Il est possible pour un responsable d'être :
– efficace et inefficient (objectifs atteints mais surconsommation de moyens par rapport aux normes prévues : exterminer un moustique avec une bombe à neutrons) ;
– efficace et efficient (respect des objectifs et des normes de consommation) ;
– inefficace mais efficient (consommation de moyens conforme aux normes compte tenu de l'activité réalisée, laquelle est inférieure à l'objectif fixé) ;
– inefficace et inefficient (objectif non atteint et surconsommation de moyens par rapport à l'activité effective du centre : malgré la bombe, le moustique est toujours vivant) (D'après *op. cit.*).
Mais, comme le note M. Marchesnay, « un certain nombre d'auteurs (disons : la moitié…) intervertissent les définitions de l'efficience et de l'efficacité ».
Compétitivité : aptitude pour une entreprise, un secteur, etc. à gagner ou défendre des parts de marché. Ce qui peut être obtenu par la qualité, par le service après-vente, la flexibilité, etc.

Par ailleurs, le concept même d'efficacité peut prendre un sens différent selon les individus :

– pour les propriétaires de l'entreprise, il s'agira généralement de maximiser la rentabilité de leur placement, sous contrainte d'un risque acceptable ;

– pour les dirigeants, dont l'objectif est de maintenir ou d'accroître leur pouvoir sur l'organisation et sur les marchés, l'efficacité consiste à maximiser le chiffre d'affaires, sous contrainte d'un bénéfice acceptable par les propriétaires ;

– pour l'économiste, l'entreprise efficace sera celle qui contribuera au bon fonctionnement de l'économie (expression à signification multiple : croissance du PIB, emploi, équilibre extérieur, etc.) ;

– pour les salariés, ce sera celle qui leur assurera pouvoir d'achat, perspectives de carrière, sécurité pour les uns, pouvoir et aventure pour d'autres.

5.2 Les propositions normatives

Certains auteurs, appartenant pour la plupart au courant classique ou néo-classique, ont proposé leur modèle (explicatif, mais surtout idéal et normatif) de fonctionnement de l'entreprise. Cette démarche repose sur l'idée qu'une forme organisationnelle peut se révéler efficace *indépendamment du contexte* (technologie, environnement, dimension de l'unité, etc.).

Depuis les années 1960, un certain nombre de consultants cherchant à répondre aux soucis d'efficacité des dirigeants d'entreprises, et s'inspirant des travaux de l'école des relations humaines, ou des psychosociologues, font des propositions qui ont en commun :

– la réaffirmation du rôle du profit comme instrument de mesure de la performance et comme facteur de motivation ; en particulier dans les structures divisionnelles par centre de profit ;

– des structures légères, plates et décentralisées avec la priorité donnée aux opérationnels sur les fonctionnels dans le but d'entretenir un état d'esprit entrepreneurial ;

– la recherche d'instruments, de méthodes permettant de développer une culture forte.

Des structures compétitives aux stratégies de motivation

Dans *Le Secret des structures compétitives*, publié en 1966, O.Gélinier opposait à la « bureaucratie à la française », les structures du « management moderne » qu'il résumait avec les mots -clés suivants : recherche des faits, mesure, préparation ; concurrence, mobilité ; rentabilité ; confiance dans l'homme, droit à l'erreur, sanction ; jugement par les résultats ; logique de l'évolution, remise en question.

L'auteur mettait l'accent sur *le concept de structures décentralisées en divisions par produits ou marchés*, qui se développaient avec succès outre-Atlantique.

Il complétait, en 1968, sa vision de l'entreprise compétitive en proposant la Direction Participative Par Objectifs (DPPO) application à la française de la DPO.

En 1984, dans *Stratégies de l'entreprise et motivations des hommes*, il constatait que si ces principes avaient favorisé le développement de grandes entreprises dynamiques, ces dernières, fortes de leur réussite, s'étaient bureaucratisées. Dès lors, et pour répondre aux modifications de l'environnement, il convenait de les compléter par les éléments suivants :

1. Développer dans l'entreprise une certaine communauté de vue sur les conduites professionnelles efficaces, sur le sens de l'action, le projet, la culture et les valeurs professionnelles.

2. Redonner la prééminence aux opérationnels, les réinvestir des compétences (gestion du personnel, formation, gestion de la qualité) dont ils avaient été dépouillés par des services fonctionnels surdimensionnés.

3. Ouvrir l'organisation sur son environnement : permettre à ses membres de s'informer, de prendre des initiatives, d'improviser sur le terrain, dans le cadre des valeurs prédéfinies (en 1.) ; susciter à cet effet, la réflexion dans le cadre des groupes de suggestions, des cercles de qualité, etc.

4. Développer l'intrapreneurship.

5. Établir des relations constructives avec les clients, bien sûr, mais aussi avec les fournisseurs et plus généralement, tous les partenaires de l'entreprise, afin de réaliser des synergies externes.

6. « Dé-intégrer » la grande entreprise : dans une branche relativement homogène comprenant une centaine de métiers, n'exercer que les dix ou vingt d'entre eux présentant un intérêt stratégique (composants clés, montage final, distribution…) et confier les autres à des fournisseurs ou des sous-traitants.

7. Développer les méthodes de prise de décision par consensus.

8. Éliminer les contraintes superflues et susciter l'émergence d'espaces de liberté et d'expression.

La théorie z

En référence aux théories X et Y de MacGregor, W. Ouchi a baptisé théorie Z[2] un mode de management qui s'inspire largement des techniques japonaises et se propose de les adapter aux entreprises occidentales. *Le but visé est d'obtenir la motivation des membres de l'organisation par l'adhésion à des valeurs par-*

2. *Théorie Z. Faire face au défi japonais,* 1982.

tagées. Selon W. Ouchi, l'entreprise Z est caractérisée par des « travailleurs heureux et concernés », ce qui sera obtenu par :

– l'adéquation des objectifs de l'entreprise avec les valeurs de ses membres, ces dernières étant orientées par un système de mythes, d'histoires, de légendes… Il est néanmoins souhaitable de ne recruter que des individus susceptibles d'y adhérer ;

– un climat de confiance basé sur la sécurité de l'emploi, des perspectives de carrières, l'usage d'expressions valorisantes pour désigner le personnel (« collaborateurs », « partenaires », « associés »…) et le développement l'un sentiment d'appartenance à une communauté par l'organisation d'activités collectives, sportives ou culturelles, ce qui peut, à l'extrême, conduire à la pratique des « stages hors-limites », (saut à l'élastique, parachutisme, rafting, etc.) ; un large recours à la décentralisation, à la participation du personnel à la définition des objectifs avec, en contrepartie, un système de contrôle exercé moins par la hiérarchie que par les autres membres de l'unité.

Cette conception de l'organisation est incompatible avec l'existence de syndicats contestataires (mais s'accommode très bien des « syndicats d'entreprise » à la japonaise) car elle vise à refouler les conflits en flattant et en encourageant les sentiments primitifs d'appartenance au clan, à la tribu, dans sa version moderne : l'entreprise.

Les cercles de qualité

> « Six ouvriers d'une section d'atelier se réunissent avec leur chef d'équipe tous les quinze jours pendant une heure et demie pour analyser et résoudre un problème concret de leur travail, problème qu'ils ont librement choisi, en accord avec la hiérarchie. Ils sont tous volontaires. Ils utilisent des outils simples de résolution de problèmes auxquels ils ont été formés. Le groupe est animé par le chef d'équipe, lui-même préalablement formé. Voilà rapidement décrit un cercle de qualité parmi d'autres [3] ».

Les cercles de qualité (CQ) sont nés dans les entreprises japonaises en 1962 où ils ont connu un essor considérable : on en dénombrait 30 000 en 1970 et plus de 100 000 au début des années 1980, époque à laquelle le phénomène touche les entreprises françaises où il est accueilli avec un égal engouement (15 000 CQ en 1985, 40 000 en 1987, dans plus d'une entreprise de 20 salariés sur deux en 1998).

Néanmoins l'impact d'un CQ sur la qualité des produits demeure marginal, l'essentiel des améliorations dépendant des bureaux d'études et de recherche,

---

3. F. Chevalier et G. Trépo, « Les cercles de qualité : développement rapide et problèmes d'intégration dans la gestion de l'entreprise », *Revue française de gestion*, nov-déc.1986.

ou des problèmes de gestion qui dépassent les capacités de diagnostic et d'intervention des exécutants. « 80 % des défauts au sein d'une société sont imputables au management qui devrait donner l'exemple » selon Jouslain de Noray, directeur exécutif de l'AFQ (Association française pour la qualité).

Il semble que les raisons du succès rencontré par le phénomène CQ, résident plutôt dans les réponses qu'il propose aux aspirations d'une partie des salariés (participation à la conception et à la réalisation des produits, etc.), d'une part, et au désir des employeurs de mobiliser les énergies, les intelligences, et de développer le consensus autour de leur action, d'autre part. De plus, les CQ se présentent comme une technique managériale bien définie : leur nature, leur mode d'emploi, leurs conditions d'utilisation et les performances attendues sont bien explicités tant par des ouvrages et des organismes de promotion de la qualité (l'AFQ, notamment) que par des supports de communication interne : journaux d'entreprise, bandes dessinées, montages audiovisuels, etc. Ils n'ont donc rien à voir avec un éventuel processus de démocratisation de l'entreprise : l'initiative vient d'en haut, le pouvoir reste en haut, rien d'important ne peut être remis en question (il n'est bien évidemment pas « permis » de contester la division du travail).

Le reengineering ou l'art de trancher dans le vif

> « Le reengineering signifie tout reprendre, tout reprendre depuis le début.
>
> Le reengineering suppose que l'on mette de côté une grande partie du savoir hérité de deux siècles de gestion industrielle. Il suppose que l'on oublie comment on travaillait au temps du marché de masse, pour choisir la meilleure façon de travailler aujourd'hui, [...] »
>
> « Le reengineering fait appel aux qualités qui ont toujours été celles des grands chefs d'entreprise innovateurs : l'individualisme, la confiance en soi, l'acceptation du risque et la propension au changement[4] ».

L'objectif de cette méthode, conçue par Michael Hammer, est de réduire de manière spectaculaire les coûts et les délais. Comme l'écrivent ses promoteurs, il ne s'agit pas de chercher à économiser 5 ou 10 % sur les coûts, mais plutôt 30 à 40 % ! Ce qui nécessite une « remise en cause fondamentale et une redéfinition radicale des processus opérationnels ».

Ainsi, à Corbeil (en région parisienne), IBM s'est fixé pour objectif de réduire de 40 % les coûts jugés incompressibles ; à Montpellier, les surfaces utilisées ont été divisées par deux.

Ces mesures ont entraîné une diminution, respectivement de 39 % et de 54 %, des besoins en personnel sur ces deux sites.

4. M. Hammer, J. Champy, *Le Reengineering*, Dunod, 1993.

Quand l'opération réussit, l'entreprise en retire des avantages certains et l'effectif peut même être maintenu, comme à Corbeil, en reprenant des activités sous-traitées et en développant les parts de marché. Mais la situation n'est plus tout à fait la même : ce sont souvent des emplois précaires qui remplacent ceux qui ont été supprimés. Par ailleurs, en cas d'échec, la méthode peut s'avérer catastrophique sur le plan organisationnel, humain, financier et commercial. C'est à un pari risqué qu'invite M. Hammer.

Les projets d'entreprise et les chartes éthiques

Le projet d'entreprise (à ne pas confondre avec la gestion par projet) est une charte qui est censée résumer *les valeurs, la philosophie, les objectifs généraux* de l'entreprise et affirmer son *identité*.

Par son élaboration (en impliquant le personnel), par sa diffusion et les commentaires qu'il cherche à susciter, le projet d'entreprise véhicule l'image que l'entreprise veut donner d'elle même à ses membres ; de cette manière, il participe à la réalisation du consensus, but intermédiaire visé pour mobiliser les énergies.

Pour le dénommer, les entreprises utilisent des expressions qui leur sont propres, et qui, déjà, participent du projet : « *Principes d'action* » dans le groupe Lafarge ; « *Croyances fondamentales* » chez IBM ; « *HP WAY* » chez Hewlett-Packard ; etc.

Toutes ces propositions ont le mérite de souligner les dysfonctionnements qui guettent un management bureaucratique et taylorien et d'attirer l'attention sur le facteur humain. Elles n'en sont pas moins réductrices dans la mesure où elles proposent des solutions universelles à la diversité des problèmes et des situations rencontrées par les entreprises Elles bénéficient d'un succès parfois étonnant auprès de chefs d'entreprise qui, dans leur quête de recettes, semblent d'autant plus séduits par des solutions qu'elles paraissent simples et volontaristes, comportement qui confine parfois à l'irrationnel, voire au mysticisme.

5.3 Les réponses contingentes

Plutôt que de chercher des réponses universelles, il s'agit de déterminer dans quelles conditions une organisation est performante. C'est à partir des travaux de Thomas Burns et de Joan Woodward (dans les années 1950) que fut formulée la *théorie de la contingence* (1958) fondée sur l'idée que l'efficacité de l'organisation résulte de l'adéquation entre sa situation et sa structure, ou encore de la cohérence entre les déterminants structurels et les variables organisationnelles.

Les déterminants structurels

Ils influencent la formation de la structure. On retient principalement :

– *la taille de l'entreprise* : plus elle s'accroît et plus l'organisation se développe, se complexifie ;

– *la technologie* : J. Woodward a joué un rôle de pionnier en étudiant l'organisation de 92 entreprises industrielles anglaises (De 1953 à 1957) qu'elle classa selon le type de technologie mis en œuvre : *production à l'unité* (prototypes, grands équipements, BTP, etc.), *production de masse* (électroménager, automobile, etc.), *production en continu* (centrale nucléaire, raffinerie de pétrole, etc.). Elle concluait son étude en remarquant que les entreprises les plus performantes avaient les caractéristiques moyennes de leur catégorie. Cette corrélation entre variables technologiques et performance organisationnelle n'a pas été confirmée par des études ultérieures. Il demeure que la technologie influence fortement la structure de l'organisation, cette influence étant catalysée par l'effet de la taille ;

– *l'environnement* : T. Burns et G. M. Stalker (1961), puis P. R. Lawrence et J.W. Lorsh ont étudié l'impact de l'environnement sur l'organisation. Son degré de stabilité et de complexité, son caractère plus ou moins hostile s'accordent plus ou moins bien avec les structures adoptées ;

– *les dirigeants* : il est indéniable qu'il reste une grande liberté de choix dans la définition d'une structure. Cette liberté, les dirigeants l'exercent compte tenu de leur personnalité (plus ou moins encline à déléguer, à formaliser, à contrôler, etc.), de leur compétence, de leur conception de l'organisation ou… de leur faiblesse à l'égard de la mode. De plus, ils définissent la stratégie de l'entreprise. Or celle-ci peut avoir des effets sur l'organisation, qui est l'un des moyens au service de la stratégie (c'est la thèse développée par Chandler dans *Stratégie et structure des grandes entreprises*, 1972).

Rappelons que les relations de pouvoir qui s'exercent dans l'organisation en modifient également la forme et que des recherches s'orientent actuellement vers la détermination des liens de causalité pouvant exister entre cultures et structures, car on constate des différences nationales marquées dans les formes organisationnelles[5].

La cohérence structurelle

Pour les théoriciens de la contingence l'efficacité résulte de *l'adaptation de l'organisation aux déterminants structurels, en particulier à la taille, à la technologie et à l'environnement.* Ces travaux démontrent qu'aucune variable organisationnelle ne permet à elle seule d'obtenir de bons résultats, ce qui est en contradiction avec certains modèles normatifs, ceux qui prônent l'adoption des structures décentralisées notamment.

---

5. Le management japonais : le modèle J de Aoki , *The Journal of Economic Literature*, mars 1990 ; Le management allemand à l'heure du changement, P. Contesso, *Note de conjoncture sociale*, nov. 1990 ; Les cultures nationales à l'heure de la mondialisation, *Dossier in RFG n° 128,* mars-avril-mai 2000)

La théorie de la contingence ne condamne pas forcément les modèles des classiques ou des néoclassiques, elle les relativise. Elle permet de comprendre, en partie, les raisons de leurs succès ou de leurs échecs et elle explique, que des modèles aussi différents et contradictoires puissent cohabiter. Cependant, son relativisme, la multiplicité des variables a prendre en compte, la font peu apprécier des décideurs qui lui préfèrent souvent la simplicité des modèles normatifs.

5.4 Gérer le changement organisationnel

La recherche du modèle idéal (the one best way) n'est plus d'actualité. Les entreprises sont aujourd'hui soumises à de fréquents bouleversements : l'horizon prévisionnel se rapproche, l'environnement est instable, et les performances s'en trouvent affectées. Il faut alors revoir les objectifs, et les ressources à mettre en œuvre et remettre à plat les structures, les modes de fonctionnement et les contenus du travail. Les partenariats multiples déplacent également les frontières de l'organisation.

Il est souvent moins important de dessiner une structure et de concevoir une organisation idéale que de réussir les réorganisations ou les restructurations.

8 La gestion commerciale

Historiquement l'importance respective des diverses fonctions de l'entreprise a évolué.

Tant que les marchés étaient caractérisés par une demande forte et croissante de produits standardisés la fonction technique était prépondérante : l'essentiel de l'avantage concurrentiel résidait dans les gains de productivité obtenus par la rationalisation de la production. La saturation des marchés de biens de grande consommation a suscité l'émergence de la fonction développement (pour la recherche de produits nouveaux) et du marketing. Aujourd'hui, malgré l'évolution rapide des logiques de production, la crise et l'internationalisation des marchés, par l'exacerbation de la concurrence qu'elles entraînent, font du commercial l'une des priorités (Repère 36.).

REPÈRE • 36

Le cycle d'exploitation

Le cycle d'exploitation est la séquence des opérations nécessaires à la transformation des inputs en outputs, séquence au cours de laquelle est créée la valeur ajoutée.

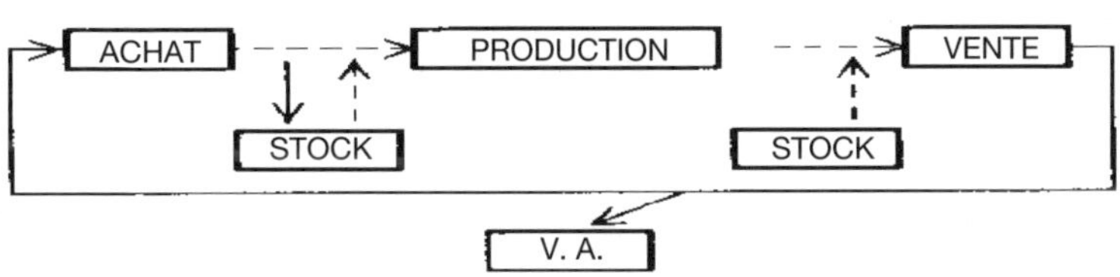

>>>

>>>

Ce schéma décrit le cycle d'une entreprise industrielle. Dans une entreprise commerciale, la fonction de production est inexistante, l'activité consistant à acheter pour revendre. Dans le cas de l'entreprise de services, la vente précède souvent la production (transport, par exemple). À ces trois fonctions fondamentales, *achat-production-vente*, il convient d'adjoindre la fonction *gestion des ressources humaines* et la *fonction financière*.

Remarquons que la valeur ajoutée est produite au cours de chaque cycle. Dès lors, pour maximiser la valeur ajoutée pendant une période donnée, par exemple une année, l'entreprise doit agir à la fois sur la VA créée pendant un cycle et sur le nombre de cycles de la période :

VA/année = VA/cycle x Nombre de cycles

La durée du cycle dépend du type d'activité (la journée pour un commerce de légumes frais, plusieurs semaines pour la production automobile, plusieurs mois pour la construction navale). Pour une activité donnée, les entreprises qui réussissent à réduire la durée de leur cycle obtiennent un avantage sur leurs concurrents.

La connaissance du marché est désormais l'impératif catégorique à partir duquel sera définie la politique commerciale : politique de produit, de prix, de distribution et de communication, ce que désigne l'expression de *marketing mix* (Repère 37).

REPÈRE • 37

Le marketing mix

1 | L'étude de marché

Longtemps pratiquée empiriquement, l'étude de marché est aujourd'hui une discipline à prétention scientifique qui s'est forgée ses propres concepts et méthodes d'investigation. Elle peut être réalisée par l'entreprise elle-même ou commandée à des organismes spécialisés. La connaissance du marché nécessite au préalable de formuler, au moins dans les grandes lignes, le problème à résoudre : s'agit-il de lancer un nouveau produit ou d'améliorer l'ancien ? De conquérir une nouvelle clientèle ? D'apprécier l'impact d'une campagne publicitaire ? Etc.

1.1 La recherche des informations

Rappelons quelques évidences : une connaissance exhaustive est impossible ; on ne sait pas ce que l'on trouvera ni le degré d'utilité des informations obtenues ; la recherche a un coût, variable selon la nature des sources.

Les moins coûteuses sont les sources dites secondaires : il s'agit d'informations publiées par des organismes statistiques publics ou privés ou de données collectées par les différents services de l'entreprise : rapports de représentants, statistiques sur les réclamations, sur les ventes, etc. Leur analyse s'impose avant de recourir à des recherches plus spécifiques (sources primaires), et beaucoup plus coûteuses, qui font appel aux techniques présentées ci-dessous.

1.2 Les techniques de recherche

L'observation : elle permet de connaître les comportements des individus. L'audimètre mesure l'écoute des téléspectateurs des différents programmes ; les lecteurs de codes barres des caisses enregistreuses servent également à analyser les achats effectués (réaction à une campagne promotionnelle ou à une modification des prix, heures d'affluence, etc.).

L'observation peut être réalisée sur un groupe de personnes : un fabricant de jouets, par exemple, peut étudier le comportement des enfants de son personnel dans la crèche de l'usine.

L'expérimentation : différents tests ou expériences peuvent être réalisés pour évaluer les réactions à une campagne publicitaire, à un nouveau conditionnement, à une modification du prix ou du mode de distribution, etc. On testera un nouveau produit dans une ville avant de le diffuser plus largement. Des magasins laboratoires sont parfois utilisés.

L'enquête : elle est réalisée à l'aide d'un questionnaire auquel on soumet un échantillon de personnes soit par contact direct, soit par voie postale ou encore par téléphone. Si on désire étudier l'évolution d'un phénomène, on constituera un *panel*, c'est-à-dire un échantillon permanent interrogé ou testé régulièrement.

L'étude de marché permet de *segmenter le marché*, c'est-à-dire de le découper en sous-ensembles homogènes. Ainsi, le marché de la voiture de tourisme sera décomposé en fonction de critères socio-démographiques comme l'âge, le sexe, le revenu, la composition du ménage ; de critères de comportement à l'égard du produit : intensité de l'utilisation, type d'utilisation (pour le travail, pour les loisirs) etc. ; ou encore de critères de personnalité : utilitaristes, responsables, jouisseurs, frimeurs... À chaque segment correspondra un programme de *marketing mix* spécifique : quel produit proposer ? à quel prix ? comment le distribuer ? comment le présenter, le faire connaître ? (Repère 38).

REPÈRE • 38

La gamme

Pour répondre aux différents segments du marché, l'entreprise se constitue une gamme de produits.

La gamme de Peugeot s'étend de la petite 106 à la 806 de type « espace », auxquels s'ajoutent les monospaces, les utilitaires et autres concepts cars.

Une gamme peut comporter des produits :
– *leader* : qui assurent le succès de la marque (exemple, les Peugeot 106 et 306) ;
– de *compléments* : destinés à boucher un trou de la gamme, même si le segment n'est pas rentable, pour éviter que la clientèle ne prenne le chemin de la concurrence ;
– *d'appel* : soit bas de gamme, à faible prix ; soit, au contraire, de prestige : il s'agit d'amener la clientèle à s'intéresser à la gamme ;
– en *déclin* (exemple, la Peugeot 306 remplacée par la 307)

2 | Le marketing mix

2.1 La politique de produit

Elle consiste à définir les caractéristiques des produits qui seront proposés à chaque segment du marché, mais aussi à anticiper leur déclin en fonction de leur cycle de vie (Repère 39) et à prévoir leur remplacement.

En plus de caractéristiques techniques, le produit présente des aspects commerciaux :

– *l'image* : c'est la perception du produit par la clientèle. Ainsi une eau minérale satisfait, en plus d'un besoin physiologique, des besoins psycho-sociologiques : entretenir sa forme, être en contact avec la nature ou... être « branché » ! Cette image, que l'on tente de faire pénétrer dans l'esprit du consommateur au moyen de techniques de communication, est véhiculée par le conditionnement et la marque (lesquels permettent, en plus, de différencier le produit de celui des concurrents) ;

REPÈRE • 39

Le cycle de vie du produit

Cette notion apparue dans les années 1950 repose sur l'idée, toute simple, qu'au cours de son existence commerciale un produit passe par différentes phases : *lancement, développement, maturité* et *déclin*. À chaque phase peut correspondre une politique de marketing différente : création d'un circuit de distribution, choix d'un prix élevé (stratégie d'écrémage) ou faible (stratégie de pénétration), important effort publicitaire pendant la phase de lancement (durant laquelle le produit est rarement rentable) ; l'entrée dans la phase de maturité nécessite souvent d'améliorer le produit et de revoir les prix ; l'effort publicitaire sera moindre et la teneur du message changera (publicité d'entretien). Pendant cette phase, que l'on souhaite durable, le produit dégage des profits substantiels, réinvestis en partie dans la recherche de produits nouveaux (qui se révéleront nécessaires quand viendra la phase du déclin).

Faire référence au cycle de vie du produit nécessite de bien préciser de quoi on parle : de la bicyclette en général ou du VTT ? De même, un produit peut se trouver en phase de maturité sur le marché national et à un stade de lancement sur les marchés extérieurs.

EXEMPLE • 9

Chères Images

En février 1990, des traces de benzène sont décelées dans 12 bouteilles de Perrier aux États-Unis par un laboratoire de Caroline du Nord. Bien que la Food and Drug Administration (chargée de la surveillance de la qualité des produits) ait fait savoir qu'il n'y avait « aucun risque significatif à court terme pour la santé » la filiale américaine du groupe français retirait immédiatement 72 millions de bouteilles. Peu après, c'est la totalité des ventes qui était suspendue pendant dix semaines, aux États-Unis et dans cinq autres pays (Allemagne, Canada, Danemark, Japon et Pays-Bas), soit 280 millions de bouteilles détruites, plus du quart de la production annuelle mondiale du groupe.

En juin 1999, plus d'une centaine d'écoliers belges sont victimes de malaises suite à l'absorption de canettes de Coca-Cola. Des cas sont signalés en France et plusieurs pays prennent des mesures de restrictions à l'encontre des produits de la firme d'Atlanta. En Belgique, notamment les produits sont interdits à la vente pendant 10 jours et la firme doit détruire 160 millions de bouteilles et canettes. Coût : 100 millions d'euros.

La réaction de Perrier fût, aux dire de tous les observateurs, exemplaire alors que la politique de communication de Coca-Cola, qui visait surtout à rassurer les actionnaires, a été sévèrement critiquée (bien que le leader mondial des « colas » ait recherché de bonne foie les causes de l'intoxication).

Mais ces deux affaires montrent à quel point les entreprises sont fragilisées dès que leur image est atteinte (à tort ou à raison) : deux ans après ses déboires, Perrier était rachetée par Nestlé et en décembre 1999, soit six mois après l'affaire belge, Coca-Cola changeait de Président et procédait à d'importantes restructurations.

– *le conditionnement* : par le design, la qualité de l'emballage, bref sa présentation matérielle, le produit devient une image : luxe, robustesse,

– *la marque* : un sac Vuitton satisfait au moins autant le besoin de différenciation sociale que celui de transporter des objets ; de même les sur-vêtement Adidas sont un signe de reconnaissance pour les adolescents français. La marque constitue souvent le véritable passeport du produit. Elle a donc, lorsqu'elle est réputée, une forte valeur marchande et peut être la cible d'imitateurs ou de contrefacteurs.

EXEMPLE • 10

Quelques-unes des nombreuses marques de NESTLÉ

Maggi
TONIMALT
mousline
KOHLER
Bolino
KUB OR

2.2 La politique de prix

À quel prix vendre un produit ? Intuitivement on devine qu'un prix élevé risque de décourager la demande. À l'inverse, un prix faible l'augmentera mais réduira le bénéfice par article et peut-être le bénéfice global. Il convient également de tenir compte des prix pratiqués par les concurrents ainsi que des contraintes réglementaires (prix fixés par l'État ou contrôlés, réglementation des soldes, etc.).

La réaction de la demande

Elle s'apprécie par la mesure de l'élasticité de la demande par rapport au prix. Cette dernière est le rapport entre la variation relative des quantités demandées et la petite variation relative de prix qui l'a provoquée : $e_{d/p} = \frac{d_1 - d_0}{p_1 - p_0}$ (une élasticité de – 2 signifie qu'une hausse du prix de 1 % induit une baisse de 2 % des quantités demandées).

Elle est différente pour chaque type de biens ou de services : *en général l'élasticité est négative,* une hausse de prix entraînant une baisse de la demande, et inversement (sauf dans le cas d'effet Giffen – ainsi dans les économies pré-industrielles l'augmentation du prix des céréales entraîne un accroissement de la consommation de ces produits de base en raison de la baisse du pouvoir d'achat – ou de comportements spéculatifs). Mais cet effet peut être plus ou moins fort. Ainsi une hausse de 10 % du prix du pain (dans un pays développé) n'aura pratiquement pas d'effet sur sa consommation. Par contre, une augmentation de 10 % du prix des voyages organisés fera probablement baisser la demande de façon sensible. Le pain et les biens de première nécessité ont une faible élasticité-prix alors que les loisirs en ont une forte.

La variation de la demande d'un bien dépend aussi de la variation du prix des autres biens, ce que l'on nomme *élasticité croisée* : une forte augmentation du prix des transports en commun entraînera une augmentation de la consommation de carburant, car une partie des usagers préférera reprendre son véhicule personnel (*effet de substitution*) ; la demande de loisirs peut diminuer si les prix des biens de première nécessité augmentent fortement, entraînant une baisse de pouvoir d'achat (*effet de revenu*).

Dans certaines circonstances *l'élasticité-prix peut être positive* (la demande est plus forte quand le prix augmente). C'est le cas lorsque le prix est perçu comme un indice de qualité ou lorsque le bien bénéficie d'un effet de snobisme (parfum).

Avant de fixer un prix, il importe d'avoir au moins une idée de l'élasticité de la demande : si une baisse du prix de 10 % induit une hausse de la demande de 5 %, alors, le chiffre d'affaires baisse (autrement dit ce n'est pas parce que le magasin est rempli de chalands que l'affaire est rentable).

La concurrence

Les prix pratiqués par les concurrents constituent une source d'informations importante. Ils constituent une contrainte. Mais il est important de bien analyser les produits dont on compare les prix car il est rare qu'ils soient absolument identiques : ils diffèrent par la qualité le conditionnement, l'image, les services annexes, etc.

La fixation du prix par rapport à ceux des concurrents, dépend de la stratégie fixée : veut-on, par exemple, déclencher une guerre des prix ou cohabiter pacifiquement sur un marché en croissance ?

Le coût de revient

Contrairement à une opinion tenace, le coût de revient ne peut servir à déterminer le prix d'un produit. Certes, dans certains petits commerces on calcule les prix de vente en multipliant les prix d'achat par un coefficient. C'est le cas, par exemple, du prêt-à-porter où les prix de gros sont multipliés par deux ou trois afin de laisser une marge suffisante pour couvrir les charges d'exploitation.

Mais il s'agit d'un procédé simpliste qui nécessite d'être corrigé par le système des soldes.

Plusieurs raisons font du coût de revient une base insuffisante pour fixer un prix :

– le coût de revient n'est connu qu'*a posteriori*, alors que le prix doit être défini à l'avance ;

– le coût de revient dépend du résultat des ventes (en raison des coûts fixes) qui dépend… du prix ;

– se baser sur le coût de revient pour fixer le prix incite au laxisme dans la gestion.

Déjà, en 1922, Henry Ford condamnait cette pratique : « Nous ne considérons jamais que les coûts fixes sont fixes. Par conséquent, nous commençons par ramener le prix de vente au niveau que nous croyons propre à stimuler la clientèle… Nous ne nous cassons pas la tête avec les coûts de production. Le nouveau prix les obligera à baisser… ». L'exemple de Thomson, au début des années 1980, le prouve *a contrario* : l'entreprise n'a pas su offrir une gamme de micro-ordinateurs à des prix attractifs alors même qu'elle bénéficiait au départ d'une rente de monopole sur le marché protégé de l'Éducation nationale ; elle a été éliminée de ce secteur.

Ainsi la relation est inversée ; une fois le prix fixé à partir de variables commerciales, il convient d'agir sur les variables de gestion pour obtenir un coût de revient inférieur. À long terme, la réussite de l'entreprise dépend de son aptitude à résoudre ce problème.

Les contraintes réglementaires

En période de contrôle de prix, certains d'entre eux sont fixés par la puissance publique. Malgré la libéralisation actuelle, des produits restent soumis à un régime particulier : prix du livre, honoraires médicaux, loyers, etc.

Il importe également de tenir compte des répercussions possibles sur la vente des autres produits de l'entreprise. Si les produits sont, dans une certaine mesure, en concurrence (comme les différents modèles d'un constructeur automobile), la baisse du prix de l'un fera chuter les ventes de l'autre (cannibalisme) ; s'ils sont complémentaires (lecteurs et DVD), la baisse du prix du premier se répercutera positivement sur les ventes des autres.

Notons enfin, à titre d'illustration de la diversité des pratiques, la stratégie qui consiste à lancer un produit par vagues successives en commençant par un prix élevé, puis à baisser ce dernier au fur et à mesure de sa diffusion pour capter une clientèle plus large (Téléviseurs à écran plat) ou encore le procédé des prix d'appel : un article est proposé à un prix exceptionnellement faible pour attirer la clientèle sur un lieu de vente où lui seront présentés, également, d'autres produits à des prix habituels.

2.3 La politique de distribution

Comment faire parvenir le produit au consommateur ? Va-t-on recourir à des intermédiaires ? Lesquels ? On devine que choisir de diffuser un parfum uniquement en parfumeries ou, au contraire, dans n'importe quel supermarché n'aura pas les mêmes conséquences, ni sur l'image du produit, ni sur le volume des ventes.

L'entreprise doit se constituer un circuit de distribution : vente directe usine ou par l'intermédiaire de grossistes, de centrales d'achat, de représentants, vente par correspondance, etc.

Quel que soit le circuit retenu, celui-ci doit remplir un certain nombre de fonctions : transport, allotissement, stockage, assortiment, communication, services liés à la vente (garanties, installation, service après vente, etc.) sans oublier le financement de ces opérations.

En fonction du nombre d'intermédiaires, on distingue :

– *les circuits longs* (exemple d'un circuit particulièrement long, celui de la viande de boucherie : éleveurs, courtiers, marchands de bestiaux, commissionnaires, abatteurs, grossistes, semi-gros, bouchers, consommateurs) ;

– *les circuits courts* : du producteur au détaillant (l'automobile) ;

– *les circuits ultra-courts* : du producteur au consommateur (la vente directe d'usine, la vente par correspondance à partir du producteur).

Le choix d'un circuit pose deux problèmes qui sont liés : l'un tient à sa longueur (plus ce dernier est court, plus il est transparent et plus ses résultats sont prévisibles) ; l'autre tient au nombre de points de vente et à leur aptitude à véhiculer l'image du produit.

Ce choix a un caractère stratégique. De lui dépend un certain nombre de résultats qui pèseront sur le devenir du produit et, plus généralement, de l'entreprise :

– réaliser un volume satisfaisant de vente et de profit ;
– disposer d'une assistance et de services à la vente ;
– véhiculer l'image de marque du produit et de l'entreprise ;
– rentabiliser les investissements.

En outre, la maîtrise du circuit facilitera le lancement de nouveaux produits. Cette maîtrise a également un objectif économique car à l'intérieur du circuit de distribution s'exercent des rapports de force entre le producteur et les différents intermédiaires dans le but de se partager la valeur ajoutée globale, c'est-à-dire la différence entre le prix payé par le consommateur et le coût de revient du produit, toutes fonctions confondues. L'intermédiaire en position de force imposera des prix faibles en amont (pour ses approvisionnements) et/ou forts en aval (pour ses ventes). C'est le cas des grossistes dans le secteur des fruits et légumes frais ou des hypermarchés pour une grande partie des produits qu'ils commercialisent. Les constructeurs automobiles, grâce à un circuit court (réseau de concessionnaires exclusifs), parviennent au même résultat.

Remarquons que la polémique à propos des circuits de distributions longs véhicule des notions souvent inexactes :

– si la longueur d'un circuit n'est pas toujours justifiée, le raccourcir n'est pas toujours une chose aisée à réaliser car cela implique de redistribuer les fonctions assurées par les différents intermédiaires, ce qui est souvent impossible sans modification structurelle du secteur (nombre de producteurs et de distributeurs, technologie, etc.) ;

– la contraction du circuit ne modifie pas le prix payé par le consommateur mais simplement la répartition de la valeur ajoutée globale entre les producteurs et les intermédiaires. Seule une contrainte externe (pression concurrentielle au stade de la distribution ou réglementation des prix) peut faire baisser les prix.

2.4 La politique de communication

Si, par le passé, elle avait pour objectif presque unique de faire connaître les produits, la communication élargit aujourd'hui ses thèmes aux marques et à l'image de l'entreprise. Sans délaisser les procédés classiques que sont la publicité et les techniques promotionnelles, elle emprunte les voies du sponsoring sportif, culturel et humanitaire.

La publicité

Par la publicité l'entreprise cherche à exercer une action psychologique sur ses clients actuels ou potentiels. Dans la majorité des cas il s'agit de les amener à acheter un produit, mais il peut s'agir aussi de faire connaître ou d'imposer une marque, une entreprise ou une branche d'activité. Dans certains cas, la publicité a un objectif idéologique : faire admettre une idée, un concept qui sert le dessein de l'entreprise. Quand EDF fait de la publicité pour le nucléaire, elle ne propose aucun produit, ne défend aucune image, mais cherche à faire accepter le nucléaire à une opinion publique influencée par le discours écologiste (ou effrayée par les accidents de centrales) et à peser sur les décisions de son ministre de tutelle.

La publicité met le consommateur dans une disposition d'esprit favorable mais elle doit être souvent complétée par des actions de contact.

KAPFERER L'évolution des stratégies publicitaires

TEXTE 2

Pendant près de vingt années, la plupart des campagnes publicitaires de France ont été gouvernées par la sacro-sainte « copy-stratégie ». Concrètement, il s'agit d'une simple feuille synthétisant ce que l'on veut véhiculer au public visé. La copy-stratégie comporte quatre rubriques ;

– la cible (à qui l'on s'adresse ?) ;
– la promesse (faite à cette cible) ;
– le support de la promesse ;
– le ton de la communication.

[...]

Avec le temps, la copy-stratégie a progressivement montré ses limites. Celles-ci tiennent à son origine. La copy-stratégie fut créée dans les années 1960 pour des lessiviers, c'est-à-dire pour des produits à dominante utilitaire ou fonctionnelle, à une époque où l'innovation technique apportait des différences significatives dans l'efficacité des produits. Ainsi, au lancement de la lessive Ariel, on pouvait promettre aux ménagères mères de famille nombreuse (cible) un lavage inégalé (promesse) grâce aux agents biologiques contenus dans la poudre (support de la promesse), le ton de la communication étant résolument sérieux pour conférer une crédibilité au message. [...]

Or les marques se multipliant, l'ère des différences objectives était révolue. Il devenait difficile de trouver des promesses spécifiques, qui ne soient pas déjà « occupées » publicitairement par une marque concurrente. [...]

La copy-stratégie imposait subrepticement une seconde pratique : maintenir une séparation entre la promesse et le ton de la publicité, entre ce que la marque dit et la façon dont elle le dit. Or comme maints publicitaires l'ont senti, parfois, c'est le ton lui-même qui est la promesse : tous les collants promettent de la beauté et de la séduction ; la valeur de Dim réside dans le ton enjôleur de la communication de Publicis. [...]

Ainsi, cette rubrique annexe, un peu fourre-tout, que l'on appelait « le ton » dans la copy-stratégie, allait devenir de plus en plus importante dans la pratique. Certaines agences l'appelèrent « personnalité de la marque » : à côté de la copy-stratégie, on rédige désormais quelques phrases résumant la personnalité désirée de la marque. [...] Selon J. Séguéla, une marque, telle une personne, a non pas une, mais trois caractéristiques :

– un physique : ce qu'elle fait, sa fonction, son plus ;
– un caractère ;
– un style, c'est-à-dire une manière de s'exprimer.

Par exemple, l'agence RSCG définit ainsi la marque de lessive Woolite :

– son physique : lave le linge en douceur ;
– son caractère : glamoureux ;
– son style : hollywoodien.

Ces trois facettes constituent non plus la défunte copy-stratégie mais la « star-stratégie ». [...]

►►►

>>>

Cette évolution, depuis la copy-stratégie et la star-stratégie jusqu'à la spécification complète de l'identité de la marque à construire (le prisme d'identité), a de grandes répercussions sur le rôle exact de la créativité publicitaire. À l'époque de la copy-stratégie, toute création était bonne à condition qu'elle attire l'attention et qu'elle véhicule bien la promesse et le support de la promesse. En général, la rubrique « ton » restait vide ou extrêmement ouverte. Désormais, la créativité elle-même est sous surveillance : dans la mesure où la forme contribue autant que le fond à construire l'image de la marque, on ne saurait soumettre cette dernière aux aléas de la créativité pure. Faire un « saut créatif » n'est plus suffisant : encore faut-il que les signes, les codes, le style utilisés dans la publicité aillent dans le sens de l'identité désirée.

Extrait de J.-N. Kapferer, « Publicité : une révolution des méthodes de travail », *Revue française de Gestion*, sep.-déc. 1985.

La promotion des ventes

Il s'agit cette fois de permettre la rencontre du produit et du client potentiel, d'inciter ce dernier à goûter, toucher, acheter au moyen de techniques et astuces diverses ; distribution d'échantillons, démonstrations, dégustations gratuites, cadeaux, réductions de prix, conditionnement spécial (3 produits pour le prix de 2), concours et loteries, animations sur les lieux de vente… La promotion nécessite la participation des distributeurs et constitue souvent un moyen de les fidéliser.

Les relations publiques

Ce terme désigne tous les moyens, autres que les précédents, par lesquels l'entreprise cherche à créer un climat de confiance avec le public :

– relations avec la presse, l'enseignement, les pouvoirs publics, les milieux financiers, les actionnaires, etc. ;

– financement d'activités sportives, culturelles, ou d'opérations humanitaires (sponsoring).

Ces divers aspects de la communication externe sont complémentaires et ont un objectif pluriel : commercial, financier, politique et organisationnel (une bonne communication externe peut également stimuler le « patriotisme » d'entreprise chez les salariés). Ils constituent un soutien souvent décisif de l'action des distributeurs et de la force de vente.

Le concept de *marketing mix* souligne la nécessaire cohérence qui doit exister entre les résultats des études de marché et les quatre dimensions de la politique commerciale afin de réunir le *positionnement du produit* sur le segment de marché ciblé.

3 | L'administration de la vente

Elle implique la mise en place d'une organisation chargée d'assurer les fonctions suivantes : *prospection, négociation, commande, livraison, facturation, recouvrement, service après-vente, assistance technique.*

3.1 Les services commerciaux

Dans la pratique, on rencontre des services aux appellations suivantes :

– **Force de vente :** désigne l'ensemble des vendeurs, de leur encadrement et de leur organisation. Elle correspond aux traditionnels « services vente ».

– **Marketing :** chargé des études commerciales (études de marché, de motivations, de la concurrence, etc.).

– **Publicité-promotion des ventes :** l'objectif est de faire connaître les produits et, au-delà, de véhiculer l'image de marque de l'entreprise.

– **Administration des ventes :** assure la liaison entre la production, la vente et l'expédition aux clients. Est souvent chargée de la facturation et de la relance clients (en cas d'« oubli » de règlement).

– **Service après-vente (SAV) :** chargé de l'entretien et de la réparation du produit, une fois celui-ci vendu. Il peut également conseiller les clients pour la mise en service du produit.

– **Technico-commercial :** conseille techniquement les autres services commerciaux, vente, après-vente, publicité-promotion. Ce terme désigne également des vendeurs sensés avoir une qualification technique développée et une bonne connaissance du produit lorsque celui-ci intègre une bonne dose de technologie.

– **Expéditions :** chargé des opérations matérielles relatives à l'acheminement des produits jusque chez le client ; ou à la remise au transporteur.

3.2 La force de vente

Dans ce dispositif, la force de vente constitue le fer de lance. Cette expression évoque une unité opérationnelle à vocation offensive. C'est sur le vendeur que repose, en effet, la tâche décisive de persuader le client de l'utilité du produit et de capter les flux financiers qui font vivre l'entreprise tout entière.

Cette fonction est d'autant plus vitale que les marchés sont saturés, et le « bon vendeur » – celui qui emporte l'affaire au nez et à la barbe des concurrents – devient un homme providentiel que l'on s'arrache à prix d'or. Cette situation présente un risque en terme de dépendance et de coût que les entreprises cherchent depuis plusieurs années à réduire en accentuant leur contrôle sur les vendeurs comme en témoigne l'évolution de la situation juridique de ces derniers : alors qu'en 1945 les trois quarts des VRP (voyageurs, représentants, placiers) travaillaient pour le compte de plusieurs employeurs, ce qui leur conférait une grande indépendance, ils sont aujourd'hui, dans une grande majorité, salariés d'une seule entreprise.

Cette réduction de l'autonomie du vendeur est également le résultat des changements qui affectent cette profession :

– le développement des études de marché a réduit son rôle d'informateur ;

– les techniques de pré-vente (publicité, promotion, etc.), le marketing direct (mailing, phoning, vente par correspondance), la généralisation du libre-service, diminuent le rôle des contacts personnels ;

– la vente devient plus technique ce qui favorise le développement des technico-commerciaux au détriment des vendeurs traditionnels.

Ce contrôle accru sur la force de vente réduit le côté attractif du métier ce que traduit un *turn over* important (20 à 30 %), en particulier chez les diplômés.

4 | Les trois âges de la fonction commerciale

4.1 Produire d'abord...

Tant que les marchés étaient caractérisés par une situation de pénurie, le consommateur recherchait un produit répondant à un besoin non encore (ou mal) satisfait et compatible avec son budget. L'entreprise cherchait alors à augmenter sa production et à réduire ses coûts pour satisfaire une demande en forte croissance. L'accent était mis sur les progrès technologiques et la rationalisation de la production afin d'obtenir des gains de productivité. La clientèle, peu exigeante, se satisfaisait de produits standardisés relativement uniformes. Ainsi en fut-il des premières automobiles fabriquées en grande série (Ford T, 2 CV Citroën, 4 CV Renault...) ou des premiers appareils électro-ménagers.

Pendant cette période, qui prit fin dans les années 1930 aux États-Unis et dans les années 1950 en Europe, la fonction commerciale était réduite à un simple rôle de distribution de produits relativement rares.

4.2 Produire un bon produit, le faire connaître, le diffuser

Au fur et à mesure que les ménages s'équipent, que leurs besoins sont satisfaits sur le plan quantitatif, l'entreprise, confrontée à davantage de concurrence attirée par la croissance des secteurs concernés pendant la période précédente, met l'accent sur la qualité technique. Cette attitude est encouragée par la culture des ingénieurs de production (selon lesquels « un bon produit trouve toujours un acheteur »). Toutefois, la pression concurrentielle impose un effort de commercialisation dans trois directions :

– développement de la publicité et des techniques promotionnelles afin de « prévendre » le produit ;

– recherche des circuits et des points de vente les plus efficaces ;
– développement d'une force de vente formée sur un plan commercial et technique.

Une telle conception de la fonction commerciale qui subsiste encore dans certains secteurs sera remise en cause par l'émergence du marketing.

4.3 Vers le marketing global

Si la technique des enquêtes par sondage fut développée par Gallup dès 1935, le marketing ne prend vraiment son essor que dans les années 1960. Certains entrepreneurs avaient, cependant, déjà fait la preuve d'une démarche marketing intuitive : ainsi General Motors concurrence Ford, dès 1930, en opposant à l'uniformité de la Ford T une gamme de modèles destinés à divers types de clientèle.

Alors que les marchés de grande consommation commencent à atteindre un seuil de saturation (dans les pays développés), les entreprises prennent conscience que pour assurer leur chiffre d'affaires il faut proposer au consommateur le produit qu'il attend et, pour cela, être en mesure de connaître ses désirs et les variables susceptibles de les modifier (afin d'anticiper leur évolution ou éventuellement, de les provoquer). C'est, en particulier, cette dérive manipulatrice du marketing qui provoquera les réactions consuméristes.

En réponse, les entreprises vont réorienter l'action du marketing dans un sens plus global et plus direct. À l'objectif final, vendre un produit, on ajoute des objectifs intermédiaires, « vendre » les marques et l'image de l'entreprise.

Aujourd'hui, le développement des outils de communication permet de solliciter directement le consommateur, parfois même à son insu, de mémoriser dans d'immenses bases de données, ses caractéristiques, comportements, goûts et préférences et ainsi de lui adresser des offres personnalisées. De grandes marques se procurent les noms des nouveau-nés, envoient des échantillons aux parents et sont en mesure de suivre ces petits êtres tout au long de leur vie : envoi de barres chocolatées les premières années, puis de café à l'adolescence ; et, plus tard, de laits maternisés quand ils auront fondé une famille…

Cette évolution fait craindre un monde où le consommateur serait cerné, manipulé par les services de marketing et leurs puissants ordinateurs. On constate, cependant, que ces techniques trouvent rapidement leurs limites : peu de personnes prennent la peine de glisser un coupon de réduction dans l'enveloppe et le marketing de proximité n'atteint sa cible, quand il est pratiqué, qu'une fois sur cinq.

9 La gestion de la production

SOMMAIRE

Gérer la production implique de faire des choix fondamentaux : opter pour un mode et une politique de production (section 1). Ces décisions d'ordre stratégique engagent l'entreprise sur le moyen ou le long terme. C'est à l'intérieur de ce cadre que doivent être traitées les questions d'ordre opérationnel (section 2). Plus généralement, la manière de produire est affectée par les changements économiques et sociaux (section 3).

1 | Les décisions d'ordre stratégique

1.1 Le choix d'un mode de production

Le mode de production retenu va dépendre des exigences de la clientèle, du type de produit et des technologies mises en œuvre.

Les besoins du marché

La clientèle peut avoir des exigences très diverses en termes de qualité et de variété des produits. Lorsque les marchés se satisfont de produits peu différenciés, le cycle de vie de ces derniers est long et la demande généralement stable. Les entreprises y répondent en offrant des produits standardisés aux caractéristiques comparables. Dans ces conditions, la concurrence s'exerce principalement par les prix. Le système de production se voit assigner des objectifs de *volume et de coûts*.

Au contraire, lorsque la demande devient plus volatile (effet de mode, par exemple), qu'elle réclame plus de variété, les produits ont une durée courte, voire éphémère (la tendance est actuellement à la réduction de cette durée de vie[1]). La

1. Dans l'informatique, par exemple, plus de la moitié des produits ont moins de 5 ans ; dans la chimie, un produit sur deux a moins de 10 ans.

compétitivité dépend alors de l'aptitude à répondre à l'évolution des besoins. Les objectifs s'expriment en termes de *capacité d'innovation et de flexibilité.*

Le produit et la technologie

La technologie employée dépend beaucoup de la nature des produits et du volume de la production. La réalisation d'un produit unique (ouvrage d'art, électricité...) ne pose pas les mêmes problèmes que la production d'une gamme étendue (électroménager, automobile, outillage...). (Repère 40).

REPÈRE • 40

Choix d'un système de production

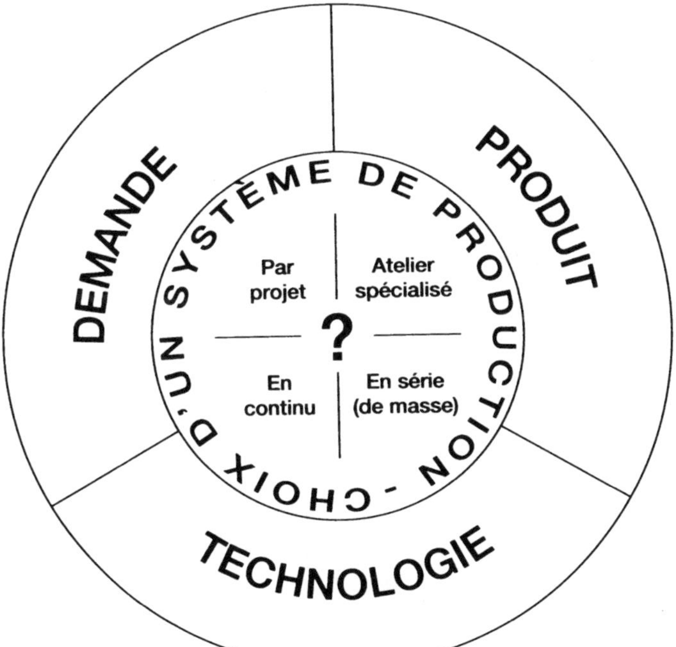

Les quantités produites peuvent être faibles (ouvrage d'art, outillage très spécialisé) ou importantes (électricité, électroménager). En croisant ces deux dimensions on obtient une typologie des systèmes de production inspirée de Joan Woodward2 (Repère 41).

2. Voir aussi au chapitre 7.

REPÈRE • 41

Typologie des systèmes de production

En fonction de la nature du produit et des quantités à réaliser, on obtient 4 systèmes de production.

	Faible quantité	Grande quantité
Produit unique	1) Production par projet (ex. ouvrage d'art)	2) Production en continu (Ex. électricité)
Produits multiples	4) Production de petites séries (Ex. outillages spécialisés)	3) Production de masse (Ex. électroménager)

1) La production par projet : l'objet à réaliser étant souvent complexe et/ou d'une haute technicité (ouvrage d'art, navire, satellite...), le personnel et le matériel doivent avoir une certaine polyvalence. Les problèmes majeurs à résoudre ressortissent aux *coûts* et aux *délais*. L'accent est donc mis sur les fonctions *Études* et *Ordonnancement*. L'organisation est conditionnée par l'impératif de *flexibilité*.

2) La production en continu : il s'agit de réaliser un flux de produits (hydrocarbures, électricité, sidérurgie...) en fonction d'un objectif de volume qui orientera les choix techniques et déterminera en grande partie les coûts. *L'intégration des opérations* est souvent un impératif, ce qui explique le fort degré d'automatisation des processus – (après modernisation en 1991, la raffinerie de British Petroleum de Dunkerque est prévue pour fonctionner avec 3 opérateurs au lieu de...70 !). Une telle configuration est très peu flexible, ce qui peut être catastrophique en cas de variation brusque de la demande (la crise de la sidérurgie, au milieu des années 1970, en est l'exemple type).

3) La production de masse : l'objectif est la réalisation de produits standardisés en très grande quantité afin de réaliser des *économies d'échelle*. Les équipements sont spécialisés par opérations et/ou type de produits. C'est le domaine par excellence du travail à la chaîne où la main-d'œuvre est peu qualifiée. Une telle organisation est peu flexible.

4) La production de petites séries : il s'agit d'une situation intermédiaire entre la production par projet (1) et celle de masse (3). Le système est alors organisé en ateliers spécialisés (par opération et/ou par produit) où sont regroupés des équipements polyvalents et une main-d'œuvre qualifiée. Un arbitrage doit être réalisé entre *productivité* (compétitivité par les coûts) et *flexibilité* (pour répondre à des demandes spécifiques et tenir les délais). Ce système hybride peut évoluer vers la production de masse si la demande se stabilise et si les volumes augmentent. Dans le cas inverse, il tendra vers la structure par projet.

Bien entendu, l'entreprise dispose d'un certain degré de liberté dans le choix d'un mode de production et peut, en raison de la multiplicité de ses activités et/ou de la complexité des processus mis en œuvre, recourir à plusieurs de ces quatre types à la fois : organisation par projet pour la confection d'un prototype, ateliers spécialisés pour la fabrication de certains composants et chaîne d'assemblage au stade final.

1.2 La politique de production

L'entreprise est placée devant l'alternative suivante :

– fabriquer elle-même la totalité du produit et/ou du service ;

– confier certaines activités à des entreprises extérieures.

La réponse est conditionnée par la structure des coûts, le savoir-faire, les volumes d'activité, mais aussi par des considérations de politique générale : degré de flexibilité souhaité ; contrôle des activités en amont ou en aval ; stratégies d'alliances, etc.

La forme traditionnelle de cette « dé-intégration » de la production est la sous-traitance.

La sous-traitrance

On parle de sous-traitance quand une entreprise, appelée *donneur d'ordre*, confie une tâche à exécuter ou un produit à réaliser, à une autre entreprise appelée *sous-traitant*.

Le donneur d'ordre est le concepteur du produit. Il donne toutes les instructions utiles pour sa réalisation : plans, nomenclatures des pièces, formules, qualité des matériaux, etc. Il se réserve fréquemment le droit d'opérer des contrôles techniques en cours d'exécution.

Le sous-traitant est responsable de la réalisation du produit. Notamment il détermine l'organisation de son travail et son plan de production. Il doit restituer, après exécution, tous les documents techniques qui lui ont été remis et ne peut les utiliser pour son propre usage ni, *a fortiori*, les communiquer à des tiers.

Quant à l'acquéreur du produit final, il ne connaît que le donneur d'ordre qui est seul responsable de l'exécution de la vente et de la qualité du produit.

La sous-traitance peut concerner la fabrication, mais aussi des opérations de gestion : on peut ainsi sous-traiter, l'entretien des matériels et des locaux, le gardiennage, le recrutement du personnel, la formation, la comptabilité, l'établissement de la paie, les études de marché, etc.

Mais aujourd'hui, elle n'est considérée que comme un cas particulier d'opérations *d'impartition* qui permettent de réduire le niveau d'intégration de l'activité, tout en maintenant un contrôle sur les opérations externalisées.

REPÈRE • 42

Faire ou faire-faire : plus qu'une simple décision technique

La sous-traitance traduit dans la plupart des cas une situation de domination à l'avantage du donneur d'ordre, notamment dans l'hypothèse de la *sous-traitance de capacité* puisque l'entreprise n'a pas besoin, dans ce cas, du sous-traitant si les commandes ne dépassent pas le plan de charge prévu ; dans l'hypothèse de la *sous-traitance de spécialité*, la relation peut être à l'avantage du sous-traitant, l'entreprise ayant besoin de ses compétences pour réaliser une activité qu'elle ne prend pas, ou plus, en charge.

Le sous-traitant, souvent une PME, y trouve une source de débouchés relativement stables, un argument commercial (travailler pour une grande entreprise est un gage de sérieux et de compétence pour les autres clients) et parfois un soutien technique et logistique. Cette situation lui simplifie sa gestion commerciale : il peut se passer d'une politique de produit, n'ayant qu'à vendre un savoir-faire. Mais il le paie de son autonomie : de nombreux sous-traitants n'ont qu'un petit nombre de donneurs d'ordre qui leur imposent prix, qualité, délais, etc.

Pour le donneur d'ordre, ce type de contrat offre plusieurs attraits :
- bénéficier du savoir-faire spécialisé du sous-traitant ;
- reporter sur ce dernier les contraintes de délais et de gestion des stocks ;
- bénéficier des économies d'échelle du sous-traitant ;
- alléger sa structure ;
- régulariser son plan de charge : on augmente le recours à la sous-traitance quand la demande est importante ; on rapatrie le travail dans ses ateliers quand les marchés sont déprimés.

Ces divers avantages ne sont obtenus que lorsque le sous-traitant se révèle digne de confiance. Dans le cas contraire, la multiplicité des contrôles à mettre en œuvre et l'incertitude sur les délais ou la qualité rendent l'opération inintéressante.

L'impartition

C'est une alternative à la politique d'intégration qui permet, néanmoins, de préserver un certain pouvoir de marché. L'entreprise tente par ce moyen :

– de s'alléger de certaines activités sans en perdre la maîtrise ;

– d'étendre son contrôle sur des activités situées en amont (approvisionnement) ou en aval (distribution), sans pour autant les intégrer à sa structure.

Les modalités de l'impartition sont les suivantes :

– la sous-traitance (voir ci-dessus) ;

– l'établissement de rapports stables avec les fournisseurs en développant des relations mutuelles : garantie d'un volume d'achat d'un côté, engagement sur les délais et la qualité, de l'autre ;

– le partage d'une fonction : il s'agit, par un contrat d'association, d'exercer en commun certaines activités afin notamment de bénéficier d'économies d'échelles et/ou des savoir-faire réciproques : laboratoire commun à plusieurs entreprises, gestion d'un réseau de réservation, d'une centrale d'achat, etc.

– le contrat de concession ;

– le contrat de franchise ;

– l'accord de licence ;

– la co-traitance ;

– le partenariat-essaimage.

Il s'agit, plus généralement de développer une coopération durable afin de réduire l'incertitude, abaisser les coûts des transactions et développer des synergies.

2 | Les décisions opérationnelles

Toute unité de production, de l'atelier artisanal à l'usine automatisée, doit arbitrer entre des objectifs contradictoires et résoudre, avec une urgence variable, un certain nombre de problèmes.

2.1 Des objectifs contradictoires : volumes de production, délais, qualité, coûts

Ces différents objectifs sont contradictoires et interdépendants :

Les délais de fabrication dépendent des choix relatifs aux volumes et à la qualité, ainsi que des performances techniques souhaitées. Des objectifs de maîtrise des coûts peuvent conduire à réduire les délais, au préjudice parfois de la qualité.

Les coûts réels résultent des autres décisions : composition des produits, qualité requise (bien que la non qualité ne soit pas totalement mesurable), volume de production (qui conditionne l'étalement des frais fixes), délais (un délai exceptionnellement court peut entraîner des surcoûts).

Il arrive souvent qu'un de ces objectifs soit considéré comme prioritaire, les autres devenant des contraintes. Ainsi, par exemple, on peut chercher à réduire les coûts (objectif) en respectant les délais et les volumes ainsi qu'un certain niveau de qualité (contraintes).

2.2 Les problèmes à résoudre

Quels produits fabriquer ?

La politique de produit[3] permet de définir les besoins à satisfaire. Mais il revient aux services de production de concevoir et de réaliser le produit proprement dit,

3. Voir chapitre 8.

ce qui nécessite une phase de recherches d'une importance variable selon les industries.

En quelle quantité ?
Le volume de production est conditionné par la demande et les choix de l'entreprise en matière de *politique de fabrication* : fabrication à la commande ou sur stock, ou encore fabrication de composants sur stock et assemblage à la commande.

La connaissance du volume permet d'évaluer la capacité de production nécessaire : nombre d'ateliers, de machines, d'heures de travail (et donc de postes) ; en fonction du but assigné en priorité : *productivité* ou *flexibilité* (ces deux objectifs étant souvent contradictoires : la productivité s'obtient aux dépens de la flexibilité et vice versa).

Avec quelles ressources ?
Il s'agit de trouver la combinaison optimale (ou au moins satisfaisante) des différents facteurs de production : matières premières, énergie ; machines, outillages ; main-d'œuvre.

Le choix de cette combinaison dépend du degré de substituabilité entre les différents facteurs, de la performance des matériels et du coût des différents facteurs de production (le robot n'est pas nécessairement avantageux si la rémunération des opérateurs est très faible…).

Comment ?
Il convient de déterminer : les processus de fabrication c'est-à-dire les différentes opérations à réaliser qui pourront être décomposées en tâches élémentaires ; les divers équipements et outillages à utiliser ; les quantités de matières et les temps de travail nécessaires.

Quand ?
La planification des opérations a pour objectif l'utilisation optimale des ressources (étant donné les capacités de chaque poste, de chaque atelier, de l'existence de goulets d'étranglement, etc.) et le respect des délais.

Comment contrôler la qualité ?
Le choix portera sur le type de contrôle : exhaustif (tous les produits sont contrôlés) ou statistique (on contrôle un produit sur 10, ou sur 100…) ; et sur les modalités : contrôle au stade final, ou à des stades intermédiaires ; par un personnel spécialisé ou contrôle par l'exécutant. La réponse définitive dépendra du niveau de qualité exigé, du coût du contrôle et des conséquences des malfaçons. La qualité constitue de plus en plus un atout et peut faire l'objet d'une certification (Repère 43).

REPÈRE•43

Qualité : du contrôle à la certification

Traditionnellement la qualité reposait sur des concepts physiques : robustesse, conformité aux exigences techniques (dimensions, épaisseurs, poids), longévité, puissance, vitesse, etc.

Aujourd'hui, elle est davantage conçue comme l'adéquation des services rendus par le produit aux attentes des clients.

Auparavant objective et définie par des critères stables, elle devient plus variée et évolutive, plus subjective aussi.

Alors qu'elle était essentiellement une question d'efficacité technique qui relevait principalement des services de production, elle est aujourd'hui au cœur des stratégies d'image et des politiques de communication.

On aurait tort, cependant, de croire qu'une bonne rhétorique suffit à remplacer une véritable démarche qualité. Les efforts en matière de qualité se doivent actuellement de porter, outre sur les aspects techniques, sur :

- l'implication du personnel[4] ;
- l'écoute du client ;
- la communication.

Si dans la majorité des cas, les prix constituent l'exigence la plus forte des marchés, de plus en plus, les clients réclament le respect des délais et l'adaptation des produits à leurs propres besoins et le consommateur final exige la traçabilité des produits alimentaires. Les entreprises se doivent de proposer du « sur-mesure » et de persuader de la qualité de leurs prestations.

Mais la communication use de moyens différents selon le type de clientèle.

Pour le grand public, les entreprises privilégient les labels de qualité (par exemples, *AOC* : Appellation d'Origine Contrôlée ; *NF* : délivré par l'AFNOR ; *Woolmark*, contrôlé par le Secrétariat international de la laine) ou les certificats d'origine (viande de boucherie, volaille). L'obtention du label est soumise au respect d'un cahier des charges ou d'un ensemble de caractéristiques auxquelles le produit doit répondre.

Pour le commerce inter-entreprises, on a plutôt recours à la certification, en particulier les normes *ISO 9000* élaborées par L'International Standard Organisation et délivrées, en France par l'AFACQ (Agence Française pour l'Assurance Qualité). Les plus courantes sont :

- *ISO 9001* : certifie les procédures de conception, développement des produits, production, installation, service après-vente. Son champ est le plus large et 20 % des entreprises certifiées s'y sont soumises.
- *ISO 9002* : Procédures de production et d'installation (70 % des entreprises certifiées).

►►►

4. Voir p. 127, le rôle des cercles de qualité.

>>>

• *ISO 9003* : Procédures de contrôle des produits sortie usine (4 % des entreprises certifiées).

La certification est une démarche longue et coûteuse et les entreprises candidates doivent :

• Mettre en œuvre un plan qualité.
• Présenter un dossier décrivant les procédures concernées ;
• Subir des audits (contrôles) réalisés par des cabinets spécialisés et les organismes certificateurs ;

La certification est accordée, en général, pour une durée de trois ans au terme de laquelle un nouvel audit sera réalisé.

La certification ISO ne porte pas seulement sur les produits, mais aussi sur la qualité de l'organisation. C'est un moyen de créer et d'entretenir la confiance entre partenaires commerciaux et industriels.

Malgré le sérieux des procédures et des audits, les chefs d'entreprises sont encore très partagés sur les garanties offertes par la certification et une forte minorité (35 %) estiment même qu'il s'agit « d'une simple étiquette, sans garantie de ce que l'on peut trouver derrière ».

Comment évaluer ?

Comment mesurer la performance d'un système de production ? La comptabilité de gestion (appelée à l'origine comptabilité industrielle) calcule les coûts des différentes opérations et/ ou des différents produits fabriqués. Le contrôle de gestion a pour mission d'analyser les écarts entre prévisions et réalisations, de détecter les dysfonctionnements qu'ils révèlent et, éventuellement, de proposer des solutions pour les corriger.

À l'exception de la mesure comptable du système de production qui est du ressort de la fonction financière, l'ensemble des opérations de production relèvent des services techniques.

2.3 Services techniques

Les dénominations les plus fréquentes sont les suivantes :

Production : les unités de production sont propres à chaque activité ; les appellations sont donc très diverses : par exemple, atelier chaudronnerie, emboutissage, usinage, assemblage, soudure, peinture, finition, etc.

Contrôle de qualité : effectue les contrôles aux différents stades du processus de production.

Étude et recherche : chargé de l'invention de nouveaux produits ou de la transformation de produits existants, ce qui conduit souvent à proposer des innovations concernant les matériels employés et les méthodes de fabrication.

Maintenance : assure l'entretien et les réparations du matériel de fabrication.

Bureau des méthodes : établit les modalités d'exécution du travail. Il définit les postes de travail, détermine les personnels, les matériels et fournitures nécessaires, ainsi que les opérations à accomplir (assorties ou non d'une durée prévue).

Réception-magasinage : chargé de l'approvisionnement en matières, pièces et fournitures et de leur stockage.

Ordonnancement : élabore les plans de production des unités, au moyen de plannings et, de plus en plus, de systèmes informatisés de gestion de la production.

3 | L'évolution de la gestion de production

L'évolution économique et sociale qui a affecté la fonction commerciale a également transformé la gestion de la production. Si les révolutions industrielles du XIXe et du XXe siècle, et la rationalisation du travail qui s'ensuivit, permirent de réaliser d'énormes gains de productivité, ce fut au détriment de la variété des produits et en recourant à la simplification et à la parcellisation très poussée des tâches.
À la richesse de la production artisanale et à la haute qualification des métiers succédèrent l'uniformité des produits fabriqués en grande série et la monotonie des gestes de l'ouvrier spécialisé.

3.1 Le triomphe du taylorisme et de la rationalisation

Le succès du modèle taylorien tient à une parfaite cohérence entre les caractéristiques de l'environnement dans lequel il s'est développé, les facteurs de succès, les objectifs poursuivis par les entreprises et la méthode qu'il proposait[5].

L'environnement : la montée en puissance du taylorisme date des années 1930-1940 aux États-Unis et 1950-1960 en Europe. Cette dernière période, notamment, correspond à une phase exceptionnellement longue de croissance sans perturbations majeures. L'exode rural livre sur le marché du travail une main-d'œuvre habituée à une existence rude et besogneuse qui se convertit à la société de consommation et succombe au désir d'acquérir les signes extérieurs de la modernité : lave-linge, poste de radio, réfrigérateur, automobile… Les marchés sont en expansion, la demande potentielle excède l'offre.

Les facteurs de succès : les entreprises comprennent que les marchés ne peuvent être conquis qu'à la condition d'abaisser le prix des produits.

5. Voir chapitres 2 et 7.

Les objectifs : il s'agit de réaliser des économies d'échelle en produisant en grande série.

La gestion taylorienne de la production : le taylorisme s'est d'abord constitué en méthode pour rationaliser la gestion de la fabrication, mais très rapidement il devient une « philosophie » de la production dont les traits dominants sont :

– *la rationalisation* : l'objectif de productivité, de réduction des délais, d'élimination des temps morts, a stimulé la mise au point de nombreuses techniques de mesure de temps (chronométrage, jugement d'allure...), de simplification du travail, d'implantation des postes et des ateliers ;

– *la standardisation* des produits (illustrée par la boutade d'Henry Ford : « Demandez-moi une voiture de n'importe quelle couleur, pourvu qu'elle soit noire ») avec le développement des nomenclatures ; celle des processus avec l'utilisation de tables de temps prédéterminés (MTM : *Methods Time Measurement ;* STM : Standard Temps et Mouvements), de notices d'instructions, de méthodes de contrôle ;

– *le développement des méthodes d'ordonnancement* pour la planification des opérations d'approvisionnement et de fabrication : utilisation de graphiques d'avancement (graphiques de Gantt) ; élaboration et suivi de projets : méthode PERT : (*Program Evaluation and Review Technic)*, méthode des potentiels... Ces techniques, très voisines, permettent d'ordonner un ensemble de tâches, dont la durée peut être aléatoire, en tenant compte de contraintes d'antériorité, afin d'en minimiser soit la durée, soit le coût ;

– *la production sur stock :* l'optimalisation de la production est facilitée par son découplage du marché et de ses aléas au moyen de stocks. Des stocks tampons sont également utilisés entre les différentes phases de la fabrication. Des méthodes d'ordonnancement sont utilisées pour optimiser la gestion des stocks ;

– *la gestion de la main-d'œuvre :* principes de spécialisation, de centralisation ; coordination assurée par la hiérarchie ; motivation essentiellement financière ;

– *le contrôle* : la qualité est contrôlée *a posteriori* par un service spécialisé ; les services comptables ont la charge de la surveillance des coûts (Taylor fut le promoteur de la comptabilité industrielle). Le recours aux coûts standards[6] permet de rapprocher prévisions et réalisations afin de détecter d'éventuels dysfonctionnements.

On le voit, si le taylorisme est compatible avec la petite série, il fut surtout adapté, dans sa forme canonique, à la production de masse.

Mais les transformations majeures de l'environnement économique et social vont détruire la cohérence qui existait au départ entre les principes tayloriens et le contexte de leur mise en œuvre.

6. Coûts calculés à l'avance, compte tenu des temps alloués et des consommations prévues.

3.2 Les altérations du modèle taylorien

La réaction sociale aux excès du travail à la chaîne a suscité l'introduction d'innovations organisationnelles : développement des groupes autonomes, enrichissement et élargissement des tâches ; substitution d'un réseau de mini-lignes à la ligne unique de production.

Ces innovations, parfois qualifiées de post-tayloriennes, ne modifient pas les caractéristiques fondamentales du système, en particulier la priorité accordée aux économies d'échelle et le recours aux stocks. Si la gestion des ressources humaines intègre davantage les facteurs psychosociologiques, c'est seulement dans le but d'éliminer les dysfonctionnements majeurs.

Selon la même logique, les innovations technologiques introduites dans les années 1960-1970, informatique et robotique, ne visent qu'à accentuer la rationalisation :

– en facilitant l'application des techniques d'optimisation (la capacité de calcul de l'ordinateur réduit les délais d'obtention des résultats et permet l'usage de structures en réseaux plus complexes) ;

– en augmentant l'intensité capitalistique.

Il s'agit donc d'un « taylorisme assisté par ordinateur ». Les changements majeurs, quand ils ont lieu, sont le résultat d'un renversement de logique :

– abandon d'une logique essentiellement axée sur les gains de productivité qui avait conduit les entreprises à faire évoluer leur mode de production vers la production de masse, au besoin en l'imposant au marché ;

– conversion à l'impératif de flexibilité, consistant à adapter l'organisation et les modes de gestion aux fluctuations de l'environnement, aux besoins variés et changeants de la clientèle.

3.3 Les nouvelles logiques de production

Les mutations résultent de la conjonction de deux évolutions déterminantes :

– *la rupture dans le rythme de croissance* qui accentue la compétition et rend les marchés plus imprévisibles et instables.

– *la modification des comportements de consommation* : la baisse des prix des produits, conséquence de la production de masse, en permettant la croissance du niveau de vie dans les pays développés, a rendu le consommateur plus exigeant : il boude les produits standardisés, réclame de la variété, voire du sur-mesure (mais pour le prix de la grande série), encouragé dans sa demande par la publicité, la mode, le regain de l'individualisme. Certes, cette évolution concerne surtout les produits manufacturés, les services demeurant, pour une grande part, encore au stade de la production artisanale.

En plus du défi classique de la productivité, les entreprises doivent relever aujourd'hui celui de la flexibilité (Texte 3). Les voies permettant d'y parvenir sont multiples. Certaines sont en rupture totale avec la logique taylorienne, d'autres aboutissent à des solutions de compromis.

CALVET La flexibilité dans l'industrie automobile

TEXTE 3

« Il est absolument nécessaire dans l'industrie automobile actuelle de s'orienter vers le maximum de flexibilité possible, parce qu'il existe une sorte de contraste entre une demande de plus en plus variée, une concurrence mondiale de plus en plus forte et une évolution particulièrement rapide des techniques et du rythme industriel qui se heurtent à l'existence d'un ensemble très structuré, très pesant et très lourd chez le constructeur. »

La variété de la demande

« Je vais prendre, pour simplifier, l'exemple de la 205. Nous avons actuellement pour la France 28 versions qui se distinguent soit par la motorisation (essence, diesel, cylindrées différentes, etc.), soit par le niveau d'équipement. C'est là un premier élément de diversité. À cela s'ajoutent des règles qui sont différentes selon les pays [...] Ce qui veut dire que dans chaque cas, nous avons un choix à faire : soit nous aligner sur les normes les plus sévères, mais à ce moment-là, bien entendu, vendre nos voitures plus chères, parce qu'elles intègrent des processus de dépollution plus coûteux ; soit nous adapter à la variété des différentes règles... Autres exemples de la variété de la demande, ce sont des habitudes, des pratiques différentes selon les pays... Le résultat de tout cela [...] nous avons, à la limite, plusieurs milliers de véhicules à produire sur les mêmes lignes avec des programmes qui peuvent être très courts et une très grande variété de modèles. »

La concurrence mondiale

« Il ne faut pas que nous prenions du retard, il ne faut pas non plus que nous laissions transformer rapidement un modèle en modèle obsolète, ce qui nous oblige à avoir une action de rénovation très fréquente de nos véhicules, que ce soit dans ce qu'on appelle les années modèles – c'est-à-dire un certain nombre d'ajustements qu'on peut effectuer sur la motorisation ou les équipements pour le mois de juillet – que ce soit par « *restyling* », c'est-à-dire modification de l'aspect extérieur ou intérieur de la voiture, que ce soit par des séries spéciales, que ce soit enfin par un renouvellement de plus en plus rapide des modèles. »

L'évolution des techniques

« Nous sommes entrés dans une période de nouveaux matériaux [...] sans compter les pare-chocs qui sont maintenant pratiquement tous en plastique, nous commençons à avoir des capots en plastique et non plus en tôle. Nous allons incontestablement vers l'introduction d'un certain nombre de matériaux composites. »

➤➤➤

➤➤➤

Un ensemble très structuré et très pesant chez le constructeur

« Il faut savoir que nous avons 1 500 fournisseurs. Quant au réseau commercial, Peugeot, comme Citroën, dispose d'environ 5 000 concessionnaires ou agents en France et ces deux sociétés approvisionnent 20 000 points de vente dans l'ensemble de l'Europe...

Nous sommes face à un ensemble dont les éléments sont imbriqués les uns dans les autres : les études ne pouvant pas ignorer les méthodes, les méthodes ne pouvant pas négliger la production et ainsi de suite... Nous avons d'autres éléments de rigidité qui sont le poids des investissements, l'importance de la main-d'œuvre fixée à des endroits déterminés pour des raisons parfois très historiques. »

J. Calvet, Président du Directoire de Peugeot S.A.,
23 septembre 1986.

Le « juste à temps »

Élaborée progressivement chez Toyota par Taichi Ohno, cette méthode est basée sur une logique de *flux tiré* : on produit ce qui est vendu ; le taylorisme correspondant à une logique de *flux poussé* : on vend ce qui est produit. C'est la commande du client, ou la vente, qui déclenche les opérations de production, en progressant de l'aval vers l'amont : chaque poste commande les pièces et composants dont il a besoin au poste situé en amont, ou aux fournisseurs. L'objectif est d'éliminer les stocks (*zéro stock*). Ce système exige impérativement la réalisation de trois conditions :

– l'élimination des pannes (*zéro panne*) ;
– le respect des temps (*zéro délai*) ;
– un contrôle de qualité à tous les stades (*zéro défaut*).

Il implique également la circulation de l'information de poste à poste en développant le recours à l'ajustement mutuel comme mode de coordination ; ce qui tend à éliminer les supports d'informations écrites, d'où le slogan de « *zéro papier* ». La production s'effectuant en *flux tendu*, toute perturbation provoque une rupture de charge.

La production sur commande n'est pas une nouveauté. L'innovation consiste en *l'inversion du flux d'informations et surtout dans son application à une industrie de masse habituée à réguler ses flux au moyen de stocks de sécurité*.

Par ailleurs, chez Toyota le système a été mis en pratique dans une version spécifique : le « *Kanban* » (ce terme signifie étiquette, en japonais). Il s'agit de caisses qui circulent entre les postes de travail : vers l'amont les caisses sont vides et ne contiennent que les étiquettes sur lesquelles figure l'ordre de réapprovisionnement ; vers l'aval, les caisses servent au transport des pièces.

Pour être efficace, le « juste à temps » implique :

– une certaine régularité dans les flux ;

– une simplification de l'organisation : les postes sont disposés en ligne ;

– des lots de taille réduite ;

– des capacités de production excédentaires, pour absorber les hausses d'activité ;

– un climat de confiance avec les fournisseurs ; ceux-ci doivent s'engager à livrer en petites quantités et « juste à temps » des pièces « sans défaut ». Pratiquement, le système conduit à faire gérer les stocks de sécurité chez les fournisseurs. Et si un fournisseur immédiat pratique également le « juste a temps », les contraintes de stockages sont reportées en amont, sur ses propres fournisseurs, ce qui augmente la longueur du flux tendu, et fragilise la chaîne des solidarités ;

– la polyvalence et la forte implication du personnel, qui doit être capable de prendre toutes les initiatives permettant le bon déroulement des flux : veiller aux délais, à la qualité, prévenir les pannes, etc. et contribuer à l'amélioration permanente de l'organisation (*Kaisen*) ; ce qui exclut tout conflit social inopiné. Au Japon, les revendications et les grèves éventuelles sont programmées au moment des « offensives de printemps » qui concentrent 60 à 70 % des conflits.

Lorsqu'elle réussit, l'introduction du « juste à temps » permet à l'entreprise de réduire de façon drastique les stocks et la durée du cycle de fabrication. Mais, on l'aura compris, cela nécessite de changer profondément les mentalités et d'obtenir une forte cohésion sociale dont les racines plongent dans les fondements culturels de la société tout entière.

Le modèle Toyotien fut imprudemment encensé par certain qui le présentèrent comme « le système qui va changer le monde [7]». Pourtant sa transplantation aux États-Unis, dans le cadre d'une *join-venture* avec General Motors[8] n'a pas donné les résultats escomptés et, au Japon, Toyota a dû amender en 1990 son système à la suite des tensions sur le marché du travail, quand les salariés furent de plus en plus nombreux à refuser les contraintes imposées.

Le taylorisme flexible

Certaines entreprises évitent de choisir entre productivité et flexibilité. Elles tentent de conserver les atouts du système taylorien tout en introduisant davantage de flexibilité :

– dans la gestion de la main-d'œuvre : licenciements et embauches en fonction de la conjoncture, recours au travail temporaire, aux contrats à durée déterminée, aux heures supplémentaires ;

---

7. Titre français de l'ouvrage de J.P. Womack, D.T. Jones et D. Roos *« The Machine that changed the world : the story of lean production»* - 1990.

8. Voir l'exemple de Nummi (Chapitre 6 – exemple 5)

– dans l'appareil de production : ce qui peut être obtenu par l'usage de matériels polyvalents (machines-outils à commande numérique, robots et manipulateurs programmables, ateliers flexibles) capables de fabriquer des objets différents avec des temps de réglage ou de programmation très courts. Cette possibilité de programmer très rapidement, voire l'aptitude de certains robots à travailler sur des modèles différents en séquences aléatoires, est fondamentale car elle permet, à productivité égale, d'augmenter le degré de flexibilité du système de production. Le recours à des méthodes de gestion accélérant la résolution des problèmes d'ordonnancement vise le même objectif. Certaines, comme le MRP, ne modifient pas la logique taylorienne, d'autres, comme l'OPT, s'inspirent des méthodes d'appel par l'aval.

• *Le MRP* est une méthode d'ordonnancement par l'amont, développée dans les années 1960, qui utilise l'informatique pour :

– planifier la production en fonction des prévisions de vente ;
– déterminer les besoins en matières et composants et en main-d'œuvre ;
– contrôler l'état d'avancement de la production ;
– calculer les coûts prévisionnels et analyser les écarts avec les coûts réels.

Il s'agit donc d'un mode de gestion très classique. Mais l'usage de l'informatique permet de traiter rapidement de gros volumes d'informations, ce qui permet de suivre de près les fluctuations du marché. C'est en ce sens que le MRP introduit davantage de flexibilité ; il est particulièrement recommandé pour les activités à caractère saisonnier.

• *L'OPT* (*Optimized Production Technology*) est à la fois une méthode et un logiciel d'ordonnancement. Particulièrement adapté à la production en discontinu, l'OPT réalise un compromis entre la logique des flux poussés et celle des flux tirés : à partir des prévisions d'activité commerciale, le logiciel identifie les postes de travail les plus chargés qui constituent des goulets d'étranglement et détermine les stocks de sécurité nécessaires. Puis, à partir des commandes des clients, on lance l'activité des goulets et, en remontant vers l'amont, celle des autres postes.

La recherche d'une meilleure flexibilité ne se limite pas aux problèmes d'ordonnancement. Le recours à l'informatique permet également de réduire les temps de réponses pour de nombreuses opérations : pilotage des lignes de fabrication (FAO, fabrication assistée par ordinateur), dessin (DAO), conception (CAO), en prenant en charge des calculs longs et complexes et en automatisant des tâches répétitives (Repère 44).

REPÈRE • 44

Automatisation, informatisation et productique

« Jusque dans les années 1970, automatisation signifiait *automatisation de machines et de procédés*. Le développement de la micro-électronique, immédiate-

►►►

➤➤➤

ment transférée dans la technologie des ordinateurs, a permis l'émergence de la *productique*, c'est-à-dire l'ensemble des techniques, des équipements et des services concourant à *automatiser de façon globale et flexible les tâches de production*. La productique est donc l'automatisation de toutes les fonctions de l'entreprise : la fabrication (les machines, les procédés), bien sûr, mais aussi la circulation des pièces et des produits fabriqués (transitique), la conception des produits et des méthodes de fabrication entre ces différentes fonctions. On parle alors d'informatisation pour les fonctions de conception, de gestion de production et de communication dans lesquelles l'ordinateur est le principal outil de production. »

Source : *Les 4 pages des statistiques industrielles* , n° 80, juillet 1997

Taux de pénétration de la productique dans l'industrie en 1997 (par taille d'entreprises)

Effectifs	**20 à 49**	**50 à 199**	**200 à 499**	**plus de 500**	**Total**
Conception	22,0	29,7	41,9	59,3	27,0
Gestion de production	35,8	56,0	72,4	84,0	45,9
Communication	22,7	38,9	58,6	74,7	31,8
Total informatisation	**27,5**	**42,7**	**58,8**	**73,5**	**35,7**
Fabrication	23,2	35,4	48,9	65,9	30,1
Manutention	10,7	17,8	30,0	46,6	15,4
Total automatisation	**19,0**	**29,5**	**42,6**	**59,5**	**25,2**
Ensemble	**24,0**	**37,3**	**52,1**	**67,8**	**31,4**

Source : *Les 4 pages des statistiques industrielles,* n° 80, juillet 1997.

Leroy-Somer : ses ingénieurs ont été piégés par l'automatisation

« Les ingénieurs plaçaient pourtant bien des espoirs dans ces nouvelles machines [des machines-outils à commande numérique]. Épaulées par un « Robot Cincinnati » elles devaient produire chaque jour 500 rotors sur mesure. Auparavant, vingt-cinq hommes en fabriquaient moitié moins. Malheureusement, la coordination des seize machines s'est vite révélée chaotique. Chaque appareil étant spécialisé dans une opération (centrage, fraisage, etc.), il suffisait d'une panne sur l'un d'entre eux pour bloquer les autres. Résultat : alors qu'une chaîne de montage manuel tourne six heures sur huit, soit un taux de disponibilité de 75 %, l'« atelier flexible » ne fonctionnait que 4,6 heures (58 %). Plus grave, il manquait totalement de précision. Les seize machines étaient incapables d'interpréter les instructions de l'ordinateur.

➤➤➤

>>>

Du coup, Leroy-Somer a opté pour une solution intermédiaire : 80 % d'automatisme et 20 % d'opérations manuelles. Le tournage, le rainurage et le fraisage sont effectués par une même machine, sous l'œil d'un ouvrier, responsable de la production de sa pièce. Les finitions sont réalisées à la main »

Management, n° 55, avril 1996.

Néanmoins, le degré de flexibilité introduit par ces innovations est insuffisant pour épouser les multiples variations de la demande, d'où le développement des méthodes de différenciation retardée des produits.

La différenciation retardée des produits

Ces méthodes découlent de deux constatations, ainsi formulées par J.-C. Tarondeau[9] :

– « Loi 1 : la réduction de variété des produits permet d'augmenter la productivité d'un système de production en limitant les surcapacités engendrées par les besoins de flexibilité. »

– « Loi 2 : à variété donnée des produits finis issus d'un système de production, la productivité de ce système est d'autant plus élevée que, toutes choses égales par ailleurs, l'augmentation de variété des produits intermédiaires est située plus en aval du processus de production. »

Trois moyens permettent de retarder la différenciation des produits :

– *La personnalisation des produits par l'utilisateur* : meubles en kit pouvant être montés de plusieurs façons selon le goût de l'acheteur, chaussures de ski autoformables au pied de l'utilisateur, logiciels paramétrables… Ici, c'est le client final qui crée la variété ;

– *La différenciation perceptuelle des produits* : comme le note J.-C. Tarondeau le client achète « non pas un produit, mais une pondération qui lui est spécifique, des attributs de ce produit ». L'entreprise peut donc, au moyen de sa politique de communication, de distribution ou de prix, présenter le même produit (un voyage en chemin de fer, par exemple) sous des aspects différents (pour les jeunes, les personnes âgées, les familles, etc.) afin de l'adapter aux différents segments d'utilisateurs ;

– *La conception modulaire du produit* : en combinant plusieurs types de moteurs, de carrosseries, et d'options diverses, soit en tout quelques dizaines de modules, un constructeur automobile peut présenter plusieurs centaines de modèles différents. Il en est de même dans la hifi, l'informatique, etc.

9. Article « Produit » in Encyclopédie de gestion, Economica 1989.

10 Les approvisionnements et la logistique

SOMMAIRE

La production et la vente nécessitent l'appui de services chargés de réguler les flux physiques, tant à l'intérieur de l'entreprise, qu'entre celle-ci et ses partenaires. C'est le domaine de *la logistique*, qui recouvre les achats de matières et d'énergie, le transport, la manutention, le stockage (des matières, des pièces, des en-cours, des emballages, des produits finis, etc.), l'ordonnancement… et toutes les opérations accessoires : passation des commandes, réception, contrôle, comptabilité-matière, planification de la production, expéditions, livraisons… (Exemple 11).

EXEMPLE • 11

La logistique

Administrateur-directeur général de Sopad-Nestlé France, M. Yves Barbieux définit ainsi les responsabilités de la direction logistique et de la direction technique de son groupe :

« À partir du moment où le produit sort de l'usine, il passe sous la responsabilité de la direction de la logistique. La direction technique est responsable pour sa part de la fabrication des produits ainsi que des flux matières et produits semi-finis. C'est à la direction logistique qu'il revient d'appliquer la politique des stocks définie par la direction générale ; elle est également responsable de la gestion physique des stocks, de la prise de commande, de la préparation, de la facturation, de la livraison et de l'encaissement de la commande. De même, la direction logistique est responsable du transport. (…)

La fonction logistique est responsable des coûts internes (c'est-à-dire des stocks), des coûts de livraison et des coûts de gestion afin d'optimiser le prix de vente en conservant notre qualité de service et notre délai de livraison après commande. »

Le Moniteur du commerce international, 15 avril 1991.

La logistique est une fonction transversale qui vise à optimiser un ensemble de processus dont la gestion est souvent confiée aux services commerciaux, de production ou d'approvisionnement comme les opérations relatives aux achats et au stockage.

1 | La gestion des achats

La gestion des approvisionnements et des stocks doit s'adapter à l'évolution des modes de production. Dans une logique de flux poussés, l'objectif qui lui est assigné est de se procurer au moindre coût les matières et fournitures en respectant les critères de qualité prescrits par les services demandeurs et de veiller à la bonne conservation des produits stockés, bien sûr au moindre coût. La gestion des approvisionnements sera d'autant plus rigoureuse que la valeur des consommations intermédiaires représentera une part importante de la production vendue. Cette valeur représente fréquemment 50 à 70 % du chiffre d'affaires. Dans ces conditions, une gestion maladroite peut rapidement obérer le résultat.

Dans une logique de flux tendus, la gestion des approvisionnements implique d'assurer une forte cohésion entre les différentes unités d'une part, entre l'entreprise et ses partenaires (fournisseurs, sous-traitants) d'autre part, afin d'assurer la régularité du flux de production (Exemple 12).

EXEMPLE • 12

Comment Mobalpa en « juste à temps »

« Une des meilleures mesures de la bonne marche d'une usine est le taux de colis livrés à l'heure » estime Christian Farat, directeur qualité de Mobalpa [...].
Chaque semaine le fabricant de cuisines expédie 35 000 colis à plus de 800 magasins et affiche un taux de respect des délais (dit taux de service) de 99,8 % au premier trimestre 1996 [...].
Comment le fabricant de cuisines, installé près d'Annecy, a-t-il réussi à régler son organisation comme une montre suisse ?

Savoir à tout moment où en est la commande.
Quatre mécanismes se superposent. D'abord, une intégration informatique de tous les maillons de la chaîne, de la commande à la livraison. En pratique, une commande déclenche le processus de fabrication et donne sur-le-champ la date de livraison (entre quatre jours et quatre semaines). Deuxième force, la sensibilisation : le taux de service du trimestre précédent est affiché à 30 endroits différents dans l'usine et Mobalpa met l'accent sur la formation interne. Troisième point fort, une flotte de semi-remorques maison, pour mieux maîtriser l'organisation des tournées. Enfin, un système très pointu d'analyse des erreurs – du retard de fabrication au colis égaré. »

L'Entreprise, juin 1996.

La mission des services achats consiste principalement en :

– *la détermination des besoins* en quantité et en qualité ;

– *la sélection des fournisseurs* : selon l'importance de l'achat (tant en valeur qu'en qualité requise), cette sélection sera plus ou moins rigoureuse. Elle s'effectue en fonction des prix, des délais de livraison, de la régularité dans le service, de la qualité des produits, de la situation financière, etc. ;

– *le traitement des commandes* : rédaction des bons de commande, surveillance des délais et des opérations d'acheminement ;

– *la réception des produits* : vérifier la concordance entre les produits livrés et ceux qui ont été commandés, déballer, contrôler la qualité, acheminer vers les zones de stockage.

2 | La gestion matérielle des stocks

La gestion des stocks, indépendamment de ses aspects économiques, a pour but de permettre la bonne conservation des objets, de les rendre rapidement accessibles et d'éviter les ruptures de stocks. Ce qui nécessite :

– *la description des articles* : chaque type de produit, de pièce, etc. doit être décrit par un libellé et/ou un code non équivoque. La tenue de *nomenclatures* s'impose pour recenser les pièces entrant dans la fabrication d'un objet ;

– *l'organisation des zones de stockage* : quand le nombre de références est important (plusieurs milliers dans l'entreprise pharmaceutique, la quincaillerie, la construction automobile, etc.), la délimitation et l'identification des aires de stockage est fondamentale ;

– *la conservation des produits* : il s'agit d'éviter la perte, le vol, la casse, l'empoussiérage, le pourrissement… ;

– *la tenue d'une comptabilité matière* : l'objectif est de connaître en temps réel l'état du stock. L'instrument de base est la *fiche de stock* qui enregistre tous les mouvements (entrée ou sortie) d'une référence (on tient autant de fiches de stock que de références). Elle doit permettre le déclenchement d'un ordre d'approvisionnement quand le stock descend en-dessous d'un minimum fixé en fonction des délais de réapprovisionnement (stock de sécurité).

3 | La gestion économique des stocks

Gérer un stock, c'est déterminer les quantités à commander, la fréquence et même les dates des commandes de façon à éviter (ou limiter) les ruptures de stock et à minimiser le coût d'approvisionnement.

Les éléments à prendre en compte sont les suivants :

– *la demande* : elle peut être connue à l'avance (cas d'un stock de composants quand la fabrication est planifiée) ou *probabilisable* ;

– *le coût du stockage*. Il comprend les charges de stockage (locaux, équipements spéciaux, etc.) et de manutention ; la valeur des pertes inévitables (produits endommagés ou obsolètes) ; les frais d'assurance ; l'intérêt des capitaux immobilisés (les sommes investies dans les installations et les stocks proprement dit pourraient, alternativement, être placées à intérêt. Il faut tenir compte de ce manque à gagner). Ce coût représente souvent de 10 à 25 % de la valeur du stock moyen ;

– *le coût de passation d'une commande* : c'est le coût du traitement administratif d'un ordre de réapprovisionnement, depuis l'appel d'offre jusqu'à la réception des produits et leur comptabilisation ;

– *le coût de pénurie*, ou coût occasionné par une rupture de stock. C'est le plus difficile à apprécier car il comprend, en particulier, l'incidence de la contre-publicité que peuvent faire des clients insatisfaits.

Le problème revient *à minimiser le coût total d'approvisionnement* (CT) qui est la somme du coût du stockage (Cs) et du coût de passation des commandes (Cp). Or Cs est une fonction croissante du stock moyen alors que Cp est une fonction décroissante de ce même stock moyen. Le coût total évolue donc en fonction de la cadence d'approvisionnement en passant par un minimum. Il existe différents algorithmes permettant de résoudre le problème (Exemple 13).

EXEMPLE • 13

Un exemple simple de gestion des stocks

Comment gérer un stock de pièces détachées de la façon la plus économique ? Sachant que :

- l'entreprise utilise 1 600 pièces détachées d'une valeur unitaire de 10 euros dans le mois ;
- le coût mensuel du stockage représente 12 % de la valeur du stock moyen ;
- le coût administratif d'une commande est de 60 euros.

On supposera que les consommations de pièces sont régulières et on négligera les problèmes de ruptures de stock éventuelles.

Intuitivement, on devine que l'on a intérêt à avoir un stock moyen le plus faible possible, pour réduire le coût du stockage. Ce qui implique de passer des commandes fréquemment.

Si on désigne par Sm le stock moyen, C la consommation de pièces (en valeur), et N le nombre de commandes, on peut exprimer le stock par la formule : $Sm = \frac{C}{2 \times N}$; soit dans notre exemple, $Sm = \frac{16\,000}{2 \times N}$

►►►

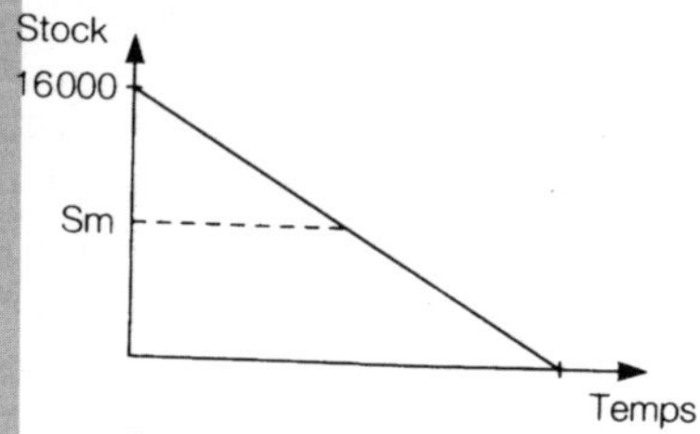

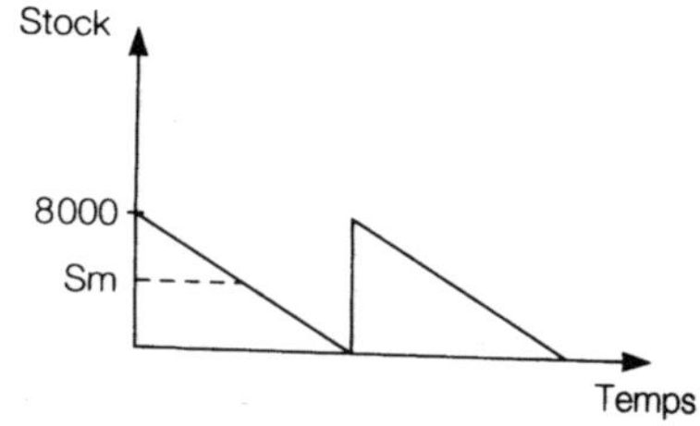

Pour 1 commande par mois

$N = 1$ et $Sm = \frac{16\,000}{2} = \underline{8\,000}$

Pour 2 commandes par mois

$N = 2$ et $Sm = \frac{16\,000}{2 \times 2} = \underline{4\,000}$

Et le coût du stockage Cs est égal à $Sm \times \frac{12}{100}$ ou encore : $CS = \frac{16\,000 \times 12}{200 \times N}$

Ainsi Cs sera d'autant plus petit que N sera grand.
Mais ce que l'on veut minimiser, c'est le coût total de gestion du stock :
CT = Cs + Ca x N
où Ca représente le coût d'une commande. Or si Cs décroît quand N augmente, Ca x N évolue dans le même sens que N, comme le montrent le tableau et le graphe suivants :

N = nbre de commandes	1	2	3	4	5	6	7	8	9	10
Cs = coût du stockage	960	480	320	240	192	160	137	120	107	96
Ca. N : coût des commandes	60	120	180	240	300	360	420	480	540	600
CT = Cs + Ca. N	1 020	600	500	**480**	492	520	557	600	647	696

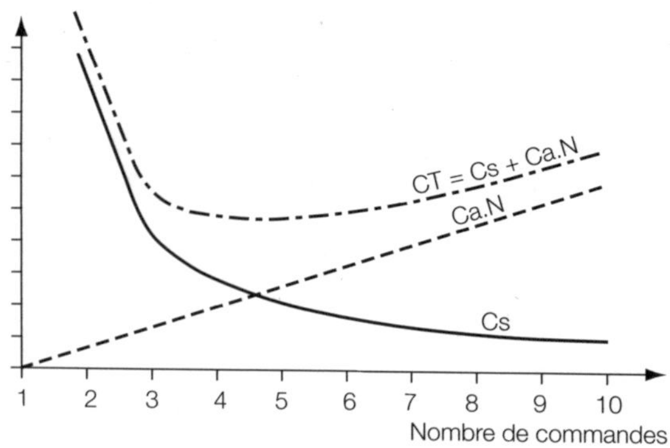

➤➤➤

Ainsi, pour minimiser le coût de gestion du stock, il faut s'approvisionner à raison de 4 commandes par mois. Comme on a supposé la consommation régulière, il faudra commander à chaque fois $\frac{1600}{4}$ = 400 pièces détachées. Bien entendu, pour trouver la cadence optimale d'approvisionnement il n'est pas nécessaire de calculer le coût total pour chaque valeur de N, comme nous l'avons fait ci-dessus.

La formule de Wilson $N = \sqrt{\frac{c.t.}{200.Ca}}$ permet d'arriver rapidement au même résultat :

$N = \sqrt{\frac{16\,000 \times 12}{200 \times 60}}$; $N = \sqrt{16}$; $N = 4$.

Remarque : Le coût total, $CT = \frac{C.t}{200\ N}\ C + CaN$

Examinons le membre droit de l'équation :
C'est une somme dont le produit des 2 termes ($\frac{C.t}{200\ N}$ x CaN) est constant pour C, t et Ca donnés. Or quand le produit de 2 termes est constant, leur somme est minimale quand les 2 termes sont égaux. CT est donc minimum quand $\frac{C.t}{200\ N} = CaN$.
En isolant N, on obtient CT minimum quand

$\frac{C.t}{200\ Ca}\ N^2 \Rightarrow N = \sqrt{\frac{C.t}{200\ Ca}}$

La méthode des 20/80 et la méthode ABC

On considère que les articles composant 80 % du volume d'un stock ne représentent que 20 % de sa valeur. Les 20 % restants, en volume, sont composés d'articles de valeur unitaire élevée et représentent 80 % de la valeur totale du stock. Ainsi, par exemple, le rayon prêt-à-porter d'un grand magasin comprend beaucoup d'articles de faible valeur, chemises, pantalons, etc. ; les articles en peau ou les produits de luxe, bien que moins nombreux, représentent la plus grande partie, en valeur, du stock.

Dans ces conditions, on se contentera d'une gestion à l'estime pour les articles de faible valeur. Les autres feront l'objet d'un suivi selon une méthode d'optimisation.

La méthode ABC constitue une variante de la précédente : le stock est décomposé en trois catégories d'articles :
- 15 % du volume représente 60% de la valeur ;
- 25 % du volume représente 25 % de la valeur ;
- 60 % du volume représente 15 % de la valeur.

Gestion des stocks et « juste à temps »

L'introduction de la production en « juste à temps » et la compression des stocks qu'elle entraîne tend à modifier la problématique : plutôt que le stockage, c'est l'ensemble du processus de production qu'il faut optimiser, les stocks n'en constituant qu'un sous-ensemble. Dès lors, il est possible que la gestion des stocks soit sous-optimale. Par ailleurs, le « juste à temps » implique le développement d'un véritable partenariat avec les fournisseurs qui, en échange de contraintes sévères en matière de délais, de qualité, de flexibilité, de conditionnement, etc., se voient assurés d'une certaine stabilité de leurs débouchés. Cette exigence de stabilité dans les relations a pour corollaire la réduction du nombre des fournisseurs. Chez Renault, par exemple, le nombre des fournisseurs a été divisé par deux en cinq ans.

EXEMPLE • 14

Comment établir une logistique adaptée à l'e-commerce ?

Jérome Bourg, P-DG de DDS, éditeur de logiciel de supply chain présente les particularités de la logistique pour le commerce en ligne sur Internet.

« Comme les flux sont tirés dans l'e-commerce , il faut intégrer la prise de commande dans la chaîne logistique. Ensuite, il faut établir un suivi de cette chaîne, à chacune de ses étapes. Il faut également se préparer à gérer des réseaux complexes, c'est-à-dire des volumes d'articles différents, d'origines diverses, pour de multiples destinations. Il est nécessaire de les prendre en compte. Seul un outil de suivi de toute la chaîne logistique offre une visibilité de l'ensemble de ces flux et permet de prendre en compte les points de rupture, qui sont nombreux. Dernier aspect, pour retenir le client internaute, il faut le satisfaire. C'est pourquoi il convient de mettre en place des outils de surveillance de la qualité de service (alerte automatique, analyse qualité des fournisseurs, etc.). »

Informatiques magazine, n° 115, 27 novembre 2000.

11

La gestion des ressources humaines

S O M M A I R E

Monsieur le chef du personnel est devenu monsieur le directeur des ressources humaines (DRH). Ce changement de titre traduit une évolution, aussi bien des attributions et du statut, que de la philosophie d'une fonction qui réclame des aptitudes polyvalentes.

1 | Une fonction pluridisciplinaire

Parler de gestion des ressources humaines (GRH) revient à mettre l'accent sur l'aspect managérial (gestion) et économique (ressources humaines). L'évolution, tant du rapport salarial que des facteurs socio-culturels, a développé les dimensions juridique, psycho-sociale et politique de la fonction.

1.1 La dimension managériale et économique

Diriger le personnel, c'est exercer une fonction de *commandement*, *d'organisation*, *d'animation* et *d'évaluation* ; c'est aussi *gérer un facteur de production*, et non des moindres, le travail ; ce qui conduit à appliquer le raisonnement économique (coûts, productivité, allocation de ressources rares, etc.) et les techniques de gestion prévisionnelles (analyse des besoins, gestion des flux : recrutement, promotions, départs ; gestion qualitative : profil de postes, formation, etc.).

1.2 La dimension juridique

Conçu à l'origine comme un simple contrat de louage de services par le code civil, la relation employeur-employé s'est, tout au long du XXe siècle, institutionnalisée, générant un droit du travail, dont les textes, de plus en plus nombreux, régissent de nombreux domaines : embauche, durée du travail, discipline, règlement intérieur, détermination du salaire, congés, représentation des salariés, réglementation des conflits, licenciements, hygiène et sécurité, etc.

Le développement de la sécurité sociale et des régimes de retraites a lui aussi fait naître un foisonnement d'obligations, auxquelles s'ajoutent parfois les exigences du droit fiscal (Repère 45).

REPÈRE • 45

Quelques obligations légales

Contrairement à ce qui en est attendu, le desserrement des contraintes juridiques réclamé par les entreprises se traduit par une inflation de textes dans lesquels les employeurs et les salariés ont de plus en plus de mal à s'y retrouver. Cette profusion d'obligations, censées protéger les salariés, a de quoi décourager les futurs créateurs d'entreprise. Il n'est pas question ici d'une présentation exhaustive, loin de là !, mais simplement de rappeler quelques obligations élémentaires.

Documents à faire parvenir à l'inspection du travail :

- Déclaration de modification de l'entreprise (changement d'exploitant, d'activité, transfert géographique).
- Déclaration de procédés de travail susceptibles d'entraîner une maladie professionnelle.
- Communication :

– du règlement intérieur (à partir de 20 salariés) ;
– des horaires de travail ;
– de l'ouverture de chantier ou autre lieu de travail (occupant plus de dix salariés pendant au moins une semaine) ;
– des procès verbaux d'élections (délégués du personnel, du CE) et de désignation des membres du CHSCT ;
– d'un rapport annuel sur la situation de l'emploi (à partir de 50 salariés) ;
– du bilan social (à partir de 300 salariés).

Déclaration à la direction départementale du travail et de l'emploi :

- relevé mensuel des contrats de travail conclus ou résiliés (à partir de 50 salariés).

Déclarations à l'ANPE :

- de toute place vacante à pourvoir par recrutement externe,
- de l'embauche d'une personne inscrite comme demandeur d'emploi à l'ANPE.

Déclaration à la sécurité sociale :

- de toute embauche.

Déclaration au préfet :

- déclaration annuelle relative à l'emploi de travailleurs handicapés et pensionnés de guerre (à partir de 20 salariés).

►►►

>>>

Déclaration à la recette des impôts :
• participation à la formation professionnelle (à partir de 10 salariés).

Registres et documents obligatoires.
Tout employeur doit tenir à la disposition de l'inspecteur du travail et du contrôleur du travail :
• le registre du personnel ;
• le registre des observations et mises en demeure de l'inspection du travail ;
• le registre des contrôles et vérifications obligatoires en matière d'hygiène et de sécurité ;
• les doubles des bulletins de paie ;
• les fiches de calcul des heures travaillées par chaque salarié ;
• les fiches médicales de chaque salarié.

Principaux affichages obligatoires.
• le règlement intérieur (à partir de 20 salariés) ;
• intitulé de la convention collective liant l'entreprise ;
• adresse et n° de téléphone de l'inspection du travail, du médecin du travail, des secours d'urgence.

1.3 La dimension psycho-sociale

L'organisation des salariés, l'évolution du niveau scolaire et des mœurs, les recherches en psychologie, en sociologie des organisations, en communication, etc., ont profondément modifié les attentes des salariés et des employeurs.

Pour les premiers, il semble qu'en dépit d'une désimplication individualiste souvent constatée, l'entreprise soit de moins en moins perçue comme un lieu où l'on aliène son autonomie, voire sa personnalité, en échange d'un salaire, mais plutôt comme un espace de vie où l'on espère réaliser un certain nombre de besoins supérieurs : estime des autres, sécurité, convivialité, opportunités de carrières, etc.

Les employeurs, quant à eux, cherchent à agir sur les variables psycho-sociales pour motiver, développer l'adhésion et la cohésion de leur personnel (« Mieux que Japonais, Ardennais ! », faisait-on scander aux ouvriers de Citroën, à Charleville...).

1.4 La dimension politique

Diriger des hommes est un acte éminemment politique. Cela implique une aptitude à aménager un rapport de force, à conquérir, exercer, défendre son pouvoir sur les autres. L'institutionnalisation de la représentation du personnel, du droit d'expression des salariés, la gestion des conflits individuels ou collectifs, nécessitent, en plus des connaissances techniques et juridiques, des qualités de tacticien et de négociateur (Repère 46).

REPÈRE • 46

Un espace de négociation institutionnalisée : le Comité d'entreprise (CE)

Institué par la loi du 22 février 1945, sa mission et ses moyens ont été élargis par la loi du 28 octobre 1982. Un CE doit être constitué dans les entreprises de plus de 50 salariés. Lorsqu'une entreprise comprend plusieurs établissements distincts, il doit être institué des comités d'établissement pourvus des mêmes attributions. Les délégués de chaque conseil d'établissement forment le Comité central d'entreprise. Dans les groupes de sociétés, la loi du 28 octobre 1982 a prévu, en plus, la mise en place d'un comité de groupe, simple instance d'information sur la stratégie du groupe.

• **Sa composition.** Elle est tripartite : des représentants du personnel élus pour deux ans, des représentants syndicaux désignés par leur syndicat, le chef d'entreprise ou son représentant.

• **Sa mission.** Le CE doit être consulté sur toutes les questions intéressant l'organisation, la gestion et la marche générale de l'entreprise. L'employeur est tenu de présenter un rapport annuel sur l'activité de l'entreprise (production, chiffre d'affaires, résultats, investissements, etc.), l'évolution des rémunérations, l'hygiène, la sécurité et les conditions de travail ; sur le calcul et l'utilisation de la réserve de participation (sur les bénéfices). En outre, certaines de ces informations doivent être communiquées avec une périodicité plus rapprochée. Le CE donne son avis et formule, éventuellement, des contre-propositions. Ce rôle est purement consultatif, la gestion de l'entreprise demeurant du seul ressort de la direction[1].

Il dispose du droit d'alerter les instances de contrôle (dans les sociétés) sur les faits de nature à affecter de manière préoccupante la situation économique de l'entreprise ; et peut demander en justice une expertise sur des opérations de gestion ou la récusation d'un commissaire aux comptes.

Il gère les œuvres sociales au bénéfice des salariés et de leur famille : restaurant d'entreprise, bibliothèque, voyages organisés, etc.

• **Ses moyens.** Le CE a la personnalité juridique, ce qui lui permet, notamment, d'ester en justice ; il dispose d'un local aménagé et du matériel nécessaire à l'exercice de ses fonctions (à la charge de l'entreprise) ; l'employeur doit lui verser une contribution annuelle destinée à financer les activités sociales et culturelles, plus une subvention de fonctionnement. Il doit le réunir au moins une fois par mois. Les membres du CE disposent d'un crédit mensuel de 20 heures (les heures passées en réunions sont rémunérées en plus).

La loi du 20 décembre 1993 a prévu des mesures d'allégement pour les PME ; notamment la faculté de constituer le CE à partir des délégués du personnel (pour les entreprises de 50 à 200 salariés) et l'institution d'un rapport annuel unique (pour les entreprises de moins de 300 salariés).

Enfin, signalons l'existence de Comités d'entreprise européens (loi du 12 novembre 1996) dans les entreprise de dimension communautaire.

1. Dans les sociétés dotées d'un conseil d'administration ou d'un conseil de surveillance, deux délégués du CE assistent aux réunions de ces instances, mais seulment avec voix consultative.

La gestion des hommes n'est pas l'apanage de la DRH. Tout responsable qui encadre des subordonnés, ne serait-ce qu'un seul, doit gérer, dans le cadre de ses attributions, des ressources humaines. Néanmoins, l'importance des tâches administratives et le haut degré de spécialisation évoqué ci-dessus justifient l'existence de services spécialisés.

2 | Les attributions de la gestion des ressources humaines (GRH)

2.1 La gestion administrative du personnel

Elle comprend :

• *des tâches de gestion collective* :

– analyse des besoins d'emploi ;

– gestion des flux internes : promotions, mutations, licenciements ;

– définition des procédures à l'embauche, évaluation, rémunération, etc. ;

– conception du règlement intérieur ;

– définition et mise en application des règles de sécurité ;

– gestion du plan de formation : analyse des besoins, organisation d'actions de formation, etc. ;

– gestion de certaines œuvres sociales : restaurant d'entreprise, bibliothèque, service du logement, Noël des enfants du personnel, etc. (souvent gérées par le comité d'entreprise, dans les entreprises de plus de 50 salariés) ;

– médecine du travail ;

– établissement de statistiques : certaines sont obligatoires (sur les accidents du travail, le bilan social, par exemple) d'autres à usage interne (ratios sociaux) ;

• *des tâches de gestion individuelle* :

– recrutement ;

– gestion des dossiers individuels ;

– rémunération, notation, sanction ;

– détermination des plans de carrière ;

• *des relations avec les administrations :*

– Inspection du travail ;

– direction départementale du travail ;

– sécurité sociale ;

– caisses de retraites ;

– Agence nationale pour l'emploi.

2.2 Les relations sociales

Cette gestion administrative implique une certaine disponibilité pour répondre aux éventuelles questions posées par le personnel. Mais au-delà, la GRH a également dans ses attributions l'organisation et la gestion des relations avec les représentants du personnel et le traitement des conflits.

Dans le cadre de la réglementation applicable et en fonction de la politique sociale de l'entreprise, il convient d'organiser les élections des représentants du personnel, de leur permettre d'exercer leurs attributions, de conduire les négociations, etc.

La législation française prévoit plusieurs organes de représentation du personnel : les délégués du personnel (Repère 47) ; les délégués au comité d'entreprise ; le Comité d'hygiène, de sécurité et de conditions de travail (CHST) ; les syndicats.

REPÈRE•47

Les délégués du personnel

Obligatoire dans les entreprises de plus de 10 salariés, ils sont élus pour deux ans.

• **Leur mission :** présenter les réclamations individuelles ou collectives des salariés (salaires, conditions de travail, hygiène et sécurité, etc.) ; saisir l'Inspecteur du travail de toutes les plaintes et observations relatives à l'application des prescriptions législatives et réglementaires dont il est chargé d'assurer le contrôle (les salariés ont également le droit de saisir eux-mêmes l'Inspection du travail) ; transmettre les suggestions du personnel au comité d'entreprise (ou d'établissement) et au CHSCT. Dans les entreprises dépourvues de ces deux derniers organes (entreprises de moins de 50 salariés), ils exercent leurs attributions. Ainsi, dans les PME de 11 à 49 salariés les délégués du personnel sont des représentants polyvalents. Par ailleurs, la loi du 28 octobre 1982 permet dans les établissements de moins de 11 salariés et à certaines conditions, l'élection de délégués de site dont le statut est équivalent à celui des délégués du personnel.

• **Leurs moyens :** les délégués du personnel disposent d'un crédit de 10 ou 15 heures par mois (pris sur le temps de travail) pour exercer leur mission. Ils peuvent se déplacer librement dans les locaux de l'entreprise pendant leur crédit d'heures ou en dehors de leurs heures de travail et s'entretenir avec les salariés. Ils disposent de panneaux d'affichage. Le chef d'entreprise est tenu de les réunir au moins une fois par mois pour recevoir leurs doléances ; il a l'obligation de mettre un local à leur disposition.

➤➤➤

>>>

Le comité d'hygiène, de sécurité et des conditions de travail (CHSCT)

Il est institué dans les établissements de plus de 50 salariés. Il est composé du chef d'entreprise (ou de son représentant), de représentants du personnel (élus pour deux ans par un collège composé des membres élus du CE et des délégués du personnel), du médecin du travail et du responsable de la sécurité. Il doit contribuer à la protection de la santé, de la sécurité des salariés et à l'amélioration des conditions de travail. Il dispose notamment d'un droit d'alerte en cas de danger imminent.

2.3 La communication interne, l'animation et la motivation

Sans cesse réaffirmée depuis les travaux de l'école des relations humaines, la prise en compte du « potentiel humain » a du mal à s'inscrire dans les pratiques quotidiennes. Effet des modes managériales ou résultat de l'évolution des caractéristiques sociologiques de la main-d'œuvre, la communication interne, ou plus modestement l'animation et la motivation, finissent toutefois par pénétrer dans les entreprises grandes et moyennes. Les modalités actuellement privilégiées sont (Repère 48) :

– les journaux d'entreprise : diffusés gratuitement à tous les collaborateurs, ils traitent des différents événements, grands et petits, de la vie de l'entreprise et constituent un cadre d'expression privilégié pour la direction ;

– les stages, séminaires, colloques et, en général, toutes les actions de formation qui sont l'occasion de communiquer, de mieux connaître le personnel, de faire passer les valeurs et « l'esprit » de l'entreprise ;

– les groupes de réflexion aux appellations diverses : conseils d'ateliers et de bureaux, cercles de qualité, groupes de progrès, groupes de pilotage, etc. ;

– le projet d'entreprise[2] ;

– l'organisation de manifestations diverses : voyages, spectacles, jeux concours, compétitions sportives - sans oublier les stages de survie ou le saut à l'élastique…

Les différentes tâches relevant de ces multiples attributions peuvent être confiées aux services du personnel ou à des groupes *ad hoc* composés de spé-

2. Voir chapitre 7.

REPÈRE•48

Les pratiques participatives des entreprises françaises

Les directions d'entreprise s'efforcent de faire remonter de la base l'information pertinente pour la bonne marche de la production et de mobiliser leurs salariés en vue d'assurer la satisfaction des clients. Elles **ont mis en place, pour ce faire, diverses pratiques participatives** (voir tableau ci-dessous), **qui ont connu une grande stabilité depuis 1992.** Ainsi, des «boîtes à idées» sont présentes dans un quart des établissements. De même, un établissement sur trois diffuse un «journal d'entreprise » à ses salariés, ou a mis au point une « charte d'entreprise » reflétant ses objectifs et ses valeurs.

Seuls les « groupes d'expression directe », mis en œuvre dans le cadre des lois Auroux de 1982, connaissent un déclin certain et ne sont plus pratiqués que dans un établissement sur cinq. Même dans les établissements où existe une présence syndicale, les groupes d'expression ne sont pratiqués que dans un cas sur quatre. On ne connaît pas le nombre de leurs réunions, mais ils concernent moins de la moitié des salariés dans plus d'un cas sur trois. Les « réunions régulières d'atelier, de bureau ou de service », en revanche, sont toujours pratiquées dans trois établissements sur quatre et concernent, en général, la majorité des salariés.

Les établissements les plus innovants mènent des politiques de communication beaucoup plus intenses vis-à-vis de leurs salariés : ainsi, 52 % diffusent, un journal à tous leurs salariés (contre 38 % pour l'ensemble des établissements) et 56 % communiquent des informations sur la stratégie de l'entreprise (contre 45 %).

Thomas Coutrot,
« Innovations dans le travail : l'atout des qualifications. »
Problèmes économiques, n° 2663 – 3 mai 2000

La stabilité des dispositifs participatifs (en % d'établissements utilisateurs)

Dispositifs participatifs	1992	1998
Réunions de service	76,1	77,3
Groupes d'expression directe	32,9	21,5
Boîtes à idées	22,0	24,9
Journal d'entreprise	35,4	34,2
Chartes d'entreprise	29,6	32,7
Journée portes ouvertes	15,5	13,0

Champ : Établissements de vingt salariés ou plus appartenant à des entreprises de cinquante salariés ou plus.

Source : MES-DARES, Enquête REPONSE.

cialistes de la GRH et d'opérationnels. Elles peuvent être décomposées en différentes phases et traitées à plusieurs niveaux. Une promotion par exemple, peut se décider en deux temps : proposition du candidat par le chef de service, puis décision par le responsable du personnel, ou l'inverse.

3 | L'évolution de la GRH

La fonction de responsable du personnel s'est profondément transformée, en particulier dans les grandes entreprises. On peut, dans cette évolution, repérer trois périodes.

3.1 L'âge libéral

En interdisant tout groupement de patrons ou de salariés pour la défense de « prétendus intérêts communs », le décret d'Allarde et la loi Le Chapelier (1791) rompaient avec des siècles de pratiques corporatistes, sans réussir à éliminer totalement le caractère collectif des relations de travail : bien qu'interdits en droit, les groupements de patrons ou de salariés n'ont jamais cessé d'exister, jusqu'à la reconnaissance légale, en 1884, des syndicats. Cette révolution législative a néanmoins entretenu la fiction d'une relation individuelle basée sur le contrat de travail. Dans ce contexte, la gestion du personnel était dominée par une logique d'obéissance, agrémentée de stimulants essentiellement matériels (salaires aux pièces ou au rendement, menaces de sanctions : amendes ou licenciements) et enrobée d'une idéologie paternaliste. Le taylorisme n'a pas rompu avec cette conception, il l'a, au contraire, systématisée.

La gestion libérale ne parvenait pas à masquer les oppositions économiques et sociales qui s'exprimaient dans des conflits sociaux très violents et récurrents. Alors que le paternalisme tentait de prévenir les explosions ouvrières en affirmant la nécessaire complémentarité des conditions sociales et leur «naturelle» hiérarchie, le discours syndical, au contraire, mettait l'accent sur les oppositions de classe ; ce qui conduisit progressivement à la reconnaissance du fait collectif et à l'invention des modes de gestion susceptibles de garantir une relative paix sociale.

3.2 Le compromis fordiste

Henry Ford fut l'un des premiers à distribuer, dès 1914, une partie des gains de productivité sous forme d'augmentations de salaires ; d'où le nom de « fordisme » donné, par l'École de la régulation, au mode de développement ayant soutenu les «Trente Glorieuses ».

Cette période qui s'étend de la fin de la Seconde Guerre mondiale jusqu'au début des années 1980 est marquée par :

– la pratique des *conventions collectives* (accords sur les conditions de travail, les salaires, les congés, etc., signés par une ou plusieurs organisations salariales et un ou plusieurs employeurs ; ou syndicats d'employeurs), des *accords d'entreprise*, des *contrats de progrès* (conclus à partir des années 1970, ils prévoyaient des améliorations de pouvoir d'achat, de congés payés, etc. échelonnés dans le temps. Il s'agissait de planifier les avantages à octroyer afin de prévenir les conflits sociaux) ;

– une législation du travail plutôt favorable aux salariés : allongement de la durée des congés payés, salaire minimum, réglementation des licenciements, législation sur l'hygiène et la sécurité ;

– des assurances sociales : sécurité sociale, systèmes de retraite, assurances chômage ;

– l'institutionnalisation de la représentation du personnel (Repères 47 et 49) ;

– l'intéressement et la participation. L'objectif avoué était de dépasser les oppositions de classes en réconciliant le capital et le travail. Les tentatives de développer l'actionnariat ouvrier visaient le même but.

Cette évolution est facilitée par la croissance économique exceptionnellement forte des «Trente Glorieuses» qui permet d'augmenter le pouvoir d'achat, de réduire le temps de travail et d'améliorer les conditions de travail. Dans ce contexte, la gestion du personnel devient plus technique avec le développement des tâches administratives et des contraintes juridiques.

REPÈRE • 49

Les syndicats

Jusqu'en 1968, l'action des syndicats s'arrêtait à la porte de l'entreprise. Depuis cette date, des syndicats ou des sections syndicales peuvent être constitués, et exercer leur activité au sein de l'entreprise. Actuellement, la loi leur accorde des prérogatives et des moyens financés par l'employeur.

• Les prérogatives

– désigner un ou plusieurs délégués syndicaux (selon l'effectif de l'entreprise) disposant d'un crédit de 10 à 20 heures selon les cas ;
– désigner un représentant au CE (dans les entreprises de plus de 500 salariés, il dispose d'un crédit de 20 heures) ;
– présenter des listes de candidats au premier tour des élections des délégués du personnel et au CE. Ce n'est que dans le cas où le quorum n'est pas atteint que d'autres candidats peuvent présenter des listes, au second tour)
– négocier les protocoles d'accords pré-électoraux ;
– assister les délégués du personnel ;
– négocier les conventions et les accords collectifs.

➤➤➤

➤➤➤

• **Les moyens**

– panneaux d'affichage (il n'est pas question, pour le moment, d'utiliser l'intranet !)

– distribution de publications syndicales dans l'enceinte de l'entreprise aux heures d'entrée et de sortie ;

– collecte des cotisations syndicales sur les lieux de travail ;

– l'entreprise doit mettre un local à la disposition des différentes sections syndicales.

Cependant, la législation n'accorde ces droits qu'aux syndicats représentatifs. Sont considérés comme représentatifs, *de droit*, les syndicats adhérents à l'une des cinq confédérations : CGT, CGT-FO, CFDT CFTC et CGC . Ces syndicats se voient également accordées des prérogatives dans le cadre national et international : ils siègent à la Commission supérieure des conventions collectives, au Conseil économique et social, et dans différents organismes consultatifs. Ils bénéficient de subventions gouvernementales et sont présents dans certaines instances internationales. Ils peuvent constituer des sections syndicales : aucune représentativité réelle de la section n'est exigée. À la limite, elle peut être constituée par un seul salarié.

Les autres syndicats (non représentatif *de droit*) doivent, en cas de contestation de l'employeur ou d'un syndicat concurrent, apporter la preuve de leur représentativité. Pour la leur accorder, la jurisprudence examine les effectifs, l'audience, l'importance et la régularité des cotisations perçues, l'indépendance à l'égard de l'employeur, l'expérience et l'ancienneté. Une fois leur représentativité démontrée, ils bénéficient des prérogatives et moyens énoncés ci-dessus. À défaut, leur existence légale s'arrête à la porte de l'entreprise.

Récemment[3], des propositions ont été avancées pour réformer cette définition archaïque de la représentativité et permettre à tout syndicat régulièrement constitué d'accéder aux élections professionnelles. Mais elles sont loin de faire consensus.

Ainsi, le « marché » de la représentation syndicale présente tous les aspects d'un oligopole protégé par de solides barrières à l'entrée…

3.3 La remise en cause du compromis fordiste

À partir du milieu des années 1970, la rupture du rythme de la croissance, la concurrence plus vive, les fluctuations conjoncturelles erratiques laminent les marges bénéficiaires. Dans ce contexte, les entreprises supportent mal les rigidités découlant de l'institutionnalisation des relations de travail. Pour réaliser les ajustements nécessaires à la défense de leur compétitivité, elles cherchent à réduire le coût de la main-d'œuvre et à en améliorer l'efficacité. Trois moyens sont alors privilégiés :

3. Conférence de presse de Nicole Notat, du 3 mai 2000.

• *la flexibilité de la main-d'œuvre* : il s'agit d'adapter le volume de l'emploi (flexibilité quantitative) aux variations de l'activité : licenciements, modulation des horaires, développement du temps partiel, utilisation des formes d'emplois précaires (intérim, contrats à durée déterminée, etc.) ; ou d'adapter les qualifications à l'évolution des technologies et des méthodes de travail (flexibilité fonctionnelle). La GRH doit faciliter cette évolution en développant les actions de formation et en organisant les reconversions ;

• *l'individualisation des salaires (flexibilité salariale)* : l'objectif est d'appliquer une politique de rémunération motivante dans un contexte de rigueur salariale. À défaut de pouvoir distribuer des augmentations générales de salaires, on individualise les augmentations en fonction des performances de chacun. Le principe est simple, mais son application soulève de nombreux problèmes :

– il postule une relation directe entre le niveau de rémunération et l'efficacité individuelle. Or cette dernière est difficile à définir et à mesurer car elle résulte d'un ensemble de facteurs en interaction : qualité de l'organisation, des relations dans le groupe de travail, de la communication interne ; pertinence de l'échelle des rémunérations, etc. Avec l'élévation du niveau de qualification requis et le développement des emplois tertiaires, l'appréciation de la performance individuelle devient encore plus délicate : si l'efficacité d'un manutentionnaire peut se mesurer en nombres de caisses déplacées, celle d'un employé du service des méthodes, d'un technicien de maintenance ou d'un comptable résulte de multiples causes aux effets souvent diffus ;

– il privilégie la prestation individuelle au détriment de celle du groupe de travail (alors que l'efficacité est généralement le produit de l'effort collectif) ;

– il affaiblit la cohésion du collectif de travail (en favorisant le « chacun pour soi ») ;

– il suppose une méthodologie rigoureuse et transparente (pour éviter la rétribution «à la tête du client»). À défaut, l'attribution d'augmentations individualisées génère des effets pervers : conflits, climat de suspicion, rancœurs, sentiment d'injustice… Afin de les limiter certains responsables pratiquent le «saupoudrage» ou des augmentations «à tour de rôle». Cela évite la dislocation du groupe de travail, mais va à l'encontre de l'objectif recherché qui est de stimuler l'effort individuel ;

• *la communication* : le recul de la syndicalisation, l'individualisation des salaires, les licenciements et la précarisation de l'emploi, le regain de l'individualisme affaiblissent la cohésion interne, alors que les impératifs de flexibilité technique, de polyvalence du personnel, de qualité des produits réclament l'implication des individus, leur adhésion aux objectifs de l'entreprise. La GRH doit, plus que jamais, « faire passer le message » de la direction générale, rétablir un climat de confiance altéré par les « dégraissages » et la rigueur salariale, restaurer l'esprit d'équipe et le sentiment d'appartenir à une même communauté.

EXEMPLE • 15

Apprendre à se tutoyer

En juillet 2000, le DRH de Thales (ex-Thomson CSF) prenait deux décisions destinées à stimuler l'esprit d'équipe et le sentiment d'appartenance :
– le vendredi, veille de week-end, le personnel est invité à renoncer au traditionnel costume-cravate ;
– le tutoiement est, par ailleurs, vivement encouragé.
Pour la direction, ces changements s'inscrivent dans un programme de ressources humaines, « people first », censé accompagner le repositionnement stratégique de l'entreprise et notamment son internationalisation. Ils visent à rendre les échanges plus chaleureux, à faciliter la communication entre services et à fluidifier le dialogue entre les salariés de tranches d'âge différentes. Le tutoiement, en particulier, devrait donner l'image d'un personnel plus soudé et favoriser le rapprochement des cultures, principalement avec les anglophones.
Jean-Pierre Le Goff, sociologue, y voit plutôt la tentative « d'instaurer un modèle fusionnel qui place le salarié dans une relation qu'il ne maîtrise pas ». Pour ce chercheur du CNRS « l'entreprise mélange deux plans qui n'ont en principe rien à voir, celui des relations personnelles et celui des relations de travail. Que des salariés se tutoient spontanément, il n'y à rien à redire à cela. Mais instituer le tutoiement peut relever de la manipulation[4] ».

Toutefois, quand les intérêts fondamentaux des différents partenaires sont inconciliables, les politiques de communication trouvent rapidement leurs limites. Dimension secondaire dans une optique taylorienne classique, la communication devient un outil de management pour les entreprises qui cherchent à réaliser le consensus interne (dans les grandes entreprises, la communication est devenue une fonction à part entière).

Trop souvent, le contenu des politiques de communication mal maîtrisées laisse deviner des projets manipulateurs (quand ce n'est pas un profond mépris de la « cible »). Quelle que soit l'efficacité à court terme, à longue échéance un discours déconnecté de la réalité va à l'encontre de ses propres objectifs. Avec la communication on entre dans le domaine de la gestion symbolique ; rites, valeurs, mythes, légendes… autant de matériaux constitutifs des cultures et des mentalités, qui se révèlent à l'usage très délicats à gérer.

Plus profondément, on se heurte à une contradiction qui renvoie à l'antagonisme objectif entre ce qu'on appelait autrefois les capitalistes et les salariés. D'un côté, on parle le dur langage de l'efficacité, celui des rapports marchands : rien n'est gratuit, tout est calculé, chacun est sur ses gardes cherchant à maxi-

4. Cité par *Le Monde*, du 18 avril 2001.

miser son intérêt personnel (c'est « la guerre économique », la « loi de la jungle »...). D'un autre côté, on voudrait tenir simultanément le doux langage des sentiments, celui des rapports communautaires : tout est donné (la confiance, le dévouement, la fidélité, la conscience professionnelle), l'entreprise serait une deuxième famille (chacun ayant sa place, bien au chaud), ou une deuxième patrie (qui appelle le sacrifice). L'incompatibilité de ces deux discours est révélée par la lumière crue de la compétition économique et du chômage (désormais même les entreprises bénéficiaires licencient...).

4 | Les nouveaux défis de la GRH

Avec la multiplication des statuts précaires et les progrès du télétravail, l'externalisation des activités et la dislocation des frontières de l'entreprise, l'emploi classique recule et avec lui la gestion traditionnelle des ressources humaines. L'usage grandissant de la gestion par projet et le rythme accéléré des changements législatifs et réglementaires (les 35 heures, les heures supplémentaires, le repos compensateur, l'aménagement du temps de travail, les multiples contrats aidés...) amplifient encore les remises en cause nécessaires.

Les populations à gérer sont de plus en plus hétérogènes, fragmentées : le repli de l'emploi stable entraîne la prolifération des statuts. Dans une même équipe, pour le même travail, on peut trouver côte à côte des salariés en CDI, en CDD[5], intérimaires, ou encore prêtés par une entreprise partenaire. Comment obtenir une égale implication, la même conscience professionnelle, quand les individus ne bénéficient ni de la même grille de rémunération, ni souvent de la même estime, et quand ils ne raisonne plus dans le même horizon temporel (certains seront là jusqu'à la retraite, d'autres se verront remerciés à la fin de la mission) ?

La gestion prévisionnelle des emplois, des qualifications et des carrières, les politiques de rémunération et de formation s'en trouvent grandement complexifiées avec, là encore des risques de singularisations artificielles alimentant les sentiments d'injustice et provocant des crispations identitaires.

Les DRH doivent de plus en plus trancher des dilemmes et élaborer des compromis alors même que les cadres intermédiaires qui géraient les relations informelles et jouaient les relais (et servaient parfois d'air-bag quand le personnel se rebellait) font souvent défaut, victimes du *downsizing* et du *reengineering*[6].

---

5. CDI : contrat à durée indéterminé ; CDD : contrat à durée déterminée.

6. *Downsizing* : rationnalisation et réduction d'effectifs. *Reengineering* : remise en cause radicale des processus opérationnels (voir chapitre 7).

12 La gestion financière

SOMMAIRE

Dans une logique industrielle, l'entreprise est un instrument pour fabriquer des produits et des services. Dans l'optique économique, sa fonction est de créer des richesses, de la valeur ajoutée. Dans une logique financière, c'est une opportunité de placement : l'objectif est alors de rentabiliser des capitaux en minimisant les risques ou, plus exactement, d'opter pour une solution présentant un rapport rentabilité / risque satisfaisant.

Il existe une relation inverse entre rentabilité et risque. Les deux extrêmes étant un placement sans risque comme le livret de caisse d'épargne mais avec une rentabilité nette proche de 0, et un placement dans l'achat d'un billet de Loto « qui peut rapporter gros » – un million de fois la mise et plus – mais avec un risque énorme puisque les chances de gagner sont de 1 sur 14 millions ! Bien entendu le choix du couple rentabilité/risque dépend de la psychologie de l'investisseur et de ses objectifs.

La gestion financière d'une entreprise consiste à assurer le financement des facteurs de production en respectant une certaine cohérence entre ces trois logiques. Elle vise à :

– évaluer les besoins de financement : pour l'infrastructure (bâtiments, matériels, etc.) et pour le cycle d'exploitation (les stocks, les charges de fabrication, de commercialisation, etc.) ;

– trouver les modes de financements adéquats : apport en capital, emprunt, crédit-bail, etc. ;

– produire des informations financières à destination des gestionnaires et des partenaires de l'entreprise.

La réalisation de cette mission implique une modélisation des cycles d'investissement, d'exploitation et de financement d'une part, et la traduction de l'activité de l'entreprise en données monétaires d'autre part, traitement qui échoit à la fonction comptable.

1 | Le modèle financier

1.1 La finalité de l'entreprise : dégager un surplus monétaire

Il s'agit de « gagner de l'argent », c'est-à-dire encaisser plus que l'on ne dépense. Toutefois, la mesure de ce surplus monétaire pose des problèmes : doit-on inclure dans les encaissements les sommes empruntées, les capitaux apportés par l'entrepreneur ? Doit-on compter comme dépenses les achats de matériel ? Les remboursements d'emprunt et les intérêts versés ? Les dividendes perçus par les apporteurs de capitaux ?

La doctrine financière est unanime pour exclure de la définition de ce surplus monétaire les dépenses d'investissement, les apports et les emprunts. Mais audelà, le calcul du surplus monétaire est à géométrie variable.

L'excédent brut d'exploitation (EBE)

On peut par exemple faire la différence entre :

– le flux de trésorerie encaissé à l'occasion des ventes ;

– et celui décaissé pour acquérir les matières, les fournitures diverses, payer les salaires et les impôts relatifs à la production.

On a ainsi défini, à des conventions de calcul près, *l'excédent brut d'exploitation*, encore appelé *résultat économique*. (Au sens strict, l'EBE est calculé à partir de la valeur de la production de l'exercice, que celle-ci soit vendue ou stockée. De ce fait, il inclut, pour partie, un excédent potentiel.) Le surplus monétaire ainsi mesuré doit permettre de :

– rembourser les emprunts et acquitter les intérêts ;

– maintenir en l'état la capacité de production (remplacer les machines usagées, par exemple) et si possible financer la croissance ;

– verser un dividende aux propriétaires de l'entreprise.

L'excédent brut d'exploitation permet d'apprécier l'aptitude de l'entreprise à générer un surplus monétaire, *indépendamment des modalités de financement*, puisqu'il n'intègre pas les charges financières (Repère 50).

REPÈRE • 50

Calcul de l'Excédent Brut d'Exploitation

Ventes de marchandises Production vendue (1) Production stockée (ou déstockage de production) (2) Production immobilisée (3) Subventions d'exploitation	–	Coût d'achats des marchandises Variation de stock de marchandises Coût d'achats de matières et fournitures Variation de stock de matières et fournitures Achats de services extérieurs (4) Impôts et taxes (5) Charges de personnel (6)	=	EBE

(1) Ventes de produits fabriqués ou ventes de services.
(2) Il s'agit de la production non encore vendue, évaluée au coût de production.
(3) Biens fabriqués par l'entreprise mais affectés à l'exploitation. Quand Renault, par exemple, dote ses cadres de voitures de fonction (des Renault, bien évidemment), ces véhicules, prélevés sur les stocks, sont comptabilisés en production immobilisée.
(4) Entretien, transports, publicité, téléphone, etc.
(5) Sauf l'impôt sur les bénéfices. L'EBE est donc un surplus avant impôt sur les bénéfices.
(6) Salaires + charges sociales.

Cash flow, marge brute d'autofinancement et capacité d'autofinancement
On peut aussi convenir que le surplus monétaire tienne compte des charges financières et des éventuels produits financiers, ainsi que des divers autres charges et produits entraînant un flux de trésorerie. Ainsi calculé, le surplus monétaire est appelé, à des conventions de calcul près, *cash flow*, ce qui a été traduit par *marge brute d'autofinancement* (MBA), ou *capacité d'autofinancement* (CAF), cette dernière expression ayant été officialisée par le Plan comptable général 1982.

La CAF permet d'apprécier l'aptitude de l'entreprise à s'autofinancer, à rembourser les emprunts et à distribuer des dividendes (Repère 51).

Ces définitions (et modalités de mesure) du surplus monétaire appellent deux remarques :

1) Le surplus monétaire étant un flux net de monnaie, le résultat comptable n'en permet pas l'évaluation : car il intègre également des éléments calculés (dotations aux amortissements et aux provisions, notamment) ne donnant lieu à aucun mouvement de trésorerie. Le résultat comptable est un résidu censé mesurer la variation des capitaux propres pendant l'exercice. Pour juger de la performance financière on a recours à des soldes intermédiaires qui expliquent la formation du résultat (Repère 52).

REPÈRE•51

Calcul de la capacité d'autofinancement

Excédent brut d'exploitation
+ Autres produits d'exploitation (1)
– Autres charges d'exploitation (2)
+ ou - Quotes-parts d'opérations en commun (3)
+ Produits financiers (1)
– Charges financières (2)
+ Produits exceptionnels (1) (4)
– Charges exceptionnelles (2) (5)
– Participation des salariés (6)
– Impôts sur les bénéfices

=

Capacité d'autofinancement

(1) Sauf les reprises sur amortissements et provisions, qui sont des produits ne donnant pas lieu à des encaissements.
(2) Sauf les dotations aux amortissements et provisions, qui sont des charges ne donnant pas lieu à des décaissements.
(3) Résultats d'activités réalisées en association avec d'autres entreprises.
(4) Sauf les ventes d'actifs immobilisés et les subventions d'investissements transférées au compte de résultat.
(5) Sauf les valeurs nettes comptables des actifs cédés, qui sont des charges calculées.
(6) Il s'agit de la fraction du bénéfice revenant aux salariés conformément à la législation sur la participation aux résultats.

2) Cette conception du surplus monétaire est entachée d'un parti-pris : on admet comme allant de soit que le surplus à maximiser appartient à l'apporteur de capitaux. On pourrait tout aussi bien adopter le point de vue de l'apporteur de travail : les salaires ne seraient plus une charge *à minimiser* au profit des dividendes (la part distribuée des profits) ou de la « valeur crée » que l'on cherche à maximiser (Repère 53). Ce serait exactement l'inverse[1]. En fait, cette convention comptable, rarement explicitée, est le résultat d'un rapport de pouvoir dans l'entreprise. Ce dernier conditionne non seulement l'organisation interne mais aussi la façon d'en appréhender et d'en mesurer la performance. Les concepts comptables sont, on le voit, un des plus anciens vecteurs de la culture managériale.

1. Comme le soulignaient déjà Cyert et March dans A Behavioral Theory of the Firm, 1963.

REPÈRE • 52

Calcul des soldes intermédiaires de gestion

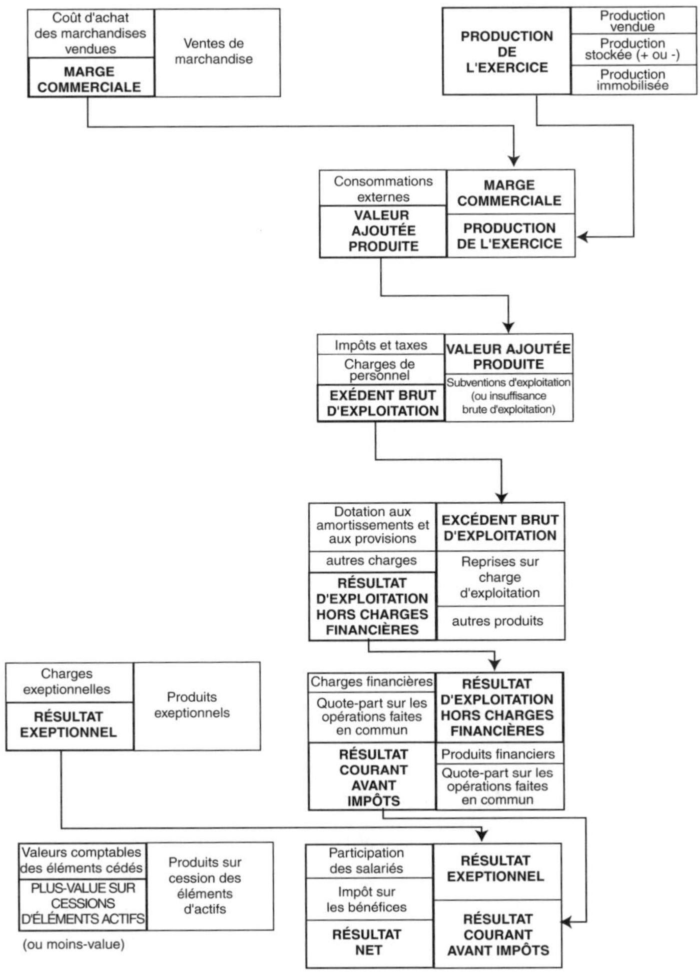

REPÈRE•53

La création de valeur pour l'actionnaire

Depuis le milieu des années 1990, le concept de création de valeur séduit les marchés financiers et les grandes entreprises cotées. Il s'agit d'évaluer dans quelle mesure une entreprise génère un profit supérieur au coût des capitaux investis.

Valeur créée = profit économique net – coût des capitaux investis

Ou

Valeur créée =   Résultat d'exploitation (net d'impôt) – (capitaux propres + dettes) x (CMPC)

(CMPC = coût moyen pondéré du capital investi)

Si le concept est simple à saisir, il existe cependant plusieurs démarches pour calculer la valeur créée, avec de nombreux retraitements et des appellations diverses : EVA (marque déposée par Stern Stewart), CFROI (marque déposée par Holt Value Associates), ROE (return on equity), ROI (return on investment), ROA (return on assets), ROCE (return on capital employed)... Cette prolifération ne facilite pas la lecture de l'information financière et présente un réel danger de manipulation. La Commission des opérations de bourse a publié en janvier 2001 une recommandation pour inviter les sociétés a plus de transparence sur les méthodes utilisées.
Au-delà de cet aspect, cela montre qu'une entreprise peut créer de la valeur en réaménageant son portefeuille d'activité : en investissant dans les secteurs ayant une rentabilité supérieure au CMPC et en se retirant des autres. Jusque-là, les entreprises avaient surtout pour habitude de chercher à réduire les coûts et à augmenter les ventes.
Cette conception oriente le management vers le court terme aux dépens des stratégies d'innovations qui ne sont rentables que sur le long terme.

1.2 Les besoins de financement

Pour fonctionner, l'entreprise doit acquérir du matériel, des stocks de matières et fournitures, payer des charges, etc., autant d'éléments qui doivent être financés. Mais le mode de financement dépendra de la nature, du rôle et surtout de la durée d'utilisation (de sa vitesse de rotation) de l'élément considéré. On distingue, par conséquent, les actifs à rotation lente, les investissements, et ceux à rotation rapide, les actifs d'exploitation.

Les investissements

Ce sont des dépenses qui contribuent à générer un flux monétaire sur plusieurs années. On classe les investissements :

• *par nature* :

– investissements matériels : terrains, constructions, machines, outillages, etc. ;

– investissements immatériels : études et recherches, publicité, formation, logiciels, etc. Ils connaissent un développement très important et devraient, très prochainement, représenter la majorité, en valeur, des investissements. Cependant, ils sont généralement considérés comme des dépenses d'exploitation, c'est-à-dire des consommations immédiates, en raison des difficultés rencontrées pour en apprécier la valeur vénale ; et du caractère aléatoire de leur rentabilité ;

– investissements financiers : titres de participation (acquisition d'une fraction du capital d'une entreprise, dans une perspective de long terme), prêts à long terme, notamment à des filiales ou des partenaires stables ;

• *selon l'objectif poursuivi* :

– investissements de maintien ou de remplacement (des machines déclassées) ;

– investissements de capacité ou d'expansion (achat de machines supplémentaires pour augmenter la production). Ils induisent un surcroît de dépenses d'exploitation (consommation d'énergie, frais d'assurance, embauche de personnel, etc.) à ne pas négliger lors des calculs prévisionnels de rentabilité ;

– investissements de productivité : il s'agit de réaliser des économies dans l'utilisation des autres facteurs de production (économies de matières, d'énergie, de main-d'œuvre, etc.).

Dans la pratique, cette distinction n'est pas toujours évidente : quand on remplace un outillage (investissement de maintien) ou quand on augmente la capacité de production, on en profite pour améliorer la productivité en faisant l'acquisition de matériels modernes, généralement plus performants.

Un investissement a une durée de vie de plusieurs années au cours de laquelle il génère des recettes devant permettre, *in fine*, de récupérer la dépense engagée et de dégager un bénéfice. Il devra, par conséquent, être financé par des ressources à long terme et en partie, en raison du caractère aléatoire de sa rentabilité, par des capitaux propres (les banques refusant, en général, de supporter seules les risques).

Les besoins de financement du cycle d'exploitation

En plus des dépenses d'infrastructure, une entreprise doit engager des dépenses pour son exploitation : acquisition de stocks (matières, marchandises, fournitures, etc.), dépenses d'énergie, de services divers (transport, entretien, recours à des intermédiaires, etc.), salaires et charges sociales. Au contraire des investissements, ces dépenses génèrent un flux monétaire (les ventes) dans un délai relativement court (quelques mois au maximum).

Si les flux monétaires générés par les opérations d'achat, de production et de vente étaient simultanés, il n'y aurait pas de besoin de financement, les recettes procurées par les ventes couvrant les dépenses (on suppose que l'exploitation est rentable). En réalité, il existe des décalages temporels entre les dépenses et les recettes, les premières étant, en général, antérieures aux secondes. Il faut donc déterminer le montant des sommes à avancer pour amorcer et entretenir le cycle d'exploitation. C'est le *besoin en fonds de roulement*. Son calcul est relativement complexe car il fait intervenir la vitesse de rotation des différents stocks, les décalages dans les paiements (salaires, charges sociales, règlement des fournisseurs, des impôts, etc.) et dans les encaissements (crédit accordés aux clients, notamment). On peut, néanmoins, en avoir une idée en faisant la différence entre l'actif circulant (moins les liquidités) et les dettes à court terme, à l'exception des concours bancaires. C'est un besoin permanent (en ce sens, on peut parler d'un investissement en fonds de roulement). Il doit être financé par des ressources stables : soit par des capitaux propres, soit par des emprunts à long terme qui seront remboursés grâce aux recettes générées par l'exploitation (Exemple 16).

EXEMPLE•16

Premiers pas en affaires

Un jeune étudiant décide, pour financer ses études, de vendre des cravates le week-end sur le marché de son quartier. Après une rapide, mais sérieuse, étude de marché, il escompte réaliser un chiffre d'affaires de 500 euros par week-end, avec une marge brute de 100 % (les cravates achetées 250 euros seront revendues 500 euros). Pour cela, il lui faut acquérir un matériel (stand, comptoir, portes-cravates, etc.) qu'il évalue à 1 250 euros ; et un stock de cravates : 250 euros. Ses parents, afin de le soutenir dans son initiative, lui prêtent un véhicule. Cet aspect de la logistique sera donc négligé (pour ne pas alourdir cet exemple de calculs, incontournables dans la réalité, on négligera également l'incidence de la fiscalité). Comment doit-il financer ces différents éléments ?

Il convient de distinguer le cas du matériel de celui du stock.

• *Le matériel* ne sera acheté qu'une seule fois. Il devrait durer jusqu'à la fin des études envisagées, soit deux ans. Un banquier contacté était disposé à accorder un prêt de 1 250 euros, mais il exigeait le remboursement dans un mois (par ailleurs, il réclamait des garanties, notamment la caution des parents). Après un rapide calcul mental, notre jeune entrepreneur rejeta cette proposition : même en affectant le total de ses gains au remboursement du prêt, il lui manquerait encore 250 euros. Ce déficit risquerait d'être aggravé si le mauvais temps venait faire chuter la fréquentation du marché. Par ailleurs, il souhaite conserver, si possible, 225 euros par semaine pour ses dépenses personnelles. Il est donc hors de question de financer ce matériel par un crédit à court terme. Il lui faut pouvoir étaler les remboursements sur 2 ans.

Puisque les banques refusent de lui accorder leur confiance tant qu'il n'a pas démontré qu'il était capable de gagner de l'argent, il décide de casser sa tirelire et d'acheter le

➤➤➤

➤➤➤

matériel avec ses économies, en notant au passage cette première règle de saine gestion : *Le financement d'un actif immobilisé doit être réalisé au moyen de ressources propres ou d'un emprunt remboursable sur une durée équivalente ou supérieure à la durée d'utilisation de l'immobilisation*.

• *Pour le stock*, le problème est différent : les ventes du week-end, même en cas d'intempéries, permettent de financer l'achat des cravates. Il faut cependant trouver un financement pendant ces deux jours. Et le problème se reposera de manière équivalente les semaines suivantes, le stock étant un actif cyclique. Notre jeune étudiant envisage plusieurs hypothèses.

– **Hypothèse 1 :** son fournisseur exige d'être payé comptant (dès le samedi matin). Il faut trouver un financement pour ces 250 euros. Bref, notre entrepreneur a un *besoin en fonds de roulement* (BFR) de 250 euros.

Ce BFR peut être financé :

• au moyen d'un découvert bancaire de 2 jours (le banquier, après une âpre négociation, a donné son accord) ;

• par un nouveau prélèvement sur ses économies, solution qu'il adopte, les intérêts réclamés par le banquier étant trop élevés. Dans ce cas, il doit financer sur ses fonds propres 1 250 euros pour le matériel + 250 euros pour le stock. Ces 250 euros devront rester, en permanence, dans l'affaire, puisque le financement du stock devra être renouvelé chaque semaine. Ils constituent le *fonds de roulement*.

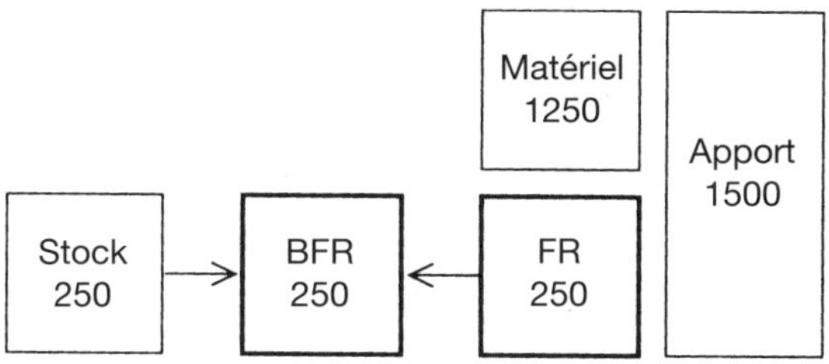

– **Hypothèse 2 :** son fournisseur accepte d'être réglé moitié au comptant, moitié le lundi. Dans ce cas, le BFR n'est plus que de 125 euros. La solution du découvert bancaire étant toujours écartée, l'apport en fonds de roulement ne sera plus que de 125 euros, également.

C'est finalement cette seconde hypothèse qui s'avère réaliste. Cependant, après réflexion, notre jeune entrepreneur souhaite commencer son commerce avec 25 euros en poche, afin de pouvoir, éventuellement, rendre la monnaie dès le premier client. Il devra donc augmenter son fonds de roulement d'autant, soit au total :

125 euros + 25 euros = 150 euros.

➤➤➤

>>>

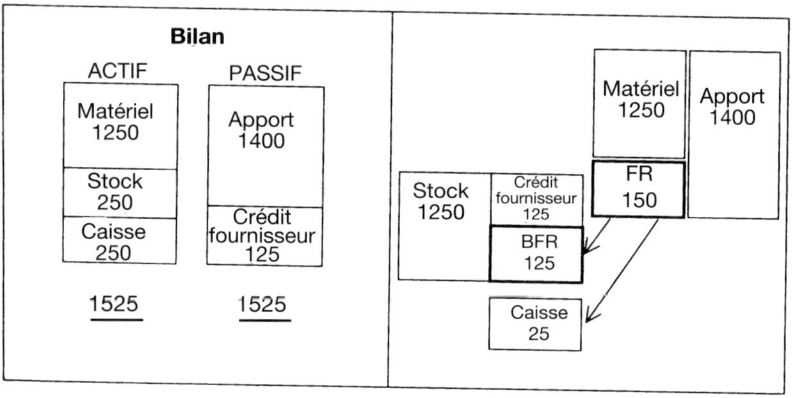

En passant, il vient de découvrir une deuxième règle de gestion financière : *lorsqu'il existe un décalage temporel entre les décaissements et les encaissements induits par le cycle d'exploitation, il est souhaitable qu'il soit financé par des ressources stables (apport ou emprunt à long ou moyen terme), autrement dit que le fonds de roulement soit positif* . Remarquons, au passage que le besoin en fonds de roulement dépendant de la durée d'écoulement des stocks, de la durée de recouvrement des créances et de celle du crédit obtenu des créanciers il est possible que le besoin en fonds de roulement soit négatif. C'est le cas par exemple dans la grande distribution où les clients paient comptant alors que les fournisseurs sont réglés à crédit.

1.3 Les sources de financement

Les capitaux propres

Il s'agit de l'ensemble des fonds appartenant aux propriétaires de l'entreprise.

• *L'apport en capital* : il est réalisé à la création de l'entreprise et peut être accru par des augmentations de capital.

C'est un financement particulièrement stable, qu'on ne rembourse qu'exceptionnellement (en cas de cessation d'activité et à condition qu'elle ne soit pas provoquée par une faillite, ce qui est rare car il n'y a, en général, aucune raison d'arrêter une affaire rentable). Sa rémunération est facultative et dépend des bénéfices réalisés (cependant, dans les grandes sociétés par actions, le service d'un dividende minimum est souvent la condition pour réaliser une augmentation de capital). Il accroît la capacité d'emprunt de l'entreprise.

Toutefois, le recours à ce mode de financement est limité par la capacité d'apport des dirigeants (si les associés dirigeants ne participent pas à l'augmentation de capital proportionnellement à leur part, leur pourcentage de voix diminue).

• *L'autofinancement* : c'est la fraction de la CAF qui est conservée dans l'entreprise pour financer les investissements et le besoin en fonds de roulement. Il doit, au minimum, permettre de maintenir la capacité de production (financement des investissements de remplacement) ; c'est l'autofinancement de maintien, au-delà on parle d'autofinancement d'expansion ou d'autofinancement net.

Il s'agit, en apparence, d'une ressource gratuite (pas de dividende à servir). En fait, le coût d'opportunité de l'autofinancement résulte de la renonciation à la rémunération du meilleur placement alternatif possible (soit, au minimum, le taux d'intérêt des emprunts garantis par l'État). Toutefois, il présente l'avantage d'être une ressource renouvelable et de renforcer les capitaux propres et donc l'indépendance financière de l'entreprise.

Les emprunts à moyen et long terme

Les modalités d'emprunt sont nombreuses : taux fixes ou variables, durée, modes de remboursement, etc. On distingue deux grandes catégories.

• *Les emprunts indivis* : ce sont des emprunts classiques auprès d'un organisme financier (l'adjectif « indivis » signifie qu'il y a un seul prêteur, par opposition à l'emprunt obligataire souscrit par un grand nombre de prêteurs). Certains organismes sont spécialisés dans le financement de certaines activités (Crédit Agricole, Crédit Foncier, Banque Française du Commerce Extérieur) ou de certains types d'entreprises (Crédit Agricole, Crédit d'équipement des PME, Sociétés de développement régional) et pratiquent de ce fait des taux plus faibles. Cependant, le choix d'un partenaire financier est une opération délicate qui doit tenir compte d'un grand nombre de critères : coût du crédit, flexibilité (possibilité de modifier les conditions du prêt), qualité du service, souci d'indépendance financière (il est souhaitable de traiter avec plusieurs partenaires pour limiter le poids de chacun d'eux dans le financement de l'entreprise), etc.

• *Les emprunts obligataires* : ce type d'emprunt est réservé aux grandes sociétés par actions (les formalités juridiques sont importantes, son succès dépend de la notoriété de l'émetteur et de la conjoncture boursière). L'emprunteur émet des obligations, c'est-à-dire des titres de créances qui peuvent être souscrits par une multitude de prêteurs. Ces derniers perçoivent un intérêt jusqu'au remboursement de leur titre. L'obligation peut être revendue en bourse au cours du marché. Ainsi, bien que le prêt soit à long terme, le créancier peut récupérer ses fonds à tout moment.

Le crédit-bail

C'est un mode particulier de financement des investissements qui connaît une certaine désaffection (de 15 % des investissements, sa part, en dix ans est tombée à 7 %). La société de crédit-bail met un bien d'équipement à la disposition d'une entreprise pour une période déterminée, contre paiement d'une redevance périodique. Au terme du contrat, l'entreprise a le choix entre trois options : restituer le bien ; l'acquérir pour un montant défini lors de la conclusion du contrat ; renouveler le contrat, à des conditions généralement moins coûteuses.

À la différence d'un contrat de location avec option d'achat, l'entreprise a le libre choix du bien qu'elle désire utiliser.

Remarquons que, l'entreprise n'étant pas propriétaire du bien tant qu'elle n'a pas levé l'option d'achat, ce dernier ne figure pas au bilan (elle doit néanmoins le mentionner dans l'annexe, ainsi que les engagements correspondants).

Les subventions

Ce sont des sommes versées par l'État, une collectivité territoriale ou un organisme public et non remboursables (elles sont accordées ponctuellement dans le cadre des actions de soutien définies selon les objectifs de politique industrielle). Elles sont donc assimilables à des capitaux propres et constituent, par conséquent, une ressource stable. On distingue les *subventions d'équipement*, accordées pour l'acquisition d'une immobilisation, les *subventions d'exploitation*, destinées à compenser le manque à gagner résultant d'une contrainte imposée par la puissance publique, et les *subventions d'équilibre* accordées aux entreprises publiques en cas d'exploitation déficitaire.

Le crédit fournisseurs

Il est d'usage, en matière commerciale, que le fournisseur soit payé après un délai variable selon les secteurs d'activité (fréquemment de 30 à 90 jours). Ce crédit permet de réduire le besoin en fonds de roulement de l'entreprise. Cette dernière a donc intérêt à régler ses fournisseurs le plus tard possible[2]. Contrairement aux apparences, ce mode de financement est coûteux car l'entreprise perd alors le bénéfice des escomptes de règlement (réduction de l'ordre de 1 à 2 %, en cas de paiement comptant. En taux annuel cela fait du 10 à 20 % !). Au crédit fournisseurs s'ajoute celui obtenu pour le règlement des cotisations sociales, impôts, et autres taxes.

Le crédit bancaire de court terme

Il est destiné à financer, en partie, le besoin en fonds de roulement (les banquiers refusant, sauf exception, d'en financer la totalité). Son coût est fonction du risque supporté par la banque et dépend notamment du caractère plus ou moins aléatoire de l'opération financée, du degré de solvabilité de l'entreprise et de son pouvoir de marché.

2. Toutefois, la loi du 15 mai 2001 réglemente les délais de paiement.

La forme la plus ancienne est l'escompte d'effets de commerce : lorsqu'une entreprise vend un bien à crédit (un téléviseur, par exemple), elle tire une traite sur son client, puis la remet à son banquier qui lui donne, en échange, de la monnaie (après déduction des agios). L'opération est peu risquée, pour la banque : la vente est déjà réalisée ; en cas de défaillance du débiteur, elle peut se retourner contre l'entreprise.

Les banques accordent également des prêts en compte ou des plafonds de découverts, soit pour faire face à des décalages de trésorerie de très courte durée (quelques jours) ou pour financer les stocks et les frais de fabrication des entreprises à activités saisonnières.

Il existe également des modalités particulières de financement des crédits à l'exportation.

1.4 L'équilibre financier

La notion d'équilibre financier est fortement conditionnée par l'optique adoptée, en particulier selon que l'on se place du point de vue du banquier ou de celui du gestionnaire et, pour ce dernier, selon le niveau de risque qu'il accepte d'assumer.

Les banquiers ont le souci, avant tout, d'être remboursés. En outre, ils manquent d'éléments pour apprécier la situation de leurs clients ; par conséquent, ils sont exigeants en matière :

– de niveau d'endettement : les emprunts à moyen et long terme ne doivent pas être trop supérieurs aux capitaux propres ; l'endettement total doit être compris entre 2 et 4 fois les capitaux propres ;

– de capacité de remboursement : celle-ci dépend de l'importance du surplus monétaire dégagé. Ils estiment que la CAF doit être le double des sommes à rembourser annuellement.

Bien entendu, l'exigence du banquier varie également avec la qualité de l'emprunteur et des garanties personnelles ou réelles qu'il peut proposer.

Pour les gestionnaires, la structure financière doit être cohérente avec la politique générale et la stratégie adoptée. Théoriquement il existe, en fonction du taux d'imposition, une structure de financement optimale (rapport dettes/fonds propres) permettant de maximiser le résultat net, grâce à l'*effet de levier* (Exemple 17), sans faire baisser, corrélativement, la valeur de l'action .

EXEMPLE • 17

L'effet de levier

La notion d'effet de levier traduit l'idée que le recours à l'endettement peut améliorer, dans certaines conditions, la rentabilité des capitaux propres. Comme le montre l'exemple suivant :
Supposons qu'une entreprise ait le choix entre deux structures de financement (avec ou sans recours à l'emprunt – au taux de 10 %). La solution adoptée n'a pas d'incidence sur le résultat d'exploitation (c'est-à-dire avant comptabilisation des intérêts). Par contre elle modifie le résultat net et surtout la rentabilité exprimée par le ratio : résultat net/capitaux propres. Ainsi, dans notre exemple, le recours à l'emprunt améliore nettement la rentabilité du capital. C'est l'effet de levier. Cet effet n'améliore la rentabilité *qu'à la condition que le taux d'intérêt soit inférieur au taux de rentabilité économique*. C'est ce que montre l'exemple suivant : sans recours à l'emprunt, (cas de l'Hypothèse 1) le taux de rentabilité s'établit à 10,67 %. Ce taux étant supérieur au taux d'intérêt après économie d'impôt (10 % x (1 – 0,33) = 6,67 %), l'entreprise a intérêt à s'endetter (Hypothèse 2).

	Hypothèse 1	**Hypothèse 2**
Structure de financement		
Capitaux propres	500 000	300 000
Emprunt	0	200 000
Résultat et rentabilité		
Résultat d'exploitation	80 000	80 000
Charges d'intérêt	0	– 20 000
Résultat avant impôt	80 000	60 000
Impôt sur les bénéfices ($33^{1/3}$ %)	– 26 667	– 20 000
Résultat net	53 333	40 000
Rentabilité des capitaux propres	**10,67 %**	**13,33 %**

Dans le cas contraire, comme le montre l'exemple ci-dessous, il détériore la rentabilité, ce qui est parfois appelé effet de massue.

	Hypothèse 1	**Hypothèse 2**
Résultat et rentabilité		
Résultat d'exploitation	40 000	40 000
Charges d'intérêt	0	– 20 000
Résultat avant impôt	40 000	20 000
Impôt sur les bénéfices ($33^{1/3}$ %)	– 13 333	– 6 667
Résultat net	26 667	13 333
Rentabilité des capitaux propres	**5,33 %**	**4,44 %**

➤➤➤

➤➤➤

Formule de l'effet de levier : Rf = (Re + (Re – i) x DF/CP) (1 – is)

Rf = rentabilité des capitaux propres (résultat net/CP)
Re = rentabilité économique : résultat avant charges financières / (CP + DF)
i = taux d'intérêt moyen des dettes financières
DF = dettes financières ; CP = capitaux propres ; DF/CP = taux d'endettement ; is = taux de l'impôt sur les sociétés

En fait, les gestionnaires doivent conjuguer plusieurs objectifs, souvent contradictoires :

– l'autonomie financière, limitée par un endettement trop élevé (en raison des contraintes imposées par les prêteurs) ;

– la flexibilité financière : un endettement trop élevé réduit la possibilité de recourir à nouveau à l'emprunt pour financer de nouveaux investissements. En outre, ils ont le souci d'adapter leur structure de financement (dettes à court terme/ dettes à long terme) à leurs anticipations sur l'évolution des taux d'intérêt ;

– la rentabilité : elle peut être améliorée (sous certaines conditions) par le recours à l'endettement (effet de levier).

1.5 Approche patrimoniale, approche fonctionnelle : deux cadres d'analyse complémentaires

L'analyse financière a connu, ces quarante dernières années, une évolution caractérisée par la multiplication des approches et des instruments d'analyse. La traditionnelle conception patrimoniale, qui correspond à l'optique du banquier, est concurrencée, depuis les années 1980, par l'approche fonctionnelle, qui répond davantage aux préoccupations de partenaires stables.

En fait, plutôt que de concurrence, il vaudrait mieux parler de complémentarité entre ces deux approches qui fournissent un éclairage différent d'une même réalité.

Chacune d'elle a ses propres objectifs et ses propres concepts et instruments, qu'il convient de bien distinguer, en raison notamment d'une ressemblance dans les expressions employées qui pourrait, à défaut, être une source de confusion.

L'approche patrimoniale

Elle vise à apprécier l'équilibre financier susceptible de garantir l'entreprise contre le risque d'insolvabilité. Il s'agit de mesurer la valeur des différents actifs et leur degré de liquidité. Puis de les confronter avec les dettes, classées selon leur degré d'exigibilité.

À partir d'un bilan comptable, on procède à un retraitement en vue d'établir un bilan financier.

1) *L'évaluation des actifs* : le bilan comptable obéit à des conventions qui n'ont plus lieu d'être respectées quand il s'agit d'estimer la valeur d'une entreprise et des différents actifs à sa disposition. On procède donc à une réévaluation des différents postes de l'actif : on élimine les postes sans valeur vénale comme les frais d'établissement ou les charges à répartir ; on recalcule la valeur probable de certains biens ou créances : les terrains et les constructions doivent souvent être réévalués à la hausse (un terrain acquis il y a 20 ans figure au bilan pour son prix d'achat. Cette valeur doit parfois être multipliée par 5 ou 10), tandis que les stocks peuvent être parfois réévalués à la baisse. De même, il faut estimer la valeur des éléments incorporels du fonds de commerce (cette expression désigne l'aptitude du fonds à capter la clientèle, en raison de sa situation géographique, de son enseigne, etc.). En raison des conventions comptables, cette valeur ne figure pas au bilan en cas de création du fonds, ou y figure pour son prix d'achat en cas de reprise d'un fonds existant. Cette réévaluation génère des plus ou moins-values qui viennent augmenter (ou diminuer) la valeur des capitaux propres, c'est-à-dire, la valeur nette de l'entreprise une fois les dettes déduites.

2) *L'évaluation du passif* : elle pose moins de problèmes en raison du caractère nominal des dettes. Toute fois il convient d'examiner le bien fondé des provisions pour risque et charges à répartir sur plusieurs exercices (qui constituent des dettes probables) : il arrive que pour bénéficier de réductions d'impôts on majore ces provisions. Si tel est le cas, il convient de réintégrer la fraction non justifiée (déduction faite de l'économie d'impôt qui devra, un jour, être restituée au fisc) dans les capitaux propres.

3) *Le reclassement des postes de l'actif* : une fois réévalué l'actif doit être reclassé dans un ordre de liquidité croissante : un actif est d'autant plus liquide qu'il peut être rapidement transformé en monnaie. Le matériel de production n'est pas liquide (sa vente entraînerait l'arrêt de l'exploitation) ; les stocks de produits ont une liquidité conditionnelle : ils doivent être vendus (ce qui dépend du comportement de la demande) pour être transformé en créances sur les clients : ces dernières ne se transformeront en monnaie que lors du recouvrement. Une analyse plus fine peut conduire à des reclassements :

– si un stock minimum doit être maintenu pour assurer la pérennité de l'exploitation, sa valeur doit être considérée comme un actif immobilisé (ce stock minimum est appelé « stock outil ». Le reste du stock est désigné par l'expression de « stock flottant ») ;

– si des créances sont difficilement recouvrables (client en liquidation, par exemple) ou des titres difficilement négociables, il convient de les reclasser en actif immobilisé.

4) *Le reclassement du passif* : les postes du passif sont classés par ordre d'exigibilité croissante. En particulier on fait la distinction entre dettes à plus d'un an et dettes à moins d'un an.

On obtient un *bilan financier* qui a la structure suivante :

Actif
Actif immobilisé
Valeurs d'exploitation (stocks)
Valeurs réalisables (créances à moins d'1 an)
Valeurs disponibles (trésorerie)

Passif
Capitaux propres
Dettes à long terme (à plus d'1 an)
Dettes à court terme (à moins d'1 an)

Les principaux indicateurs de l'équilibre financier sont :

• l'existence d'un fonds de roulement suffisant (appelé fonds de roulement financier – FRF – pour le distinguer du FRNG de l'approche fonctionnelle) :
FR = capitaux propres + dettes à long terme – actif immobilisé ;

• Les ratios de solvabilité et de liquidité :
– actif total/dettes,
– actif circulant/dettes à CT,
– valeurs réalisables et disponibles/dettes à CT,

• le niveau d'endettement : capitaux propres/dettes à LT.

L'approche fonctionnelle

Elle est à l'origine de travaux de recherches importants. Le plan comptable de 1982 l'a adoptée dans une version élémentaire qui malgré ses limites, a le mérite de la diffuser auprès d'un large public de praticiens.

Abandonnant les critères de liquidité et d'exigibilité, le cadre d'analyse du plan comptable repose sur un découpage conceptuel en trois cycles :

– un cycle d'investissement et de financement stable ;

– un cycle d'exploitation ;

– un cycle résiduel comprenant des opérations cycliques hors exploitation et les opérations de trésorerie.

Par ailleurs, afin de décrire dans un tableau de financement, les flux explicatifs de la variation du fonds de roulement net global entre deux bilans successifs, on travaille sur un bilan en valeurs brutes (ou valeurs d'origine). Les amortissements et les provision étant portés au passif dans les ressources stables (puisqu'ils sont un de éléments de l'autofinancement accumulé). La structure du *bilan fonctionnel* est la suivante :

Actif
Emplois stables – immobilisations incorporelles – immobilisations corporelles – immobilisations financières
Actif circulant – d'exploitation – hors exploitation – de trésorerie

Passif
Ressources stables – capitaux propres – amortissements et provisions – dettes financières
Passif circulant – d'exploitation – hors exploitation – de trésorerie

Le bilan fonctionnel ne permet plus d'appréhender la valeur de l'entreprise comme dans l'approche patrimoniale, mais là n'est pas son objectif.

Par contre, il permet d'appréhender le besoin en fonds de roulement net global (terminologie introduite par le PCG 1982) et son financement au moyen du fonds de roulement net global complété éventuellement par des concours bancaires (passif de trésorerie).

Cette présentation du BFR, bien qu'insuffisante, a le mérite d'être pédagogique et constitue une première étape vers sa détermination en jours de chiffre d'affaires selon la méthode normative.

On a donc les relations suivantes :

• **FRNG = ressources stables – emplois stables**,

ou encore Actif circulant – Passif circulant. Mais seule la première formule correspond à la définition du fonds de roulement : montant des capitaux stables investis dans le cycle d'exploitation.

• **BFRNG = Actif circulant d'exploitation et hors exploitation – Passif circulant d'exploitation et hors exploitation.**

Le BFRNG peut être décomposé en besoin en fonds de roulement d'exploitation (BFRE = actif d'exploitation – passif d'exploitation) et en besoin en fonds de roulement hors exploitation (BFRHE = actif circulant H.E. – passif circulant H.E.).

• Trésorerie nette : **TN = actif de trésorerie – passif de trésorerie.**

Desquelles on déduit la relation fondamentale :

FRNG = BFRNG + TN

Si TN est positif, le fonds de roulement est supérieur aux besoins ; le reliquat de ressources stables est investi en liquidités. À l'inverse, si TN est négatif, cela traduit une insuffisance de fonds de roulement. Pour couvrir ses besoins en FR. L'entreprise a eu recours aux concours bancaires.

2 | La comptabilité

« Il y a trois sortes d'êtres au langage mystérieux : les plus aisés à comprendre sont les fous, puis viennent les polytechniciens, et enfin les comptables. » Cette boutade de A. Detœuf[3] en forme de maxime invite à s'initier à la comptabilité afin d'interpréter les états comptables et d'en prendre la juste mesure. La comptabilité donne une traduction chiffrée de l'activité de l'entreprise. Cependant, même quand ils sont techniquement irréprochables, les comptes ne présente que rarement une image fidèle, même si cette dernière est l'objectif idéal assigné au comptable. Cela n'enlève rien à son intérêt qui est surtout de fournir un cadre de discussion et un langage commun aux partenaires économiques et sociaux (Texte 4).

CAPRON Une fonction sociale fondamentale : apporter la confiance

TEXTE 4

Il est clair que la comptabilité s'insère dans un système d'information économique et social déterminé par un faisceau d'enjeux politiques et sociaux. On sait depuis Colbert que l'obligation de tenir des livres comptables est un moyen très efficace de contrôle social dans les États modernes et, en particulier, que la coercition fiscale ne saurait s'en passer. Dans l'entreprise, la comptabilité, doublée du contrôle de gestion, contribue souvent à légitimer et à conforter les pouvoirs économiques en place tout en masquant les origines et les manifestations de ces pouvoirs.
Pour se maintenir au pouvoir sans avoir recours à la force, il faut garder la confiance de ses mandants ou de ses administrés. Vis-à-vis des actionnaires, des cadres et plus généralement de l'ensemble des salariés, la direction d'entreprise ne manquera pas de s'appuyer sur les documents comptables pour y puiser des arguments, une justification de son action passée ou, simplement, chercher à renforcer sa crédibilité en exhibant la certification des commissaires aux comptes, vite assimilée à un certificat de bonne gestion.

La nécessité de compter provient évidemment en grande partie des relations d'échange marchand. Ces relations sont toujours empreintes à la fois de confiance et de méfiance…

Mais pour trouver les compromis nécessaires, faut-il encore parler un langage commun, énoncer quelque chose qui permette de maintenir le contact, de réduire les aspérités de sens, de servir de liant au consensus… Ce qui est alors perçu au travers de la comptabilité n'est pas tant une vérité absolue que quelque chose à laquelle toutes les parties peuvent adhérer, même si ce n'est que temporairement et même si cela est assorti de beaucoup de réserves. On en trouve, en particulier, une illustration frappante avec les calculs de rendement standard dans les chantiers de

➤➤➤

3. *Propos de O. Barenton, confiseur* – 1938. Les Éditions d'Organisation, 1989.

>>>

BTP, qui d'après certaines études sont probablement faux ou du moins faiblement fondés sur la réalité physique du processus de production. L'important n'est pas que les chiffres soient « vrais », ou « faux » mais qu'ils soient bien connus de tous, qu'ils représentent un bilan commun de la profession pour réguler la concurrence, et qu'ils permettent de mener les négociations avec la clientèle dans un contexte où les entreprises doivent multiplier les réponses aux appels d'offres » (Zarifian P., « Productivité et gestion ; les apports de recherche sur le BTP », *Travail*, n° 16, février 1989, p 38). Chacun pourrait, sans doute, trouver de multiples exemples, où la fourniture, en elle-même d'un résultat chiffré est finalement moins importante que son rôle de médiation dans les rapports sociaux et d'échange...

Finalement, on peut avancer que la connaissance issue de la technique comptable n'est autre qu'une croyance vraie, accompagnée d'une justification appropriée, dont la perception par les différents acteurs dépend de leurs propres objectifs et stratégies et de leur critère de jugement. »

Michel Capron, « La comptabilité : faut-il y croire pour avoir confiance ? » série « Gérer et comprendre » de la revue *Annales des mines*, décembre 1990.

2.1 La comptabilité générale

Elle a pour mission d'enregistrer les faits susceptibles d'affecter la situation patrimoniale de l'entreprise et de produire des documents de synthèse : balance, bilan, compte de résultat, etc.

Elle obéit à des règles strictes dont la transgression peut entraîner des sanctions judiciaires et fiscales. Elle est l'objet d'un effort de normalisation qui s'est traduit par l'élaboration d'un droit comptable concrétisé, notamment, par la réécriture, en 1999, du Plan comptable français. Les règles comptables subissent également l'influence des autres branches du droit : civil, commercial, fiscal, etc. Les livres comptables peuvent servir de moyens de preuve entre commerçants, ils sont également requis à l'occasion de contrôles, notamment fiscaux. La comptabilité générale produit des informations utiles à la prise de décision, mais les états comptables sont souvent inadaptés et doivent être retraités par les techniciens de la comptabilité de gestion ou de l'analyse financière.

Le travail comptable consiste :

• à décrire des opération financières en termes de *ressources et d'emplois* ; l'achat à crédit, par exemple, de 1 000 euros de marchandises s'analyse ainsi :

– la ressource : c'est le crédit accordé par le fournisseur (qui finance momentanément l'achat). Le compte « fournisseurs » sera donc crédité de 1 000 euros ;

– l'emploi : le crédit du fournisseur est « employé » pour acheter des marchandises. Le compte « achats » sera donc débité de 1 000 euros.

Toute somme inscrite au débit d'un compte, doit avoir pour contrepartie une ou plusieurs sommes, d'un total équivalent, inscrites au crédit d'un ou plusieurs autres comptes – et vice versa. C'est *le principe de la partie double* qui permet de décrire totalement chaque opération et facilite les contrôles de cohérence interne ;

• à résumer l'information comptable en calculant des soldes puis à effectuer, éventuellement, des regroupements successifs ;

• à inventorier une fois par an les éléments du « patrimoine » de l'entreprise (bien que l'entreprise n'ait pas de personnalité juridique cette dernière étant un attribut de l'entrepreneur, personne physique où morale, on considère néanmoins qu'elle possède un patrimoine d'affectation). C'est l'occasion de procéder à certaines régularisations, notamment :

– les dotations aux comptes d'amortissements : l'amortissement est la constatation de la dépréciation d'une immobilisation (bâtiment, machine, etc.) qui résulte de son utilisation ou de l'évolution des techniques (obsolescence). Il a deux effets : 1) il diminue la valeur du bien et évite ainsi qu'il ne figure au bilan pour une somme supérieure à sa valeur vénale ; 2) il intervient dans le calcul du résultat comme une charge (dite « calculée » car elle ne donne pas lieu à une dépense). Ce qui a deux conséquences : une fraction du surplus monétaire, ainsi exclue du bénéfice distribuable, est conservée dans l'entreprise (c'est une façon quasi automatique de pratiquer de l'autofinancement de maintien) ; le résultat imposable est réduit d'autant. Cette économie d'impôt allège le coût de l'investissement (Exemple 18) ;

– les dotations aux comptes de provisions : c'est une technique similaire à l'amortissement qui permet de réduire le résultat calculé : pour tenir compte d'un éventuelle dépréciation d'une créance ou d'un bien (un client qui risque de ne pas payer, un stock qui comprend des produits difficiles à écouler…) ; pour tenir compte d'une dépense probable (si, par exemple, un client réclame en justice des dommages et intérêts pour une prestation qu'il estime insuffisante, on constate, par prudence, une provision pour le montant de la demande, en attendant le verdict).

EXEMPLE • 18

Amortissements, fiscalité et coût réel d'un investissement

Mlle Marion est gérante d'une petite SARL et songe à acquérir un micro-ordinateur, tant par souci ludique que professionnel. Deux possibilités s'offrent à elle : soit l'acheter à titre personnel et s'en servir de temps en temps pour son entreprise ; soit l'acheter au nom de cette dernière et « l'emprunter » de temps en temps pour ses loisirs.

Si elle opte pour la première solution, le micro-ordinateur lui coûtera 1500 € HT + 294 € de TVA soit 1 794 €.

➤➤➤

>>>

Si elle opte pour la seconde solution, la TVA lui est restituée par le fisc, soit 294 € ; de plus, elle peut amortir son micro-ordinateur sur 3 ans (supposons, pour alléger les calculs qu'elle adopte la méthode la plus simple, quoiqu'un peu moins avantageuse, l'amortissement linéaire). Dans ce cas, elle peut chaque année (et pendant 3 ans) comptabiliser 500 € de dotation aux amortissements, charge déductible du bénéfice imposable qui lui fait réaliser une économie d'impôt de 500 x 33 1/3 % = 167 €.

Récapitulons :

dépense initiale	1794
TVA restituée	– 294
Économie d'impôt (167 × 3)	– 501
Coût réel	999

Certes les économies d'impôt seront échelonnées et un peu amputées par l'inflation. Néanmoins, la deuxième solution est de loin la plus avantageuse.

D'autant plus que les frais de fournitures (disquettes, papier, etc.) ainsi que d'entretien seront également diminués de la TVA et de l'économie d'impôt.

L'inventaire permet d'obtenir :

– le bilan ;

– le compte de résultat qui détaille (dans une certaine mesure) le montant du résultat figurant au bilan ;

– l'annexe : ensemble d'informations chiffrées ou littérales venant compléter les deux documents précédents.

Ainsi les états comptables sont les résultats de nombreux traitements au cours desquels le comptable a dû procéder à des choix qui, même dans le cadre d'une réglementation contraignante, lui laissent une marge de manœuvre pour faire dire aux chiffres un peu ce qu'il veut (Exemple 19). Ces techniques d'amélioration de l'image financière sont dénommées « comptabilité créative ».

EXEMPLE • 19

Quel résultat annoncer ?

M. Charles, P.-D.G. d'une petite SA, est perplexe. Son comptable lui a demandé lequel des deux modes d'amortissement, linéaire ou dégressif (la loi laisse le choix dans la plupart des cas), retenir pour le nouvel outillage acheté en début d'année pour 800 000 €. Avant comptabilisation de cet amortissement, le résultat comptable est de 200 000 €.

>>>

➤➤➤

1) Il peut l'amortir en linéaire sur 10 ans, ce qui donne une dotation de 800 000/10 = 80 000. Le résultat définitif devient :

- avant impôt : 200 000 – 80 000 = 120 000
- impôt sur les sociétés : 120 000 x 33 $^{1/3}$ % = 40 000
- résultat après impôt : 120 000 – 40 000 = 80 000

(résultat que M. Charles estime honorable, eu égard à la dimension de l'affaire).

2) Il peut amortir en dégressif sur 10 ans, ce qui donne une dotation de 800 000 x 25 % = 200 000 ;
et le résultat définitif devient : 200 000 – 200 000 = 0.

Fiscalement la deuxième solution est la plus avantageuse puisqu'elle permet d'économiser 40 000 € d'impôt (en fait un peu moins car les entreprises déficitaires doivent acquitter un impôt forfaitaire en fonction de leur chiffre d'affaires), mais elle contraint M. Charles à présenter à ses associés, lors de la prochaine assemblée générale, un bilan avec un résultat nul, ce qui risque de leur déplaire et de les amener à le révoquer. Entre l'intérêt de l'entreprise et son poste, le cœur de M. Charles balance...

Si la comptabilité générale permet de calculer le résultat annuel, c'est-à-dire de combien la part des propriétaires s'est appréciée ou dépréciée, elle ne permet pas de connaître, par exemple, les produits rentables ou le coût d'une unité (un atelier, un service fonctionnel, etc.).

Pour répondre à ces questions, fondamentales pour la gestion, il convient de retraiter les charges et les produits d'une autre manière.

2.2 La comptabilité de gestion

Contrairement à la comptabilité générale, la comptabilité de gestion, encore appelée Comptabilité analytique, est facultative. Alors que la première est contrainte par les réglementations diverses, pour la seconde les entreprises disposent d'une totale liberté.

La comptabilité de gestion est donc essentiellement un outil à usage interne (les coûts et résultats analytiques sont, la plupart du temps, considérés comme des secrets industriels).

Sa mission est de calculer les coûts (d'un produit, d'une fonction, d'une opération de fabrication, d'une commande particulière, etc.), les marges et les résultats analytiques (par catégories de produits vendus) pour des périodes relativement courtes, généralement le mois (Repère 54).

La comptabilité de gestion procède donc à un retraitement des charges et des produits enregistrés en comptabilité générale, cette dernière les enregistrant *par nature* ; tous les salaires sont, par exemple, imputés dans un même compte « Rémunération du personnel » (le comptable ne sait pas à quoi sont employés les salariés inscrits dans son livre de paye), tous les achats de matières dans un

REPÈRE•54

Coûts, marge et résultat

Coût
Ensemble de charges se rapportant à une opération, une activité, un produit (ou partie d'un produit), etc. Ainsi on calculera, par exemple, le coût d'achat de la matière M (le prix d'achat + les frais d'approvisionnement), le coût de production du produit P (coût d'achat des matières consommées + les frais de fabrication), le coût direct de production du produit P (ensemble des charges directes dans l'élaboration du produit), le coût variable de production du produit P (ensemble des charges variables), etc.

Coût de revient
Ensemble des charges entrant dans l'élaboration d'un produit et sa commercialisation. Le coût de revient (réel) ne peut être calculé qu'une fois le produit vendu (synonyme : prix de revient).

Marge
Différence entre le prix de vente d'un produit et un coût. Ainsi on calculera, par exemple : la marge sur coût d'achat de la marchandise X (prix de vente – coût d'achat), la marge sur coût de production du produit P (prix de vente – coût de production), la marge sur coût variable du produit P (prix de vente – coût variable), etc.
Une marge, pour que l'activité soit bénéficiaire, doit assurer la couverture des charges situées en aval (la marge sur coût de production doit couvrir les charges de distribution et d'administration générale ; la marge sur coût variable doit couvrir les charges fixes, etc.)

Résultat
C'est la différence entre le prix de vente et le coût de revient.

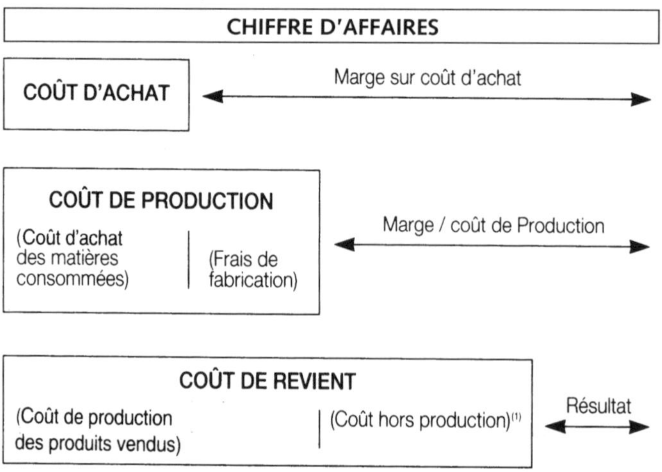

(1) Coût hors production = frais de distribution, de financement et d'administration générale.

même compte « Achats de matières premières », toutes les ventes dans un compte « Ventes de produits finis » (quand le comptable enregistre la facture d'un fournisseur, il ignore la destination des matières achetées), etc.

Le comptable analytique reprend donc toutes ces données et les enregistre, cette fois, *par destination* : il répartit les différentes charges (achats de matières, de fournitures et de services ; les salaires, cotisations et impôts, etc.) entre les différentes activités ou types de produits fabriqués (ce qui implique l'existence d'un système d'information *ad hoc* : bons de travail, bons matières, etc.).

Mais ce travail est plus complexe qu'il n'y parait et surtout, ce qui est plus gênant, entaché d'arbitraire. En effet, les différentes charges à retraiter par destination présentent différents niveaux de difficultés : certaines sont relativement faciles à rattacher à l'activité ou au produit dont on veut calculer le coût. Ce sont les *charges directes* (matières, salaires des ouvriers de fabrication). Mais comment répartir les frais financiers, les charges de secrétariat général, des bureaux d'études, de maintenance, d'encadrement, etc. ? Ces *charges indirectes*, pour lesquelles il est, en définitif, impossible de trouver des critères objectifs de répartition, sont après des calculs plus ou moins compliqués imputées avec une certaine dose d'arbitraire.

Tant que les charges directes représentaient l'essentiel du coût de revient, cet inconvénient était négligeable. Quand les fonctions d'études (recherche et développement, marketing, etc.) et d'administration générale (GRH, finance, informatique, etc.), se développent, quand les coûts des produits intègrent de plus en plus de charges indirectes (75 à 90 %), cela pose un grave problème de crédibilité et d'opérabilité.

Car la finalité de la comptabilité de gestion n'est pas tant de calculer des coûts historiques (combien *a coûté* le produit) que de servir de base à l'élaboration des coûts prévisionnels (combien *coûtera* le produit). Bien que les chiffres n'aient pas le caractère d'objectivité qu'on leur attribue trop souvent, tous ces calculs, malgré leurs imperfections, sont indispensables à la prise de décision et à l'exercice du contrôle de gestion.

2.3 Contrôler les coûts et les performances

Le contrôle de gestion a pour mission de veiller à la bonne utilisation des ressources de l'entreprise. Dans la pratique cela revient à vérifier l'exécution des plans et des budgets, à rechercher la cause des sous-performances et à proposer des solutions pour corriger les dérives constatées.

Avec l'essoufflement de la croissance et le resserrement des contraintes, les démarches traditionnelles ont rapidement montré leurs limites. Des méthodes alternatives (ou complémentaires) ont été développées.

Le Budget Base Zéro

Élaborée à la fin des années 1960 aux États-Unis et introduite en France au début des années 1980, cette technique se propose de remédier à une dérive consistant à reconduire d'une année sur l'autre les budgets en les majorant du taux de l'inflation, voire davantage, quand des charges nouvelles pèsent sur les services.

Dans cette méthode, les budgets doivent être reconstruits en « repartant à zéro », ce qui oblige chaque responsable à justifier les moyens qu'il réclame. Toutefois, dans la pratique on part rarement de zéro mais plutôt d'un « plancher » équivalent à 70 ou 80 % du budget précédent.

La comptabilité par activités

Conçue par un groupe de travail international, le CAM-I (Computer Aided Manufacturing International) à partir de 1986, cette méthode s'inspire de l'analyse de « la chaîne de valeur » de M.E. Porter (voir chapitre 6). L'objectif est d'obtenir une modélisation de la consommation des ressources (sous la forme d'une carte d'activités) afin d'évaluer les processus créateurs de valeur. La démarche repose sur deux principes que l'on peut résumer ainsi :

– les produits consomment des activités ;

– les activités consomment des ressources.

Alors que dans la démarche classique des centres d'analyse, les charges indirectes sont incorporées aux coûts des produits en fonction du comportement de certaines charges directes, dans la comptabilité par activités, elles sont imputées, dans une première étape, *aux activités* en fonction *d'inducteurs de coûts* censés expliquer les consommations de ressources. Ce n'est qu'à un stade ultérieur que les coûts des produits sont déterminés. Cette méthode a donc l'ambition de réduire l'arbitraire qui préside à l'imputation des charges indirectes.

La méthode des coûts cachés

L'analyse socio-économique de l'entreprise, développée par l'ISEOR (Institut de socio-économie des entreprises et des organisations) depuis 1973, a pour objet d'étude les dysfonctionnements générateurs de coûts cachés : éléments de coûts et de produits ignorés par le système d'information comptable de l'entreprise (comptabilité générale, analytique, budgétaire). Ils ne sont donc pas repérés avec précision, alors même qu'on en devine l'existence. Bien qu'« invisibles », les coûts cachés ont une incidence sur le résultat car ils se traduisent par un alourdissement des charges ou une baisse des produits.

Ces coûts peuvent être regroupés autour de cinq indicateurs : absentéisme, accidents du travail, rotation du personnel, qualité des produits, productivité directe (quantités produites).

Après avoir mis au point une méthode d'analyse des coûts cachés, l'ISEOR s'est attachée à démontrer que ces coûts pouvaient être, en partie, réduits (la fraction incompressible correspondant à un *slack* nécessaire à la vie de l'entreprise) en proposant deux instruments : le tableau de bord de pilotage stratégique (instrument collectif d'implication) et le contrat d'activité périodique négociable (instrument individuel de stimulation-motivation).

Conclusion de la 3e partie

L'activité de l'organisation, matérialisée par le travail des différentes unités et services suppose, y compris pour la production matérielle, l'échange et le traitement d'informations : enregistrement de la commande d'un client, ordre de déstokage, ordre de fabrication, informations nominatives sur les clients, les fournisseurs, le personnel, etc. L'information circule dans toute l'organisation (et entre l'organisation et ses partenaires), elle doit être saisie, contrôlée, analysée, synthétisée, archivée.

Ce traitement implique l'usage de procédures plus ou moins rigoureuses, et des moyens matériels et humains.

Depuis une quarantaine d'années, ce qu'il est convenu d'appeler *le système d'information* de l'entreprise est formalisé et automatisé. Les premiers ordinateurs ont été réellement commercialisés au début des années 1960. À l'époque, seules les grandes sociétés pouvaient investir dans des systèmes très coûteux qui étaient confiés précieusement à des spécialistes.

La révolution de la micro informatique, au début des années 1980, et la baisse continuelle des prix des matériels et des logiciels, a permis une réelle démocratisation et décentralisation de l'informatique.

L'interconnexion des systèmes autorise, de plus en plus, le traitement en temps réel et l'échange de données informatisées : le client saisi sa commande sur son ordinateur, elle est immédiatement transmise à l'ordinateur du service commercial de l'entreprise qui après vérification, émet un ordre de fabrication, etc.

Cette intégration des traitements supprime les saisis multiples et réduit considérablement les délais, développant la réactivité de l'organisation. Elle permet aussi de réaliser des gains de productivité. Elle favorise également la formalisation et la standardisation des tâches administratives, commerciales et comptables, ainsi que le contrôle sur les individus.

PARTIE 4

ENTREPRISE
ET SOCIÉTÉ

13
L'entreprise et le changement social

SOMMAIRE

Depuis la décennie 1980, l'entreprise a été portée sur la place publique. Ce succès médiatique aide-t-il réellement à connaître l'entreprise ? À comprendre sa nature, les mécanismes sociaux qui opèrent derrière ses portes, les enjeux dont elle est l'objet ? Les thèmes, cent fois exposés, de l'impératif de compétitivité, de la flexibilité, de l'éthique, du nécessaire consensus social permettent-ils au citoyen d'améliorer sa compréhension du rôle qu'elle joue dans les mutations qui affectent la société ou contribuent-ils à en masquer les effets : la redistribution des revenus, des pouvoirs, des statuts sociaux…

Poser ainsi le problème c'est s'avancer sur un terrain dominé par les idéologies, où toute tentative de démystification est elle-même suspecte de partialité. Sans prétendre à une impossible objectivité, il est néanmoins permis d'éclairer la question en précisant le degré d'autonomie de l'entreprise (a-t-elle des objectifs, des mobiles propres ou est-elle uniquement un instrument entre les mains de ses dirigeants ?) et la force d'inertie ou de changement qu'elle représente. Enfin, avant d'esquisser brièvement quelques scénarios sur le devenir possible de notre société, le questionnement portera sur la place et le rôle dévolus à l'entreprise.

1 | L'entreprise est-elle un acteur social ?

Les pages précédentes ont montré qu'il était difficile, voire illusoire, de tracer les frontières de l'entreprise. L'enveloppe juridique est insuffisante et l'entité économique ne se laisse pas facilement délimiter, comme s'il s'agissait d'un ensemble flou. En fait, le problème de l'autonomie de l'entreprise est plus souvent posé que résolu, probablement en raison des multiples dimensions de cette dernière.

1.1 Un être à plusieurs visages

Selon le point de vue que l'on adopte – juridique, économique, institutionnel, politique – l'entreprise est perçue différemment, mais il serait réducteur de n'en retenir qu'un.

Un espace juridique

L'entreprise n'a pas la personnalité juridique. Seuls les individus ou le collectif des associés sont des sujets de droit. Toutefois, le législateur a dû aménager ou édicter un grand nombre de règles pour tenir compte de la spécificité des contrats régissant les rapports entre l'entreprise et ses partenaires externes, et les relations entre ses membres. Ces conventions (souvent non écrites) codifiant le fonctionnement de l'entreprise, résultent de rapports de force et doivent être renégociées quand ces derniers évoluent de manière significative. La règle de droit, ou le contrat, jouent un rôle stabilisateur et réducteur de pouvoir : en balisant le territoire de chacun, en précisant ce qui est permis ou non, ils réduisent les occasions de conflits. À l'inverse, l'incertitude, le flou juridique ou conventionnel, augmentent le pouvoir de ceux qui interprètent les règlements imprécis ou incomplets et peuvent entraîner des renégociations fréquentes qui absorbent beaucoup de temps et d'énergie.

L'imprécision juridique peut résulter de l'inflation de textes, de leurs imprécisions, de ce qu'ils se contredisent. Le grand principe « Nul n'est censé ignorer la loi » devient alors inapplicable. Elle peut également découler du recul de la loi au profit du contrat. Dans tous les cas, le danger est un recours croissant aux tribunaux.

Un espace économique

L'entreprise crée de la valeur ajoutée en transformant des *inputs* en *output*s, en consommant des facteurs de production (machines, main-d'œuvre, matières, énergie…) pour produire des biens et des services d'une valeur supérieure. Elle peut aussi, grâce à son pouvoir de marché, capter une partie de la valeur créée par les autres agents économiques (Repère 55).

REPÈRE•55

Que mesure la valeur ajoutée ?

Selon la définition couramment retenue :

Valeur ajoutée = production – consommations intermédiaires.

En effet, pour apprécier la performance de l'entreprise en tant que créatrice de richesses, il convient de soustraire de la valeur des biens et services produits et offerts à la société, la valeur de ceux qui lui ont été prélevés pour les besoins de la production. En toute logique on devrait comptabiliser dans les consommations intermédiaires :

– les matières, fournitures, énergie, services (transports, publicité, etc.) ;
– l'usure du capital technique (bâtiments, machines, etc.) ;
– les biens et services consommés par le personnel et relatifs à son activité (frais de transports, repas, soins consécutifs aux maladies professionnelles et autres accidents du travail, etc.) ;
– le coût des nuisances diverses (la destruction du patrimoine écologique, notamment) et l'usage des biens collectifs (voirie, police, pompiers, etc.).

En pratique, seuls les premiers (énoncés au premier alinéa) sont retenus en raison des difficultés rencontrées pour évaluer les autres. Par précaution, la comptabilité nationale utilise l'expression de valeur ajoutée brute pour désigner le résultat de ces calculs, ce qui sous-entend que toutes les richesses détruites n'ont pas été recensées (la comptabilité d'entreprise se satisfait de l'expression VA produite).

Le mode d'évaluation retenu fausse également la signification de la VA : la production, comme les consommations intermédiaires sont évaluées aux prix facturés. Or ces prix dépendent, en partie, de la capacité de négociation de l'entrepreneur, de son habileté à acheter « bon marché » et à vendre « cher », (ce qui résulte surtout de son pouvoir de marché), autrement dit, à acheter ou vendre à un prix plus avantageux que celui qui s'établirait sur un marché de concurrence pure et parfaite, ce qui lui permet de **capter une partie de la valeur ajoutée produite par ses fournisseurs ou par ses clients** (si le client est le consommateur, c'est une fraction de son revenu qui est captée, ce qui revient au même, le revenu étant la contrepartie de la VA précédemment distribuée). Au niveau macro-économique, cela n'a aucune incidence, car ce que l'un gagne à l'occasion de ce transfert, l'autre le perd, sans affecter le calcul de la richesse totale créée. **Mais au niveau d'une entreprise, la valeur ajoutée ainsi mesurée est la somme algébrique de la VA produite et de la VA transférée**. Elle ne permet pas d'apprécier réellement sa contribution à la création de richesse.

Les entreprises ont longtemps négligé cet indicateur (la VA n'est introduite dans le plan comptable général qu'en 1982, à titre facultatif) préférant analyser leur résultat d'exploitation. Les analystes financiers l'utilisent comme estimateur du poids économique d'une entreprise ou comme élément de mesure de la productivité (avec beaucoup de précautions, eu égard aux conventions de calcul de la VA. Cette dernière est souvent retraitée pour neutraliser les effets de la sous-traitance, du financement en crédit-bail ou le recours à du personnel intérimaire).

Elle répartit ensuite cette valeur ajoutée entre les salariés (Repère 55), les institutions de crédit (intérêts), l'État (impôts et taxes) et les détenteurs du capital (dividendes et autofinancement). Dans les entreprises à direction managériale, il y a lieu d'ajouter la catégorie des dirigeants salariés (Repère 56).

REPÈRE•56

Part des salaires dans la Valeur ajoutée (France)

Source : INSEE, Comptes nationaux.

Comment s'effectue ce partage ? En simplifiant, on peut classer les théories de la répartition en trois groupes :

1) Les thèses néo-classiques : il existe des lois économiques régissant la répartition. En situation de concurrence parfaite, le partage de la VA s'effectue proportionnellement à la productivité marginale des facteurs de production. Dans une organisation efficace, chacun est rétribué selon sa contribution, ce qui évacue les interrogations sur le « juste salaire », le « profit normal », etc.

2) Les thèses d'inspiration marxiste : la répartition est régie en partie par des lois économiques (loi de la valeur…) mais dépend également du rapport de force entre les classes sociales : une classe dominante exploite une classe dominée (en raison de leur position respective dans les rapports de production), mais cette dernière, par sa résistance, par la lutte organisée, peut réduire le degré d'exploitation.

3) Les thèses sociologiques (partagées par certains post-keynésiens) : il n'y a pas de loi économique (objective, ayant un pouvoir prédictif) de la répartition. Une fois la VA produite, son partage dépend du rapport de force entre les groupes sociaux ou les individus.

REPÈRE • 57

Les stocks-options et l'actionnariat salarié

En plus de leur rémunération, les salariés et les dirigeants d'entreprises peuvent recevoir une rétribution supplémentaire en fonction des performances de l'entreprise.

Pour le personnel, la législation relative à la participation aux résultats et à l'épargne salariale prévoit, entre autres, l'attribution d'actions de la société.

Mais les entreprises distribuent également des options d'achat d'actions (stocks-options). Il s'agit de permettre à certains cadres (des organes de direction, dans la majorité des cas) d'acheter un certain nombre d'actions de leur société à un prix convenu à l'avance. Si, le cours du titre dépasse ce prix d'exercice, le bénéficiaire réalisera une plus-value. Dans le cas contraire, il pourra renoncer à l'option.

Prenons l'exemple d'une action cotée 100 €. Le salarié peut se voir offrir 1000 options à un prix d'exercice de 80 €.

Si par malchance, le cours descend en dessous de 80, il peut renoncer à ses options. Il ne gagne rien, mais ne perd rien non plus.

Si, au contraire, le cours s'élève, par exemple à 140, il peut décider d'exercer ses options. Il débourse 80 000 € (1 000 × 80) pour acquérir des actions qu'il revendra immédiatement pour 140 000 € (1000 × 140), réalisant au passage une plus-value de 60 000 €.

Toutefois, l'observation des pratiques des entreprises montre que cet intéressement est loin d'être équitable. Selon une étude réalisée en 2000 par la société de conseils Stock-Option.fr, seul un salarié sur 100 reçoit des stocks-options. Cette enquête montre également qu'un PDG d'une société du CAC 40 disposait d'une plus-value potentielle de plus de 15 millions d'euros alors que le portefeuille moyen d'un salarié-actionnaire s'élevait 15 000 euros, soit un rapport de 1 à 1 000.

Par ailleurs, l'entreprise épargne, investit, place ou emprunte des capitaux ; et, surtout, elle organise : elle substitue aux rapports d'échange régulés par la « main invisible » du marché des rapports organisationnels (coordination, hiérarchie, planification…) où la « main visible » des managers joue un rôle centralisateur et planificateur.

Ainsi, l'entreprise est davantage qu'un agent économique. C'est un sous-ensemble de l'espace économique national et/ou mondial où se réalisent, selon des procédures administratives hiérarchisées, l'allocation des ressources et la planification de l'activité. Tandis que dans ses rapports avec l'extérieur elle est plutôt contrainte par les lois du marché, son fonctionnement interne relève plutôt du non marchand. Cet aspect, partiellement abordé par la théorie des coûts de transaction, est curieusement absent du débat relatif au rôle économique de l'État. Toute nationalisation d'entreprise est actuellement interprétée comme un recul de l'économie de marché et une dérive collectiviste, la privatisation se voyant attribuer les effets contraires ; pourtant, le degré de concentration et le champ couvert par les ententes sont un indicateur bien plus pertinent du degré de centralisation d'une économie.

Un espace social

Les individus œuvrant au sein de l'entreprise constituent une micro-société structurée et hiérarchisée selon plusieurs dimensions : hiérarchie formelle, spécialisation fonctionnelle, professions, classes d'âge, sexes, appartenance syndicale ou politique, classes sociales, confessions religieuses, etc. Selon le cas, telle ou telle dimension peut être prépondérante, mais les autres ne doivent pas pour autant être négligées. Cette configuration multidimensionnelle explique les réseaux de solidarité, les complicités ainsi que les oppositions, les rivalités, les conflits… Elle est traversée par les sentiments, les passions (sympathie, estime, haine, mépris, admiration…) dont les acteurs n'ont pas toujours clairement conscience, comme peuvent être, en partie, inconscients les mobiles qui les font agir : le revenu monétaire, bien sûr, mais aussi des rémunérations en nature ou symboliques (prestige du titre, de la fonction, cylindrée de la voiture de service, dimension et confort du bureau personnel, etc.) et des gratifications morales (estime des collègues, des supérieurs, sentiment d'appartenir à une puissante organisation…). Elle favorise des micro-cultures, souvent en compétition, l'une d'elles réussissant généralement à s'imposer.

Ces forces sociales internes travaillent l'organisation dans des directions contraires :

– les unes ont des effets centrifuges : différenciation fonctionnelle ou hiérarchique, rivalités individuelles, syndicales, corporatistes ;

– d'autres, au contraire, renforcent la cohésion : solidarité, culture dominante, autorité hiérarchique…

Une institution

Cet espace social tend à se maintenir en l'état, à durer, en se régulant. Cette régulation est à la fois spontanée et désirée :

– spontanée, car chaque groupe social tend naturellement à transmettre ses connaissances, ses valeurs, son symbolisme, son imaginaire au nouvel arrivant et à lui imposer ses normes. Une mutation de poste, une promotion, par exemple, nécessitent souvent des efforts importants d'apprentissage et d'adaptation culturelle ;

– désirée, car ceux qui détiennent le pouvoir au plus haut niveau sont amenés, pour le conserver et maintenir la cohésion de l'organisation, à imposer une culture dominante (la leur) et à infléchir les modes de transmission des connaissances. La formation professionnelle, les séminaires, les réunions de travail (mais aussi hors travail) n'ont pas seulement pour objectif de transmettre des savoirs, des informations, des directives, ils visent également à normaliser les comportements, les mécanismes intellectuels, en un mot, à socialiser.

Un espace politique

Les relations entre les individus, entre les groupes, les coteries, sont des rapports de coopération, mais aussi des rapports de force, des relations de pouvoir. Elles sont empreintes de confiance mais aussi de méfiance.

Le pouvoir est un enjeu et une ressource. On cherche à accroître son pouvoir, soit par goût du pouvoir (ce qui est parfois un mobile suffisant), soit parce qu'il permet de négocier avantageusement le partage des richesses monétaires et non monétaires (avantages en nature, prestige, etc.). C'est également un moyen de protéger son autonomie, ses prérogatives, son « territoire », ses revenus… Tout le monde, du P-DG au manœuvre, « détient » du pouvoir. Mais ce dernier est inégalement réparti. Si la réciprocité de la relation de pouvoir impose la coopération (car le pouvoir n'est pas un objet mais une relation), son inégalité permet à ceux qui en détiennent le plus d'imposer leurs objectifs, leurs stratégies.

Dans les PME, et en particulier dans les plus petites, la personnalité du dirigeant est déterminante. L'existence de l'entreprise et sa performance dépendent, pour une grande part, des qualités du patron. C'est lui, et lui seul, qui fixe les objectifs et la stratégie, même si son pouvoir n'est pas absolu. Dans ce cas, parler des intérêts de l'entreprise n'est qu'une figure de rhétorique pour évoquer ceux du patron propriétaire. Et demander aux salariés, ou aux citoyens, de faire passer leurs intérêts personnels après ceux de l'entreprise participe du discours idéologique.

Le cas de la grande entreprise est un peu différent. En raison de sa dimension (certaines unités ont la taille d'une ville moyenne), de la complexité de son organisation et de l'existence de contre-pouvoirs plus ou moins organisés, le pouvoir de la coalition dominante est limité de manière non négligeable. La technostructure (au sens de J. K. Galbraith, c'est-à-dire l'ensemble de tous les décideurs à tous les niveaux hiérarchiques – « l'intelligence organisée ») détient un réel pouvoir sur les décisions de gestion qui peuvent avoir un impact social certain (conception des produits et des services, politique de communication, définition des règles de sécurité, etc.) et adhère, en partie, aux réalisations de l'entreprise. Néanmoins, les décisions stratégiques sont du ressort unique de la coalition dominante. La quasi totalité des cadres des grandes entreprises (et *a fortiori* le petit personnel) apprennent généralement par la presse les alliances stratégiques ou les opérations de restructuration qui signent parfois leur propre licenciement.

Si le gigantisme confère une certaine autonomie à l'organisation, cette dernière n'en demeure par moins un instrument aux mains de la direction, un moyen pour quelques individus constituant le « gouvernement privé » des grandes entreprises d'atteindre leurs fins.

Dans ces conditions, parler du rôle social d'une entreprise, de ses objectifs, de sa stratégie ou de sa responsabilité revient à occulter sa dimension politique. Dans le meilleur des cas, c'est se priver d'un élément fondamental pour comprendre la dynamique sociale. L'attitude inverse qui consiste à expliquer toute décision de gestion, toute manœuvre stratégique ou toute modification législative comme l'expression de la volonté d'un patronat démiurgique est tout aussi schématique car elle postule une unité du monde patronal, une identité de vue, une conscience de ses intérêts généraux qui n'existent pas en temps normal (à la différence des périodes de crise politique et sociale aiguë)…

1.2 Le patronat constitue-t-il un groupe social homogène ?

Un artisan boulanger, un PDG d'une entreprise publique, un dirigeant d'une multinationale évoluent-ils dans le même monde ? Ont-ils la même origine sociale, la même conception de leur fonction sociale, de leur mission, de leur devenir ? Ont-ils les mêmes mobiles, la même culture, le même pouvoir ? À l'évidence non. Ainsi la confédération générale des PME oppose-t-elle :

– *le patronat réel*, ceux qui engagent leurs capitaux et s'impliquent personnellement dans la gestion et la direction de leur affaire (on reconnaît là, la définition du patron de PME) ;

– *le patronat de gestion* : les dirigeants salariés qui ne risquent pas leurs capitaux, délèguent la gestion courante, se réservant les décisions stratégiques.

Alors que les premiers correspondraient à l'idéal de l'entrepreneur capitaliste, les seconds, selon Léon Gingembre (fondateur de la confédération générale des PME), « appartiennent à des hiérarchies qui sont encore capitalistes, mais qui pourraient, du jour au lendemain, devenir collectivistes sans que cela porte atteinte ni à leur autorité ni aux avantages matériels dont ils disposent[1]».

1. Lettre à G. Lefranc du 11/2/1975, cité par H. Weber, *Le Parti des patrons : le CNPF, 1946-1986*, Éditions du Seuil, 1986.

On peut aussi distinguer :

• *Le patronat patrimonial* « avant tout préoccupé de préserver son autonomie et de transmettre son bien, si possible quelque peu arrondi, gérant en conséquence en “bon père de famille” ; ne craignant rien tant que le risque – qu’il émane de la concurrence, de l’innovation ou de l’expansion trop rapide de la firme ; condamné de ce fait à défendre ses marges en pressurant la main-d’œuvre et cherchant protection sous l’aile tutélaire de l’État[2] ».

• *Le patronat entrepreneurial* : « recherchant l’expansion de la firme, vécue comme auto-accomplissement, plus que la préservation d’un patrimoine ou d’un statut social ; l’accumulation du pouvoir plus que la sauvegarde de son autonomie ; fondant sa légitimité sur sa compétence, avérée par ses performances, plus que sur ses titres de propriété[3] ».

Ces classifications, qui ne se recoupent pas totalement, laissent percevoir, au sein du patronat, des clivages relatifs :

– *au régime économique souhaité*, libéralisme *versus* dirigisme : certains, en raison de la nature et de l’importance de l’entreprise qu’ils dirigent, de leur secteur d’activité, mais aussi de leur culture, de leur psychologie, de leurs convictions personnelles, souhaitent moins de réglementation, plus de concurrence ; alors que d’autres s’accommodent, et même réclament, l’intervention de l’État ;

– *à l’attitude face au changement* : c’est l’opposition entre conservateurs crispés sur leurs prérogatives (version patronale de la politique « des avantages acquis », du « toujours plus ») et modernistes, réformateurs, conscients de l’inéluctabilité des transformations sociales et désirant les accompagner ou, si possible, les anticiper pour mieux les maîtriser.

Ces différentes sensibilités s’expriment à l’intérieur des principaux syndicats patronaux, MEDEF, EDC, CG-PME, UPA ou à leurs marges, dans divers clubs ou groupes de réflexion : Entreprise et Progrès, ETHIC, CJD…

Toutefois, pour apprécier la capacité des chefs d’entreprise à infléchir le cours de l’évolution économique et sociale, il est souhaitable de distinguer trois catégories de patrons[4] :

• *Le patronat technocratique des grands groupes* évoluant dans l’espace économique international, côtoyant le personnel politique et la haute fonction publique. L’administration nationale est bien sûr l’objet d’attentions, mais aussi, de plus en plus, les organismes internationaux ou suprana-tionaux. La plupart des grandes entreprises françaises ont un bureau permanent à Bruxelles

2. H. Weber, *op. cit.*

3. H. Weber, *op. cit.*

4. Cette classification est suggérée par H. Weber, *op. cit.*

où siège la commission européenne (Repère 58). Ces dirigeants sont de plus souvent liés à cette haute administration d'État ou supranationale par des relations parentales ou matrimoniales ou encore des sympathies nouées sur les bancs des grandes écoles. Cette proximité, conjuguée à l'importance économique et financière des affaires qu'ils dirigent, leur confère un poids politique considérable. Ce qui ne signifie pas qu'ils soient tout-puissants : le monde politique, plus que tout autre, étant fait de conflits et de rivalités.

REPÈRE • 58

Le lobbying communautaire

Le *lobbying* (de l'anglais *lobby* qui signifie « vestibule » et « influencer ») est une démarche qui consiste à approcher les décideurs pour défendre les intérêts particuliers d'une catégorie de personnes constituées en groupe de pression.

Le lobbying communautaire cherche, par des moyens formels ou informels, à influencer les instances de l'Union Européenne (Conseil des ministres, Parlement européen, etc.), en particulier la Commission européenne en raison de l'importance de son rôle, tant en amont (pouvoir d'initiative) qu'en aval (exécution), dans le processus d'élaboration et d'application de la réglementation communautaire.

Les grandes entreprises, ou les PME par le truchement de leurs syndicats ou associations professionnels, peuvent demander à participer aux différents groupes ou comités créés par la Commission qui semble apprécier leur expertise dans l'élaboration des textes.

Par ailleurs, elles organisent aussi des réunions de contacts qui sont autant d'occasion de nouer et d'entretenir des liens personnels avec les fonctionnaires et les acteurs des instances communautaires.

Par ces actions diverses, les entreprises peuvent, au minimum, s'informer et pratiquer une veille communautaire leur permettant d'anticiper sur les décisions futures et, dans les meilleurs des cas, exercer une réelle pression pour infléchir la réglementation à leur avantage.

• *Le patronat familial des entreprises moyennes* : son espace est parfois international ou national, et, souvent encore, régional. Éloigné des centres politiques il est confronté à l'économie concurrentielle. Toutefois, il peut exercer une certaine influence dans son environnement immédiat (gestion municipale, régionale…). Cette situation l'oppose souvent au patronat technocratique (voir ci-dessus le jugement sévère de L. Gingembre sur les élites managériales) et à la bureaucratie administrative.

• *Le patronat des très petites entreprises* : c'est un groupe social très hétérogène, clivé par professions, par origine sociale, par niveaux d'instruction, aux conditions d'exploitation et aux revenus très inégaux. Bien que représentant numériquement l'écrasante majorité du patronat, ses membres n'ont individuellement aucun poids économique ou politique. Ils paient souvent par des journées de travail très longues, des contraintes réglementaires et un revenu aléatoire le privilège d'être « indépendants ». Selon le cas, ils sont culturellement proches de leurs salariés (avec lesquels ils partagent le quotidien) ou des patrons d'entreprises moyennes. Balançant entre ces deux pôles, sans culture propre, ils ne constituent pas un groupe social conscient de son identité. Néanmoins, en période de crise (qu'elle soit générale ou qu'elle n'affecte que leur secteur d'activité), ils peuvent momentanément constituer des groupes de pressions corporatistes n'hésitant pas à recourir aux méthodes les plus radicales (agriculteurs, transporteurs, professions médicales indépendantes, petits commerçants…).

Cette hétérogénéité du patronat n'exclut pas un sentiment identitaire en raison de la conscience de subir les mêmes contraintes : « tout chef d'entreprise doit diriger un collectif de travailleurs de sorte qu'il se maintienne en vie, et si possible se développe… d'où une certaine communauté de préoccupations, par exemple l'obsession des échéances : les patrons déboursent sans cesse. Le problème est de savoir si, à la fin de l'exercice, tous ces détours seront couverts… ils investissent ; ils sont tous soumis à des aléas… ils vivent constamment projetés dans l'avenir. Et un avenir largement imprévisible : d'où l'anxiété du monde patronal, son orientation pragmatique, sa dérision de l'idéologie, des grands plans sur la comète, sa haine de toutes les rigidités[5] ».

C'est ce sentiment partagé qui permet, malgré les rivalités et les oppositions d'intérêts, d'obtenir un consensus du monde entrepreneurial à l'occasion de certaines manifestations ou lors de campagnes politiques ou syndicales : l'orateur qui, dans un meeting patronal, salue la « France qui gagne » (sous-entendu celle des entrepreneurs) et stigmatise la « France qui freine » (les fonctionnaires, les syndicalistes, les politiciens…) est sûr d'obtenir des applaudissements francs et massifs.

2 | Une force d'inertie ou de changement ?

Selon le poids respectif de ses composantes libérales ou dirigistes, conservatrices ou réformatrices ; en fonction notamment de l'influence grandissante de sa fraction technocratique (résultat de la concentration et de l'internationalisation des entreprises) et de l'évolution des forces qui lui contestent ou qui lui disputent son ambition hégémonique (l'interventionnisme étatique, le syndicalisme

5. Bernard Laganne, ex-président de ETHIC, cité par H. Weber, *op. cit.*

ouvrier, les partis politiques, etc.) le patronat balance entre la défense conservatrice de l'ordre social et sa transformation.

2.1 De l'entreprise introvertie et conservatrice...

Jusqu'à la Seconde Guerre mondiale ce sont les tendances patrimoniales et conservatrices qui l'emportent, ce qui se traduit par :

– *une faible dynamique industrielle* : alors que les industries nord-américaines ou allemandes subissent très tôt un fort mouvement de concentration, en France, qui demeure le plus rural des grands pays occidentaux, prédomine la petite entreprise, à l'exception de quelques secteurs (énergie, chimie...) ;

– *l'introduction tardive du taylorisme* : l'exiguïté du marché national, et en particulier le faible dynamisme des marchés de produits de consommation, en raison notamment de la faiblesse de l'exode rural et de la stagnation de la démographie, ont dissuadé les entreprises françaises d'adopter les méthodes rationnelles de production ;

– *une résistance au progrès social* : la législation du travail et la protection sociale ne progressent qu'à la faveur de l'intervention étatique, le plus souvent provoquée par la pression ouvrière et syndicale. Ainsi le repos hebdomadaire obligatoire n'est institué qu'en 1906, la semaine de 40 heures et les congés payés (2 semaines), la reconnaissance des conventions collectives et des délégués du personnel ne sont octroyés qu'après plus de 2 semaines de grève générale avec occupations d'usines en 1936.

Les grèves de 1936 furent bien plus qu'un conflit social. Elles marquèrent une rupture historique et restèrent pendant longtemps une référence dans l'imaginaire social et la culture ouvrière. En acceptant un commencement de négociation collective dans et hors de l'entreprise, le patronat, sans le savoir, ouvrait la voie à un nouveau mode de régulation qui s'épanouira pendant les « Trente Glorieuses ». De même, l'instauration des congés payés, fut une véritable révolution sociologique : les salariés goûtèrent pour la première fois aux vacances, réservées jusque-là aux privilégiés. C'était la porte ouverte à l'industrie des loisirs, qui elle, ne décollera vraiment que trente ans plus tard.

Car les réflexes conservateurs sont, à l'époque, les plus forts. Quand la pression sociale faiblira, des décrets-lois (1938-1939) réaménageront la loi sur les 40 heures dans un sens plus restrictif : possibilité d'imposer des heures supplémentaires et suppression des majorations de salaire pour les 5 premières HS.

2.2 Qui se convertit difficilement à l'État-providence et au libre-échange...

En créant une grave situation de pénurie, la Seconde Guerre mondiale mettra à l'ordre du jour les idées keynésiennes. C'est l'heure des politiques interventionnistes appliquées, après la Libération, par les partis au pouvoir (MRP, gaullistes – socialistes – communistes). L'économie est à reconstruire. Les élites technocratiques issues de la Résistance ne font pas confiance à l'initiative privée qu'elles jugent responsables du déclin de la France[6].

Pour relancer l'industrie, l'État va nationaliser des segments stratégiques de l'économie, notamment dans la banque et l'assurance. Le financement de l'investissement sera piloté par la Direction du Trésor et ses institutions spécialisées. Afin de mieux coordonner l'activité, le Commissariat général au plan mettra en œuvre des plans indicatifs à quatre ou cinq ans. Véritables études prospectives s'efforçant de prévoir les tendances longues, ils pallieront l'absence d'études de marché et de services marketing.

S'il approuve le premier plan (1947) et consent aux efforts d'investissement qui lui sont demandés, s'il se convertit au taylorisme (à l'époque des milliers de dirigeants vont en voyage d'études aux États-Unis), le patronat est, en revanche, opposé aux ordonnances de 1945 instituant la Sécurité sociale, à la loi de 1950 sur les Conventions collectives et l'institution du SMIG[7] et son indexation en 1952 sur le coût de la vie. De même, il combattra les premières tentatives de coopération économique européenne avec la création de la Communauté européenne du charbon et de l'acier (CECA) en 1952 ou le projet, avorté, de Communauté européenne de défense (CED).

Mais l'expansion économique ébranle les convictions libérales et réduit la crainte de la concurrence étrangère. À quelques critiques près, le CNPF approuve le Traité de Rome instituant la CEE en 1957, reflétant ainsi l'influence grandissante du patronat technocratique qui coopérera dans les années 1960 à la politique industrielle volontariste des élites administratives (la constitution de grands groupes industriels sous l'impulsion et avec l'aide financière de l'État, renforce également le poids du patronat technocratique).

De même, la crise sociale de Mai 1968 qui, dans l'imaginaire patronal, devient l'« année de tous les dangers » provoque sa conversion à l'État-providence, dont il avait, jusque-là, plutôt subi la progression. L'institutionnalisation de la représentation salariale, la négociation collective, l'intervention de l'État pour réguler la fixation des salaires, apparaissent comme autant de moyens de

6. Nombreux étaient ceux, notamment le général de Gaulle, qui reprochaient aux patrons français leur collaboration avec l'occupant.

7. Salaire minimum interprofessionnel garanti, remplacé en 1970 par le SMIC.

calmer l'agitation sociale qui perdure et, après la crise déclenchée par le premier choc pétrolier (1973), de prévenir les risques d'explosion sociale que font craindre les restructurations et leur cortège de licenciements collectifs.

Le début des années 1970 est riche en accords nationaux (parfois entérinés par des textes législatifs ou réglementaires) plutôt favorables aux salariés ; mensualisation des salaires, droit à la formation continue, garanties de ressources aux pré-retraités, meilleure indemnisation du chômage (90 % du salaire brut en 1974, soit plus de 105 % du net !)...

Sur le plan économique, le patronat est favorable aux politiques de relance : en 1974 il s'oppose au plan de stabilisation du gouvernement, destiné à freiner une inflation de 14 % et réclame, au contraire, des mesures fiscales pour relancer l'investissement. En matière de politique internationale il prône la coopération, l'instauration de mécanismes de prêts et de subventions assurant la solvabilité des pays débiteurs.

C'est à cette époque également que le patronat fait sa petite révolution culturelle en se convertissant à la communication, activité qu'il ne pratiquait alors que dans le registre de la publicité.

REPÈRE • 59

De la porte close aux shows médiatiques

De nos jours, il ne se passe pas une semaine sans qu'une chaîne de télévision ou de radio ne diffuse une émission sur l'univers de l'entreprise ou qu'un grand patron ne réponde aux questions des journalistes. Certains sont même très à l'aise dans ce genre d'exercice.

Pourtant quand, dans les années 1960, l'équipe du premier grand magazine télévisé « Cinq colonnes à la une » voulu réaliser un reportage sur l'entreprise elle reçut une fracassante fin de non recevoir : aucune des directions sollicitées n'accepta qu'une caméra filme ses ateliers ou ses bureaux. Les seules images auxquelles eurent droit les téléspectateurs furent celles d'une succession de portes d'usines qui se refermaient.

À l'époque, la politique de communication du patronat se réduisait à l'envoi de communiqués de presse ou à l'octroi d'interviews dûment préparées. Les patrons craignaient la lumière des projecteurs et refusaient de se transformer en « vedettes de variétés ».

À partir de 1970, le CNPF révise sa politique de communication en donnant une large publicité à ses assises nationales et en se dotant d'une Direction générale de l'information qui réalisera une véritable révolution culturelle en persuadant patrons et journalistes qui se vouaient, en général, une antipathie réciproque, de collaborer.

➤➤➤

>>>

Aujourd'hui, médias et entreprise entretiennent des relations de subtile coopération. Si la plupart des organes de presse, et en particulier les publications économiques et financières, sont la propriété de grands groupes, on aurait tort d'en conclure que les journalistes sont aux ordres, l'influence plus ou moins subtile qu'exercent les milieux d'affaires trouvant ses limites dans le jugement des médias concurrents et l'esprit critique des lecteurs ou des téléspectateurs.

Ainsi, au début de la crise économique, il semble que le patronat des grandes entreprises et la fraction moderniste des dirigeants de PME aient opéré une totale conversion à l'économie concertée dans laquelle l'État tient une place prépondérante. Ce qui n'exclut pas une certaine méfiance à l'encontre des projets de réforme visant à instituer un droit d'expression des salariés ou la participation des représentants du personnel aux conseils d'administration.

2.3 ... À l'entreprise extravertie qui prétend refonder le social

Vers la fin des années 1970, peu à peu, les chefs d'entreprise prennent conscience du caractère structurel de la crise. Avant même que le thème n'apparaisse dans la littérature économique, ils donnent plus de flexibilité à leur organisation en développant le recours au travail temporaire et à la sous-traitance.

Le discours patronal s'infléchit également, réclamant de plus en plus clairement la dérégulation du marché du travail d'abord, de l'ensemble de l'économie, ensuite. Avec son slogan de « Refondation Sociale » le MEDEF affiche aujourd'hui sa volonté de remettre à plat l'ensemble des relations sociales dans l'entreprise et au-delà dans l'ensemble de la société.

Le nouvel impératif catégorique : flexibilité et déréglementation

En 1978, F. Ceyrac, Président du CNPF demande plus de « souplesse » et de « liberté pour l'entreprise » et à l'assemblée générale du 16 janvier 1983, Y. Chotard déclare : « 1983 sera l'année de la lutte contre les contraintes introduites dans la législation au cours des Trente Glorieuses». L'objectif poursuivi est :

– d'adapter la gestion de la main-d'œuvre aux aléas de la conjoncture d'une part, et au développement des nouvelles technologies et des modes de production flexible, d'autre part ;

– de réduire le coût de la main-d'œuvre. Deux cibles sont visées : les cotisations sociales qui augmentent mécaniquement avec la croissance des dépenses de santé et le développement du chômage ; le SMIC, auquel on reproche d'être responsable du chômage des demandeurs d'emploi les moins qualifiés. L'argument invoqué (qui reprend les analyses libérales des années 1930) est le suivant : la suppression du SMIC déclencherait des offres d'emploi que seraient disposés à accepter une fraction des chômeurs prêts à travailler pour un salaire plus faible, les jeunes en particulier, d'où la proposition moins radicale, mais allant dans le même sens, d'un « SMIC jeune » (Repère 60).

REPÈRE•60

Politique de l'emploi : flexibilité et baisse des charges sociales

Jusqu'au milieu des années 1980, la politique de l'emploi vise à favoriser les restructurations dans l'industrie et à rendre socialement supportables les destructions d'emplois : aide financière au retour des travailleurs étrangers, financement des préretraites, qui favoriseront le retrait des plus de 55 ans de la vie active, et des mesures (stages, congés...) de reconversion pour les autres.

Dans le même temps, pour endiguer la monté du chômage, priorité est donnée à la formation professionnelle des jeunes : successivement trois « pactes pour l'emploi », suivis du plan « avenir jeune » et des TUC (travaux d'utilité collective) ; différentes formules de stages pour les chômeurs de longue durée (plus d'un an sans emploi).

L'année 1986 marque un tournant en répondant partiellement aux nouvelles exigences des entreprises :
- suppression de l'autorisation administrative pour les licenciements économiques ;
- ordonnances facilitant le recours aux CDD, au travail temporaire et au temps partiel ;
- exonérations de cotisations sociales pour l'emploi de jeunes travailleurs, de 25 et 50 % (selon l'âge) et de 100 % dans le cadre de l'alternance.

En 1987, la loi élargit les possibilités de modulation des horaires de travail pour les ajuster aux fluctuations de l'activité.

De 1989 à 1991, des exonérations de charges sociales sont accordées aux entreprises qui embauchent des chômeurs de longue durée (ainsi qu'une aide forfaitaire), pour l'emploi du premier salarié (mesure étendue successivement à la 2e puis 3e embauche) et pour les jeunes peu qualifiés.

Les subventions à l'emploi seront généralisées sous forme de primes à l'embauche, de crédits d'impôt et d'abaissement de cotisations patronales, dispositif qui sera ensuite planifié avec la loi quinquennale du 20 décembre 1993.

L'impact sur l'emploi est peu significatif, en raison d'un effet de substitution (des emplois classiques sont remplacés par des emplois aidés) et d'un effet d'aubaine (l'entreprise qui avait de toute façon l'intention de recruter bénéficie quand même du dispositif). En outre, la multiplication et la complexité des diffé-

➤➤➤

➤➤➤
rentes mesures rend la réglementation de moins en moins lisibles pour nombre de petits entrepreneurs.

Ces mesures ont introduit une véritable dualité sur le marché du travail : à côté de l'emploi classique se développe l'emploi précaire, ou à temps partiel non souhaité, qui touche principalement les jeunes et les femmes.

Quand le chômage est important cette précarité permet d'exiger de cette main d'œuvre davantage de docilité et de souplesse pour des postes n'offrant, trop souvent, ni réelle formation ni avenir professionnel.

L'abaissement du coût du travail est également tangible : la part des salaires dans la valeur ajoutée brute a reculé de plus de cinq points depuis le début des années 1980.

Emplois précaires* (en milliers)

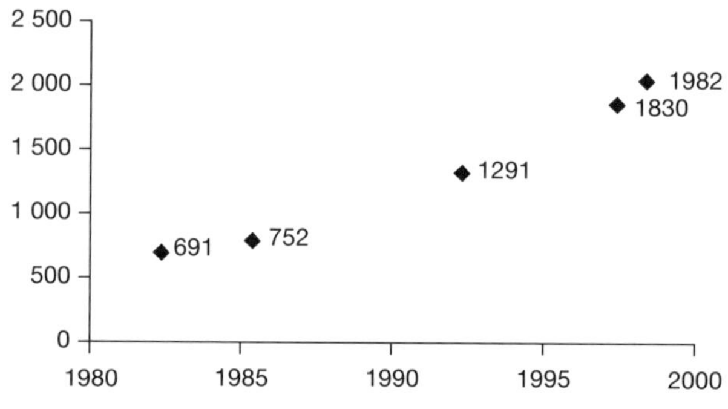

(*) Intérim, CDD, Stages et contrats aidés, Apprentissage.

Dans le même temps, le patronat opère une stratégie de « gestion concurrentielle du progrès social », théorisée par 0. Gélinier (fondateur avec Y. Gattaz de ETHIC) sous l'appellation de marketing social, qui vise à limiter l'influence des syndicats en communiquant le plus souvent possible directement avec le personnel dans des instances diverses (cercles de qualité, groupes d'expression, réunions de services, groupes de projet…).

Depuis 1995, et surtout depuis la mutation du CNPF en MEDEF le 27 octobre 1998, le patronat accentue son offensive pour la déréglementation des relations salariales et l'abaissement du coût de la main d'œuvre.

La bataille perdue des 35 heures

Le patronat n'est pas opposé, sur le principe, à la réduction de la durée du travail comme le montre l'augmentation du temps partiel qui concerne un emploi sur cinq. Cependant, il souhaite pouvoir négocier au cas par cas afin d'obtenir, en échange, plus de flexibilité et de gain de productivité sans surcoût salarial. Jean Gandois, alors Président du CNPF déclarait : « une réduction de la durée du travail imposée par la loi, sans réduction de salaire, se traduira par une augmentation du chômage et une baisse de la compétitivité des entreprises. Cette mesure est mauvaise pour les entreprises, pour l'emploi, pour le pays[8] ».

Si elle a accepté le dispositif de la loi Robien (1996), la principale organisation patronale s'est, en revanche, farouchement élevée contre les deux lois sur les 35 heures. Elle organise des « États généraux de l'entreprise » en 1997, invitant ses membres à déposer des cahiers de doléances dans les préfectures. En 1998, elle lance des forums régionaux et, en septembre 1999, une campagne publicitaire « Loi Aubry : et voilà comment on étouffe les entreprises », suivie d'un meeting à Paris le mois suivant.

Dans le même temps, elle fait du lobbying auprès des parlementaires, du gouvernement et de la Présidence de la République pour réclamer, quand les lois sont votées, leur report de deux ans ou des dérogations pour les petites entreprises.

REPÈRE • 61

La réduction du temps de travail

La loi Robien (1996)

Elle prévoyait une réduction de la part patronale des charges de Sécurité sociale pour les entreprises qui réduisaient la durée du travail de 10 ou 15 % et embauchaient dans la même proportion ou renonçaient à un plan de licenciements collectifs. Elles devaient s'engager à maintenir ensuite leur effectif pendant au moins deux ans. En échange, les réductions de charges (50 % ou 40 % la 1re année, 40 ou 30 % les années suivantes) étaient maintenues pendant la durée de la convention (7 ans au maximum). Les accords pouvaient être conclus au niveau de l'entreprise ou de l'établissement, ils portaient sur des aménagement d'horaires et sur les salaires (notamment compensation ou non de la réduction de la durée du travail). L'aide de l'État finançait, ainsi les emplois créés ou sauvegardés à hauteur de 3 810 € (25 000 F) à 6 860 € (45 000 F) par emploi et par an[9].

La loi Aubry I (1998)

Elle concerne les entreprises de plus de 20 salariés et fixe l'application des 35 heures au 1er janvier 2000. Mais les employeurs sont incités par des mesures financières à devancer cette date en négociant un accord d'entreprise ou d'établissement (ou appliquer un accord collectif pour les entreprises de moins de 50 salariés).

►►►

8. Discours à l'assemblée générale exceptionnelle du CNPF – 16 septembre 1997.
9. Selon des simulations de l'Observatoire Français des Conjonctures Économiques.

>>>

Les modalités de la réduction du travail sont déterminées lors de la négociation : réduction d'horaire, congés supplémentaires, aménagement du temps de travail, compte épargne-temps... ; ainsi que les incidences salariales (en mars 2000, 85 % des accords conclu prévoyaient un maintien du salaire avec une modération salariale sur deux ou trois ans).

Des aides financières dégressives sont prévues pour les entreprises qui accroissent leur effectif de 6 ou 9 % (ou évitent des licenciements collectifs dans la même proportion) auxquelles s'ajoutent des majorations spécifiques.

Exemple :

Une entreprise qui compte 100 salariés : 80 ouvriers à 7 000 F (1 067 €), 15 agents de maîtrise à 10 000 F (1 524 €) et 5 cadres à 22 000 F (3 353 €) ; et qui négocie le passage aux 35 heures avec embauche de 6 ouvriers à 7 000 F (1 067 €,) percevra une aide totale, au bout de 5 ans, de 4 452 000 F (678 700 €)[10].

La loi Aubry II (2000)

Elle complète la loi Aubry I en fixant la durée du travail à 35 heures pour les entreprises de moins de 20 salariés, à compter du 1er janvier 2002.

Elle définit également :

– Le régime des heures supplémentaires : à partir de la 36e heure ou, pour les accords prévoyant une annualisation de la durée du travail, au-delà de 1 600 heures.

– Les modalités d'organisation du travail : modulation sur l'année, cas du temps partiel, du travail des cadres, etc.

– Un dispositif de garantie de rémunération pour les salariés payés au SMIC.

– Un nouveau système d'allégements de cotisations patronales.

Il est prévu un système complexe d'aide pour inciter les entreprises à devancer la date butoir.

Exemple[11]*:*

Une entreprise de 14 salariés rémunérés à 1,3 fois le SMIC (8 946 F brut, soit 1 363,81 €) passe à 35 heures en 2000 avec maintien des salaires et embauche d'un salariés avec le même salaire mensuel.

Les exonérations de cotisations patronales seront de :

– 238 500 F (36 359 €) la 1re année ;

– 223 500 F (34 072 €) la 2e année ;

– 208 500 F (31 786 €) de la 3e à la 5e année ;

– 178 500 F (27 212 €) les années suivantes.

La refondation sociale

L'offensive du MEDEF se déplace actuellement du terrain de l'entreprise vers celui de la protection sociale. En février 1999, il menace de se retirer de la ges-

10. En supposant les salaires constants. Simulation effectuée par RF Paye n° 64, septembre1998.

11. Exemple proposé par la brochure du Ministère de l'emploi et de la solidarité, avril 2000.

tion paritaire de la Caisse Nationale d'Assurance Maladie si cette dernière n'accepte pas la rigueur budgétaire qu'il propose (menace qu'il réitère trois mois plus tard pour l'ensemble des organes paritaires de la protection sociale).

Le mois suivant, Denis Kessler, son Vice-Président, déclare « Il faut mettre fin à l'illusion de la retraite à 60 ans » et « réformer le système de retraite ».

En novembre de la même année, l'organisation patronale lance son projet de *refondation sociale*.

Son objectif est d'obtenir que les relations de travail ne soient plus encadrées par les règles que se fixe l'ensemble de la société par les médiations de la loi et du pouvoir réglementaire de l'État.

REPÈRE • 62

Modernisation ou retour au droit subjectif ?

Indispensable refondation sociale

... nous estimons que le modèle social français, qui résulte très largement des décisions prises au lendemain de la dernière guerre, doit être réformé.

[...]

La refondation sociale vise à revitaliser le dialogue au plus près du terrain c'est-à-dire dans l'entreprise et dans les branches professionnelles, en renversant la hiérarchie des normes sociales : d'abord le contrat en entreprise, puis, à défaut, le contrat collectif de la branche, c'est-à-dire du métier, et cela dans le cadre de principes généraux fixés au départ par la loi. Ce modèle est de nature fondamentalement différente de celui qui exige qu'on lise dans la loi et dans le règlement le détail de ce qui doit être exécuté dans l'entreprise.

La refondation sociale vise aussi à redéfinir les objectifs des politiques sociales, en matière de chômage, de santé, retraites ou formation professionnelle. Elle demande à repréciser les frontières entre les systèmes de solidarité à financement budgétaire et les systèmes contributifs de type « assurantiel » financés par la cotisation. Elle veut enfin revoir les rôles respectifs des administrations et des partenaires sociaux dans la gestion des systèmes sociaux.

Ernest-Antoine Seillière, président du MEDEF.
Communication du 4 décembre 2000 à l'Académie des sciences morales et politiques.

Plus de contrat, moins de loi

Tout le mouvement de l'histoire sociale a ainsi consisté à mettre du collectif dans le contrat de travail, à passer du droit subjectif au droit social, qui impose le point de vue collectif. Alors que la perspective du MEDEF (Mouvement des entreprises de France), même si elle ne débouche pas immédiatement sur un pur retour à l'individuel, prône une limitation du collectif par une renégociation au niveau local, au niveau de l'entreprise, au plus près des individus. Un des patrons de l'ancien CNPF (Conseil national du patronat français) disait « Je veux

►►►

>>>
des conventions de moins en moins collectives ». Le MEDEF s'inscrit dans cette logique de retour à des négociations de face à face, alors que les conventions collectives, au contraire, s'appuient sur les acquis des conventions antérieures pour dépasser le face à face entre un employeur et les salariés ici et maintenant.

[...] les négociations collectives, les règles, les négociations de branche représentent des instances intermédiaires qui permettent de compenser l'inégalité du face à face entre les individus atomisés et l'entreprise souveraine. Ces intermédiaires, ce sont les systèmes de normes qui régulent les relations de travail : elles s'imposent à l'entreprise, elles ont force de lois et c'est pourquoi le MEDEF veut les supprimer.

[...] « Tout n'est pas contractuel dans le contrat » disait Durkheim. Si le contrat concerne des individus inégaux, comme c'est le cas lorsqu'il est passé au sein de l'entreprise entre l'employeurs et les salariés, il exprime en fait un rapport social de domination. C'est pourquoi il doit être encadré du dehors par la loi.

Robert Castel, « La loi et le contrat ».
Mouvements, n° 14, mars-avril 2001.

Ce bref rappel historique illustre le rôle du patronat en tant que force sociale mue à la fois par la conscience de ses intérêts généraux et les objectifs individuels, souvent divergents, de ses membres. Il montre son action et sa responsabilité dans l'évolution sociale et permet d'en mieux comprendre les aspects contradictoires.

Bien que sa principale organisation se soit aujourd'hui converti au libéralisme, l'arbre des discours idéologiques ne doit pas cacher la forêt. Si la majorité des chefs d'entreprise ont une bonne opinion du MEDEF, ceux qui approuvent sa politique et son attitude face aux 35 heures ne sont qu'une minorité[12] et les autres organisations (CG-PME et UPA) qui participent aux négociations sur la protection sociale désapprouvent sa stratégie des coups médiatiques et le chantage au boycott des organes paritaires.

Certes, le patronat dans son ensemble est d'accord sur le principe du « moins d'État », mais les dirigeants des grandes entreprises sont bien trop liés aux pouvoirs publics pour avoir vraiment intérêt à leur affaiblissement.

Après un demi-siècle d'économie concertée, les entreprises ont appris à apprécier les vertus de l'État-providence bien que son coût leur paraisse aujourd'hui insupportable. Elles sont de plus en plus conscientes des dangers dont est porteuse la société duale (exclusion, violence, délinquance, mouvement sociaux radicaux...), des risques écologiques, résultat de la logique productiviste, ou encore de l'emploi de certaines technologies.

12. Sondage l'Usine Nouvelle, SOFRES de décembre 1999.

Elles connaissent les dangers de la concurrence agressive et les avantages de la régulation.

Aujourd'hui, le patronat est traversé de nombreux courants qui oscillent entre un libéralisme à l'anglo-saxonne et la vision d'un capitalisme, dit européen, où les entreprises acceptent une responsabilité sociale.

Néanmoins, le débat lancé sur la refondation sociale et la remise en cause des règles instituées tout au long du XXe siècle, pose la question de la place assignée à l'entreprise dans la société. Est-elle un simple acteur privé, un outil destiné à maximiser les dividendes ou la valeur des titres de ses actionnaires ? Ou bien un acteur public qui contribue au bien commun des consommateurs et des salariés ?

C'est à ces questions que tentent de répondre ceux qui défendent l'idée d'une entreprise citoyenne ou ceux qui veulent la contraindre ou l'inciter à adopter un comportement en harmonie avec l'éthique et l'intérêt à long terme de l'espèce humaine.

3 | L'entreprise citoyenne

Au Havre, le distributeur Auchan crée avec Orangina et Pernod Ricard une association de réinsertion pour aider les jeunes d'un quartier où un hyper-marché a failli fermer en raison des vols et des dégradations. Cinq ans plus tard, la démarque inconnue (marchandises volées) a reculé de 60 % et des jeunes du quartier ont été embauchés.

Le discounter Boulanger joue au Père-Noël en collectant des cassettes vidéo pour les redistribuer à l'occasion des fêtes ; Kronenbourg soutien des créateurs de restaurant ; Reebok lance un ballon labellisé « socialement correct » ; Nike parraine le basket de rue aux États-Unis et Coca-Cola l'opération « pièces-jaunes » en France. Ben and Jerry's, glacier écolo, est cité en exemple d'entreprise citoyenne (Repère 63).

REPÈRE • 63

Ben et Jerry : glaces et chaleur humaine

En 1978, deux babas-cools, Ben Cohen et Jerry Greenfield, ouvrent une boutique de crèmes glacées dans une station service abandonnée du Vermont. Quinze ans plus tard ils devenaient numéro un du secteur sur le marché américain devant Häagen-Dazs. Aujourd'hui l'entreprise occupe une honorable deuxième place.

Au-delà de la réussite commerciale, ce qui fait l'originalité de cette success-story ce sont le style et la méthode utilisée.

Pendant des années, la société n'a produit aucun film publicitaire, ses fondateurs se contentant de sillonner les routes des États-Unis, dans un camion, pour

►►►

➤➤➤

faire goûter leurs nouveaux parfums ; mais surtout elle s'est engagée dans l'action humanitaire, écologique et sociale en consacrant 7,5 % de son bénéfice avant impôt à des dons ou des subventions comme la distribution de petits déjeuners dans les écoles ou la promotion de l'énergie solaire, ou encore en exerçant du lobbying au profit de l'enfance défavorisée. Le choix de ses fournisseurs, invités à devenir actionnaires, ou de ses distributeurs répond aussi à des critères éthiques et sociaux :

– le lait est acheté à un prix garanti à des fermes familiales qui s'engagent, en échange, à ne pas utiliser d'hormones ;

– le café provient d'une coopérative de producteurs mexicains indépendants, sur le principe du commerce équitable ;

– les brownies sont achetés à une entreprise new-yorkaise de réinsertion d'anciens délinquants et de personnes en difficultés ;

– la distribution est assurée par un réseau de 120 scoopshops, dont une dizaine, baptisés « partnershops », sont entièrement gérés par des associations locales de réinsertion.

Enfin, jusqu'en 1993, une des règles de gestion voulait que le revenu du P-DG ne soit pas supérieur à sept fois le salaire le plus faible. Cependant, quand la société a dû recruter un nouveau président pour remplacer Ben Cohen qui souhaitait se retirer, ce principe a été supprimé.

Ainsi, au moment où les entreprises subissent la pression des marchés financiers et des fonds de pension qui réclament des taux de rentabilité à deux chiffres, elles sont de plus en plus nombreuses à entretenir des relations avec la société civile, à effectuer des actions civiques en direction des exclus, des travailleurs des pays pauvres ou des consommateurs. Dans le même temps fleurissent les fonds de pension « éthiques », les indices boursiers spécialisés dans les « valeurs durables » comme le *Sustainability Dow Jones*, les agences de notation éthique, ou des normes (SA 8000, *Global Reporting Initiative*, celles de l'AFNOR[13] sont en cours d'élaboration) pour harmoniser les chartes que les entreprises élaborent dans le plus grand désordre.

Bien que le concept d'entreprise citoyenne soit relativement ancien (les années 1960 aux États-Unis, 1992 en France) son succès actuel est une réponse des entreprises et de la société civile aux mutations des vingt dernières années : chômage de masse, exclusion, conflits et misère endémique dans de nombreux pays, croissance des inégalités, dérèglements climatiques, crises sanitaires, angoissant progrès du génie génétique…

13. Association française de Normalisation.

Derrière les appellations multiples (éthique des affaires, entreprise citoyenne, commerce équitable, développement durable) on peut discerner trois types d'explications de ce phénomène, effet de mode pour les uns, qui devrait, pour d'autres, caractériser l'entreprise du XXIe siècle.

3.1 La citoyenneté : un attribut de l'entreprise

C'est la conception du courant de la *corporate social responsability* aux Etats-Unis ou celle du CJD[14] en France. L'entreprise n'a pas que des obligations envers ses actionnaires, elle en a aussi à l'égard de ses salariés et de la société civile. Dans cette optique, la responsabilité sociale implique un style de management qui insiste sur la qualité des relations avec le personnel, les clients, les fournisseurs et plus généralement les partenaires de l'entreprise ; sur la cohérence entre les discours et les actes et le respect des engagements.

Les partisans de cette conception prétendent réconcilier l'entreprise et la société. Il n'y aurait pas d'antinomie insurmontable entre l'intérêt des actionnaires et l'intérêt général, entre l'objectif de maximisation du profit et les aspirations morales des managers.

Et de rappeler que le marché ou la société ne manquent pas de sanctionner les comportements qui ne respectent pas les valeurs fondamentales (Exemple 20).

EXEMPLE • 20

Une décision inopportune

On attend d'une compagnie d'assurance qu'elle offre un service de sécurité et de solidarité en échange des primes versées.

En février 2000, le groupe AXA a remis unilatéralement en cause les contrats qui prévoyaient le versement d'une rente viagère à des enfants handicapés en cas de décès de leurs parents.

Estimant que ces contrats n'étaient plus rentables, le groupe d'assurance leur proposa deux solutions :

- multiplier par deux les primes ou diviser par deux le montant de la rente ;
- renoncer au contrat en perdant les versements effectués.

La brutalité de la décision a suscité émotions et réactions dans l'opinion et l'entreprise a dû présenter des excuses et reporter l'augmentation.

14. Centre des Jeunes Dirigeants.

3.2 La citoyenneté : une excuse pour justifier les tendances hégémoniques de l'entreprise

Si jusque dans les années 1970 l'opinion se défiait de l'entreprise, les années 1980 l'ont réhabilitée, voire même encensée. Pour certains, elle est devenue un modèle pour la société : les responsables politiques (les maires, notamment), les directeurs d'hôpitaux, les proviseurs de lycées sont invités à gérer leur administration comme une entreprise.

La gestion publique est blâmée pour ses gaspillages et son incompétence ; on dénonce l'échec de l'église, de la famille, de l'école et de l'État devant la multiplication des problèmes de société. On leur reproche d'avoir laissé se déchirer le lien social et reculer les valeurs de solidarité, de probité, et de loyauté ; de respect des personnes et des biens, privés et publics.

On se tourne alors vers l'entreprise pour qu'elle investisse l'espace social et éthique déserté par les institutions. Et elle se prête volontiers à l'exercice des chartes éthiques qui sont, comme signalé au chapitre 7, également un outil de communication et de motivation au service de la cohésion interne (Exemple 21).

EXEMPLE • 21

Les valeurs de Vivendi Universal (Extraits)

Après les thèmes de Priorité au consommateur, Diversité culturelle, Création de valeur, Créativité, Travail en équipe, la charte se termine par :

Éthique

Nous respectons scrupuleusement les valeurs éthiques de Vivendi Universal en nous engageant à agir avec probité dans toutes les situations, respecter la légalité, respecter la dignité et les droits individuels des salariés, protéger la confidentialité, subordonner la recherche de la performance économique au respect de l'éthique commerciale, protéger les biens et les ressources du groupe, être respectueux de l'environnement. Le respect de cette éthique est une condition d'appartenance au groupe.

Responsabilité sociale

Nous accordons la plus grande importance au dialogue social et à la cohésion sociale au sein du groupe. Nous assumons pleinement notre responsabilité citoyenne grâce à notre Fondation et à nos actions de mécénat tournées en priorité vers la lutte contre l'exclusion et vers une politique active en matière d'éducation, de formation, de culture. L'implication personnelle des salariés est le gage de la réussite de ces engagements.

Source : Vivendi Universal

Mais dès lors qu'on leur demande de créer des richesses et des emplois, d'investir dans les banlieues socialement sinistrées, d'assurer une formation aux jeunes en situation d'échec scolaire, certains idéologues du monde patronal vont plus loin et prétendent réformer la société en profondeur. Puisque tout peut se gérer comme une entreprise, ils se disent prêts à tout gérer.

Au Mexique, par exemple, le Président élu en juillet 2000, Vicente Fox, ancien directeur de Coca-Cola pour l'Amérique centrale, annonce qu'il dirigera son pays comme une entreprise : « Notre gouvernement sera un gouvernement d'affaires, un gouvernement qui comprend l'entrepreneur, l'investisseur et le commerce[15] ». L'organigramme de son équipe ressemble à celui d'une multinationale : chaque secteur est confié à un binôme afin de mettre les responsables en concurrence et pour certain poste il a eu recours à des « chasseurs de têtes ».

Cette prétention provoque, en retour l'émergence d'un lobbying sociétal.

3.3 L'entreprise citoyenne : une nouvelle exigence de la société civile

Le capitalisme et le monde de l'argent ont toujours eu des opposants. Depuis quelques années, on assiste à l'amplification d'un mouvement qui refuse la logique purement économique et réclame un meilleur respect des valeurs, autres que financières : écologiques et humaines. Cette opposition emprunte plusieurs voies que l'ONU a synthétisé dans le concept de développement durable.

Le respect de l'environnement

C'est la plus ancienne exigence qui remonte au début des années 1970. La contestation a d'abord eu pour cible le nucléaire puis les marées noires et autres désastres écologiques (Seveso en 1976, Bhopal en 1984). Elle s'est ensuite constituée en critique et dénonciation de l'exploitation irraisonnée des ressources naturelles ou l'utilisation des OGM (organismes génétiquement modifiés). Assimilée à ces débuts, avec condescendance et mépris, au hippie éleveur de chèvres, la dimension écologique est aujourd'hui une demande forte de l'opinion et les entreprises l'ont parfaitement intégrée.

Le commerce équitable

Ce mouvement vise à garantir aux petits producteurs (agriculteurs et artisans) des pays pauvres des conditions de vie décentes et la possibilité de sortir du sous-développement.

Ses principes peuvent aussi s'appliquer à l'industrie pour combattre l'exploitation de la main-d'œuvre ; en particulier le travail des enfants.

15. Cité par Patrice Gouy, « Vicente Fox, un super PDG pour le Mexique », *Croissance – Le monde en développement*, n° 442, novembre 2000.

Le commerce équitable lutte contre les conséquences du déséquilibre existant entre les acteurs du commerce mondial.

Son action s'exerce dans trois directions :

– organisation de réseaux d'achats aux petits producteurs à des prix garantis ;

– campagnes de sensibilisation des consommateurs (exemple : « de l'éthique sur l'étiquette ») ;

– pressions sur les entreprises, pouvant aller jusqu'au boycott.

Cependant, un commerce vraiment « équitable » nécessite une réflexion et une action plus large : quand on réussit à sortir des enfants de l'usine, il faut en suite veiller à ne pas les abandonner à la délinquance des rues ou au tourisme sexuel.

L'investissement éthique

L'argent n'a pas d'odeur… c'est pourquoi l'investissement éthique invite à y regarder de plus près avant de placer ses économies. Ses actions :

– informer l'épargnant sur ce que deviennent ses placements et le mettre en garde contre les destinations discutables : armement, tabac, activités polluantes, exploitation de la misère, etc.

– proposer des investissements « éthiquement corrects ».

Plus de 10 % des placements sont réalisés dans des fonds éthiques aux États-Unis.

La dénonciation du harcèlement moral

Autrefois, le travail (en particulier dans l'usine) pouvait être pénible, abrutissant, ennuyeux. Les salariés devaient, en plus, fréquemment subir la tyrannie des « petits chefs », le droit hésitait à franchir les portes de l'entreprise et ces abus relevaient de l'action syndicale.

Aujourd'hui, les solidarités se sont distendues, le syndicalisme recule, la gestion du personnel s'est individualisée, les personnes sont mises en compétition et l'évaluation est permanente. Cette situation est propice à des comportements qu'un projet de loi qualifie de harcèlement moral : « agissements répétés d'un employeur, de son représentant ou de toute personne abusant de l'autorité que lui confèrent ses fonctions qui ont pour objet ou pour effet de porter atteinte à sa dignité et de créer des conditions de travail humiliantes ou dégradantes ».

S'il sera sans doute difficile d'apporter la preuve des pratiques visées par ce texte, on peut au moins espérer qu'il constituera un frein à leur extension.

L'entrée du harcèlement moral dans le code témoigne autant des pratiques des entreprises que de l'évolution de notre société.

Le développement durable

Le concept de développement durable est l'aboutissement d'une réflexion engagée à la fin des années 1960. Progressivement, le débat s'est élargi du problème de l'épuisement des ressources non renouvelables (matières premières et énergies fossiles) à celui de la surexploitation des autres richesses naturelles (eau potable, forêts, flore et faune marine, etc.). Aujourd'hui, il porte également sur la maîtrise de la croissance démographique, les déséquilibres de la biosphère (pollution, effet de serre, désertification, trou dans l'ozone...), les écarts de développement entre les pays et les inégalités de niveau de vie : en 1960, les 20 % les plus riches de la population mondiale disposaient d'un revenu 30 fois plus élevé que les 20 % les plus pauvres. Actuellement ils disposent de 60 fois plus.

La définition du développement durable (ou développement soutenable) est elle-même l'objet de controverses. Nous rappelons celle admise à la conférence de Rio (1992) : satisfaire « les besoins des générations actuelles sans compromettre la capacité des générations futures à satisfaire les leurs ». Lors de ce sommet mondial, plus de 150 pays ont élaboré un programme global, l'AGENDA 21, qui s'articule autour de quatre pôles majeurs, contradictoires mais indissociables : économie, environnement, social, éthique.

Si des institutions ont été crées pour en faire la pédagogie (*The Natural Step*, en Suède ou le *Rocky Mountain Institute*, aux États-Unis) c'est l'ensemble des partenaires – administrations, salariés, investisseurs, consommateurs qui sont conviés à s'engager sur la voie du développement durable.

4 | Peut-on réconcilier l'entreprise et la société ?

On le voit, la place de l'entreprise dans la société est un enjeu entre deux logiques qui s'opposent.

D'une part, une raison économique qui tend à envahir tout le champ du social et du politique, de l'autre une société qui refuse de se laisser réduire à la seule dimension marchande. Ce qui produit une tension entre deux forces inconciliables.

Une entreprise est un outil pour créer et s'approprier de la richesse et du pouvoir. Qu'elle soit également un espace de vie où les individus coopèrent, nouent des liens, échangent des idées, éprouvent des sentiments ; que ses dirigeants aient également des principes moraux et des états d'âme, n'y change rien sur le fond.

Son objectif demeure la maximisation du profit ; qu'il se décline en bénéfice ou valeur pour l'actionnaire est ici secondaire. Elle ne doit pas se contenter d'être rentable, elle doit l'être davantage que ses concurrentes, au risque d'être abandonnée par ses bailleurs de fonds. C'est pourquoi elle doit grandir, rechercher les positions dominantes, conquérir de nouveaux marchés ; mais également en créer de nouveaux, ce qui la conduit aussi à innover pour s'approprier des domaines qui échappent encore à l'espace économique.

En quelques décennies, les activités non marchandes ont été largement investies : les services domestiques (garde d'enfants et de personnes âgées, soutien scolaire, entretien de la maison, etc.), l'art, la religion, la culture, les loisirs… L'espace naturel est lui aussi transformé en biens économiques : l'eau, l'air pur, les panoramas, la montagne, les lieux de baignade… il devient presque impossible de sortir sans porte-monnaie ou carte de crédit.

Aujourd'hui, c'est le sanctuaire des derniers biens libres (gratuits) qui est attaqué, en particulier :

• Le savoir. La notion de droit d'auteur censé protéger la création intellectuelle est étendue à la défense de l'investissement dans le traitement des données et le multimédia. Actuellement de grands groupes de communication font main basse sur les archives documentaires et culturelles de la planète en vue d'une exploitation commerciale.

• Le droit à l'image et la parole. On paye pour avoir le droit de photographier, à des fins professionnelles, le pont de Normandie, les illuminations de la Tour Eiffel ou le parc des volcans d'Auvergne. Un homme politique éminent a négocié ses interviews…

• Les équilibres climatiques : un marché des permis à polluer est prévu pour 2008 et déjà ces droits se vendent sur les marchés à terme.

• Le vivant est maintenant brevetable. Les embryons et les organes humains sont l'objet de contrats mercantiles.

La société civile est dans une toute autre logique. Même si l'argent et la richesse y tiennent une place importante, sa fin n'est pas leur accumulation, mais plus simplement de permettre aux individus de pouvoir vivre ensemble. Ce qui implique la recherche d'un équilibre, variable selon les peuples et les époques, entre ses principales dimensions que sont l'économique, l'écologique, l'éthique, et l'esthétique.

Tout déséquilibre majeur, en l'occurrence au profit de l'économique, est source de pathologies sociales qui engendrent des réactions de défense.

C'est pourquoi l'émergence du lobbying sociétal est salué, y compris parmi les défenseurs du libéralisme économique, comme un sain antidote, aux excès de la création de valeur actionnariale.

Toutefois, ces contre-pouvoirs ne sont pas exempts de dangers, en particulier quand ils spéculent sur l'émoi que provoquent certaines décisions managériales ou sur l'angoisse suscitée par la puissance technologique combinée à la recherche du profit maximum, ne dédaignant pas, parfois, de verser dans le populisme. Que l'on boycotte Danone qui licencie, bien qu'avec un réel plan social, alors qu'elle annonce des bénéfices, cela peut se concevoir. Mais si on épargne Marks & Spencer qui, la même semaine, ferme brutalement ses magasins sans s'encombrer de la procédure légale, il y a incohérence.

Quand le consommateur sanctionne de manière égale Perrier qui retire un quart de sa production dès le premier indice de risque sanitaire et Coca-Cola qui fuit ses responsabilités alors que deux cents enfants sont victimes de malaise, on peut s'interroger sur la leçon qu'en retiendront les entreprises.

Quand la CAMIF (coopérative de vente par correspondance des enseignants) déréférence un produit fabriqué dans des conditions socialement condamnables, elle voit son chiffre d'affaires sur cette activité baisser de 15 %. Que penser de l'enseignant-citoyen-consommateur ?

En fait, le consommateur, pas plus que l'entreprise, n'est un citoyen. Ce dernier est un être d'une autre dimension, plus complexe aussi : en plus de sa participation au débat politique, il travaille (ou a travaillé) en entreprise, il consomme, il place ses économies dans des SICAV ou des fonds de pension… Il est souvent, à la fois, le *shareholder* (actionnaire) et le *stakeholder* (salarié, client, fournisseur, etc…) dont les intérêts divergent. Qu'il soit parfois incohérent n'a donc rien de surprenant.

En théorie, c'est à ce juge imparfait, que l'entreprise, comme toute autre institution, doit, en démocratie, accepter de se soumettre… Alors qu'il est dans sa nature de chercher à dominer.

Un troisième acteur, l'Etat, intervient de manière plus ou moins autoritaire. Censé représenter l'intérêt général et investi d'une mission et d'un pouvoir politique, il est l'objet de sollicitations permanentes de la part des salariés et de leurs syndicats, des associations de défenses des consommateurs et plus généralement de tous les groupes d'intérêts.

L'entreprise, on l'a vu, n'est pas en reste : dialogue direct avec tous les ministères, participation à toutes les instances de concertation officielles qui couvrent tous les domaines de l'économie et du social…

Avec la construction européenne, l'État national perd une partie de ses prérogatives, en particulier dans le domaine monétaire et économique. C'est maintenant dans les instances communautaires et, avec la mondialisation, au niveau international que se jouent aussi l'espace de liberté dévolu à l'entreprise et le devenir de la société.

Conclusion

L'entreprise est une entité, un espace à plusieurs dimension en interaction avec l'ensemble de la société. Les options et les décisions retenues entre ses murs ont des conséquences pour ses actionnaires, ses dirigeants et ses salariés, bien évidemment, mais également pour l'ensemble de la collectivité et les équilibres naturels. Il est donc normal que ses activités et les conséquences qui en découlent soient soumis à la critique, encadrés par des règles et assujettis au contrôle social. Il est légitime que tous les intéressés, en particulier le personnel, participent dans des instances de concertation aux décisions de gestion.

Mais l'entreprise est aussi un lieu de confrontation, d'opposition et de conflits : d'intérêts, de logiques et de cultures. Il n'est donc pas surprenant, non plus, qu'une coalition, les actionnaires ou les dirigeants, revendiquent le pouvoir de décision et de, plus en plus, le monopole de la parole par le truchement des envahissantes politiques et techniques de communication. Il est tout aussi naturel qu'ils cherchent à imposer leur vision du monde.

Dans un passé, pas si lointain, cette coalition dominante se contentait de son rôle économique laissant à l'État la responsabilité des grandes orientations, acceptant à l'occasion sa tutelle bienveillante et ses arbitrages, même si de tout temps les chefs d'entreprises, à titre individuel ou collectif ont cherché à peser sur les décisions politiques. À cette époque, les discours étaient discrets, réservés aux salons feutrés des cabinets ministériels ou des instances consultatives et parlementaires.

De nos jours, les règles et les contrôles sont jugés insupportables et antiéconomiques. L'entreprise, ou plus exactement la coalition dominante, revendique plus de liberté, entend peser sur les choix de société et son discours est omniprésent.

Elle succombe à la tentation de réformer la société en privilégiant sa vision de court terme et partisane. En voulant imposer ses choix technologiques porteurs de dangers, réels ou fantasmés, et ses solutions libérales génératrices de clivages sociaux et d'exclusion elle provoque l'émergence de contre-pouvoirs aux objectifs variables : de la défense de l'intérêt général, voire de celui de l'espèce humaine et des générations futures, à la sauvegarde d'intérêts particuliers et égoïstes.

En réclamant moins de lois et un retour au face à face contractuel, en disqualifiant l'État et son rôle économique et social, elle affaiblit une institution centrale de la société contemporaine prenant le risque de la priver d'un arbitre en dernier ressort.

Conclusion générale

L'entreprise moderne est le produit de deux siècles et demi d'histoire économique et sociale au cours desquels ont été inventées ses formes juridiques et organisationnelles, ses outils de management stratégique et opérationnel, ses compromis de gouvernement.

Il est possible, à la lecture de ce passé, de repérer les déterminismes à l'œuvre (technologiques, économiques, sociaux) et les convergences : développement de la grande entreprise, recherche de positions dominantes, rationalisation de la production et des méthodes de gestion, diffusion du calcul économique et de la culture managériale, émergence des techniques de marketing et du pouvoir de la communication. Toutefois, on peut aussi constater la coexistence de modèles productifs différenciés, de structures organisationnelles, de styles de commandement, de stratégies relationnelles, de systèmes de valeurs. Car l'histoire de l'entreprise est aussi le résultat de choix et de comportements individuels ou collectifs, dans un espace concurrentiel et conflictuel à l'intérieur duquel s'exercent l'autonomie et le libre arbitre.

Les discours sur l'entreprise apparaissent rétrospectivement comme un écho des confrontations, des critiques, des condamnations ou des espoirs qu'elle a fait naître ou qu'elle suscite encore. Ils sont des tentatives historiquement datées de donner un contenu au concept d'entreprise, un contenu dont l'idéologie, voire l'utopie, ne sont pas absents.

En 1880, Paul Lafargue, un gendre de Karl Marx, imagine un monde débarrassé de l'exploitation et de l'aliénation, dans lequel le travail se réduirait à quelques heures par jour. Il revendique, volontairement provocateur, « Le droit à la paresse ». Quand on demande, quelques années plus tard, à Frank Gilbreth, un disciple enthousiaste de Taylor, pourquoi il s'acharne à rationaliser le travail et à produire toujours plus vite, il répond : pour dégager du temps libre, pour lire, aller au théâtre ou… « jouer aux billes ».

Avec le recul, les théories des ingénieurs tayloriens ou celles de leurs adversaires paraissent bien réductrices, caricaturales et naïves. Pourtant aujourd'hui, la console de jeu a remplacé le sac de billes, et il sort un gros porteur par jour des ateliers d'assemblage d'AirBus où le travail quotidien n'est plus que de quatre heures, en moyenne annuelle.

Jusque dans les années 1970, ces visions antagonistes constituent le cadre de référence des acteurs sociaux en mobilisant les énergies vers un futur fantasmé.

De cet affrontement entre une entreprise qui rationalise, « enchaîne », parcellise, réduit « le travail en miettes », et une critique sociale et politique qui revendique des hausses de rémunérations, une protection contre la maladie et la vieillesse invalidante, du temps libre, de la dignité aussi, ont émergé des compromis sociaux sous la tutelle de l'État-providence. Mais ces progrès quantitatifs se paient aussi par des déficits en terme de qualité de vie.

Les déséquilibres des années 1970 et le chômage qui en résulte, notamment en Europe, provoquent une crise de confiance. La victime n'est pas l'entreprise qui rompt, sous la contrainte des marchés, le pacte social, mais l'État, accusé d'entraver la machine économique par son dirigisme et ses prélèvements obligatoires.

C'est au moment où les usines ferment, laissant en friche industrielle et sociale des régions entières, que l'idéologie managériale réalise son retour triomphant dans les années 1980, qui furent celles du « réenchantement de l'entreprise », occultant momentanément la critique.

Mais le succès grisant des shows médiatiques de l'époque ne résiste pas à la sanction de la réalité, tout comme, d'ailleurs, l'euphorie qui s'est récemment emparée des investisseurs et des médias pour les valeurs de la nouvelle économie.

Autre ironie de l'histoire, c'est au moment où les entreprises déploient le maximum d'énergie pour convaincre de leur responsabilité sociale, de leur « citoyenneté » et de la sincérité de leurs préoccupations éthiques qu'elles sont le moins convainquantes. S'ils conviennent, en majorité, qu'elles prennent mieux en compte la satisfaction des consommateurs, des actionnaires et de l'environnement, les Européens[1] leur reprochent de négliger de plus en plus l'emploi, les salariés et la morale.

En voulant imposer leur système de valeurs, en tenant des discours sur les communautés fusionnelles, invalidés immédiatement par les annonces des plans de licenciements et les fermetures brutales de sites, en récupérant les idéaux écologistes et humanitaires tout en achetant des droits à polluer ou en finançant les conflits armés dans des régions déshéritées, elles provoquent le scepticisme de l'opinion et favorisent le retour des contre-pouvoirs : dans la rue, pour la version extrémiste, dans les organisations et instances internationales pour la variante bureaucratique. Mais aussi dans les fonds de pension éthiques, les agences de notation ou les cabinets d'audit, ce qui laisse à penser qu'au-delà d'un éventuel effet de mode on assiste à une réelle prise de conscience du besoin de mécanismes de régulation permettant d'intégrer les préoccupations environnementales et morales de la société civile.

L'entreprise est une machine à produire de la richesse, très efficace. Elle sait merveilleusement tirer parti des pulsions égoïstes et prédatrices. C'est un excel-

1. Échantillon de 4 000 personnes interrogées en France, Italie, Allemagne et Grande-Bretagne. Sondage l'Usine Nouvelle, IPSOS, mars-avril 1999.

lent instrument pour mobiliser les initiatives et participer à la coordination marchande. En revanche elle est beaucoup moins performante dans les activités où le retour sur investissement est long ou très aléatoire, comme la recherche scientifique ou médicale (Exemple 22).

Si elle sait mutualiser les risques probabilisables comme l'assurance automobile ou habitation, par exemple, elle est, en revanche, totalement inefficace pour la gestion des risques majeurs ou non probabilisables, comme les catastrophes naturelles ou les conséquences d'une épidémie.

Enfin elle est incompétente pour résoudre les problèmes de société : le chômage, l'exclusion, les inégalités…

Régie par le calcul économique de la rentabilité, l'entreprise, sous la pression permanente des marchés, reporte sur l'ensemble de la société une partie de ses coûts et de ses contraintes. La dynamique concurrentielle, en dépit des discours sur la responsabilité sociale et l'éthique du management, la conduit à réclamer un alignement par le bas des normes sociales, environnementales ou culturelles. Il est illusoire d'attendre dans ces conditions une quelconque auto-régulation qui donne d'ailleurs souvent lieu à des tentatives de récupération de la part de concurrents moins scrupuleux.

C'est à la collectivité qu'il appartient d'édicter, conformément aux fins qui sont les siennes, les règles du jeu concurrentiel et d'en limiter les effets externes.

EXEMPLE • 22

Les OGM

Le cas de la recherche sur le génome humain et les organismes génétiquement modifiés (OGM) illustre le délicat partage de compétences entre le public et le privé.
À première vue, et c'est un des arguments des firmes de cette industrie, il n'y a rien dans cette affaire qui justifie une réglementation particulière : depuis longtemps les capitaux privés sont investis dans la recherche sur le vivant, dans l'industrie pharmaceutique, l'agroalimentaire, etc. et nul ne leur conteste ce droit. De plus les scientifiques sont partagés sur les véritables dangers des produits actuellement commercialisés.
Mais, que cela soit rationnel ou pas, l'opinion, européenne notamment, inquiétée par un certain nombre de récents drames sanitaires, n'en veut pas pour le moment.
Un acteur déchargé du souci de rentabilité à court terme, on pense à la recherche publique bien évidemment, peut se permettre de différer la commercialisation de nouveaux produits jusqu'au moment où les marchés seront réellement demandeurs, notamment quand le bénéfice en terme de confort et/ou de santé sera suffisamment positif et les risques raisonnablement maîtrisés pour faire disparaître les réticences du consommateur.

➤➤➤

➤➤➤

L'entreprise privée, qui a l'obligation d'être rentable à court terme - à défaut elle est sanctionnée par les marchés financiers - sera donc tentée de forcer la volonté des marchés :
– en manipulant l'information sur l'état des recherches et les risques réels ;
– en dissimulant l'information au consommateur (présence ou pas d'OGM dans la compostion des produits) ;
– en exerçant des pressions, politiques ou autres, sur les instances habilitées à délivrer les autorisations de commercialisation, ou réglementant l'information au consommateur.
C'est effectivement la stratégie adoptée par l'industrie américaine qui a massivement investi dans la production de plantes transgéniques. Elle a obtenu de ses institutions qu'elles déclarent en 1986 inutile toute labélisation spécifique. Elle s'est lancée dans une campagne massive de production en mélangeant les filières (avec et sans OGM) au point qu'actuellement la mise en place de systèmes de production séparé entraînerait un surcoût de l'ordre de 25 %, selon Unilever.

Bibliographie

AOKI M., *Économie japonaise,* Economica, 1991.

ARTUS P., *La Nouvelle économie*, La Découverte, 2001.

BAUER M. et BERTIN-MOUROT B., *Les 200. Comment devient-on un grand patron ?*, Le Seuil, 1987.

BOLTANSKI L., CHIAPELLO E., *Le Nouvel esprit du capitalisme*, Gallimard, 1999.

BOUQUIN H., *Contrôle de gestion*, PUF, 2001.

BOYER R., FREYSSENET M., *Les Modèles productifs*, La Découverte, 2000.

CAPRON M., LACOMBE-SABOLY M., *Introduction à la comptabilité d'entreprise,* La Découverte, 1996.

CHANDLER A, *Stratégies et structures de l'entreprise,* Les Éditions d'Organisation, 1972.

CHANDLER A., *La Main visible des managers,* Economica, 1988.

CHARREAUX G., *Gestion financière,* Litec, 1986.

COHEN E., *Dictionnaire de gestion,* Economica, 1994.

COLASSE B. (sous la direction de), *Encyclopédie de comptabilité, contrôle de gestion et audit*, Economica, 2000.

CORIAT B., WEINSTEIN O., *Les Nouvelles théories de l'entreprise,* Le Livre de Poche, 1995.

COUTROT T., *L'Entreprise néo-libérale, nouvelle utopie capitaliste?,* La Découverte, 1998

CROZIER M., FRIEDBERG E., *L'Acteur et le système,* Le Seuil, 1977.

DETRIE J.-P. (sous la direction de), *Strategor,* Interéditions, 1988.

DUCHENEAUT B., *Enquête sur les PME françaises,* Maxima, 1995.

DUCHENEAUT B., *Les Dirigeants de PME,* Maxima, 1996.

DU MANOIR DE JUAYE T., *L'Intelligence économique*, Les Éditions d'Organisation, 2000.

DUVAL G., *L'Entreprise efficace à l'heure de Swatch et McDonald's,* Syros, 1998.

FRERY, F., *Benetton ou l'entreprise virtuelle*, Vuibert 1999.

GELINIER O., *Stratégie de l'entreprise et motivation des hommes,* Édifions Hommes et Techniques, 1984.

GERVAIS M. (Textes rassemblés par), *Recherche en contrôle de gestion,* Economica, 1996.

GUEDJ N., *Finance d'entreprise*, Les Éditions d'Organisation, 1998.

HAMMER M., CHAMPY J., *Le Reengineering,* Dunod, 1993.

HELFER J.-P., ORSONI J., *Marketing,* Vuibert, 1995.

HELFER J.P., KALIKA M., ORSONI J., *Management, stratégie et organisation,* Vuibert 2000.

HERZBERG E., *Le Travail et la nature de l'homme,* Entreprise moderne d'édition, 1971.

HOARAU C., *Maîtriser le diagnostic financier*, Groupe la Revue Fiduciaire, 2001.

JOFFRE E, SIMON Y. (sous la direction de), *Encyclopédie de gestion,* Economica, 1996.

KAPFERER J.N. *Les Marques, capital de l'entreprise,* Les Éditions d'Organisation, 1999.

LAUDOYER G., *La Certification ISO 9000,* Les Éditions d'Organisation, 1998.

LAUZEL E., TELLER R., *Contrôle de gestion et budgets,* Sirey, 1989.

LAWRENCE P.R., Lorsch J.W., *Adapter les structures de l'entreprise,* Éditions d'Organisation, 1973.

LE GOFF J.-P., *Le Mythe de l'entreprise,* La Découverte, 1995.

LEMOIGNE J.-L., *La Théorie du système général,* PUF, 1977.

LEMOIGNE J.-L., *La Modélisation des systèmes complexes,* Dunod, 1995.

Les Cahiers français n° 287, *Management et organisation des entreprises,* La Documentation française, 1998.

LINHART D., *Le Torticolis de l'autruche - L'éternelle modernisation des entreprises françaises,* Le Seuil, 1991.

LORINO P., *Le Contrôle de gestion stratégique,* Dunod, 1991.

MAC GREGOR D., *La Dimension humaine de l'entreprise,* Gauthiers-Villars, 1971.

MARCH J.G., Simon H., *Les Organisations,* Dunod, 1969.

MÉNARD A., *L'Économie des organisations,* La Découverte, 1997.

MERCIER S., *L'Éthique dans les entreprises*, La Découverte, 1999.

MINTZBERG H., *Structure et dynamique des organisations,* Les Éditions d'Organisation, 1982.

MINTZBERG H., *Le Pouvoir dans les entreprises,* Les Éditions d'Organisation, 1986.

MINTZBERG H., *Grandeur et décadence de la planification stratégique,* Dunod, 1994.

MORIN P., *Le Management et le pouvoir,* Les Éditions d'Organisation, 1991.

MORIN P., DELAVALLEE E., *Le Manager à l'écoute du sociologue*, Les Éditions d'Organisation, 2000.

PHILONENKO G. , GUIENNE V., *Au carrefour de l'exploitation*, Desclée de Brouwer, 1997.

PORTER M., *Choix stratégiques et concurrence,* Economica, 1982.

PORTER M., *L'Avantage concurrentiel,* Interéditions, 1986.

SAINSAULIEU R., *Sociologie de l'organisation et de l'entreprise,* Presses de la Fondation nationale des Sciences politiques & Dalloz, 1987.

SAVALL H., ZARDET V., *Le Nouveau contrôle de gestion,* Eyrolles, 1994.

TAYLOR F.W., *Direction scientifique des entreprises,* Dunod, 1957.

TOURNIER J.C., *La Révolution comptable,* Les Éditions d'Organisation, 2000.

WEBER H., *Le Parti des patrons - Le CNPF (1946-1986),* Le Seuil, 1986.

ZARIFIAN P., *Le Modèle de compétence,* Liaisons, 1999.

Index

Impression : EUROPE MEDIA DUPLICATION SA
N° 8791 – Dépot légal : Septembre 2001
N° éditeur : 10083988 I (2,5) obs 80 c.2000 octobre 2001